大道同行

推进马克思主义基本原理同中华优秀传统文化相结合

刘余莉 等○著

红旗出版社

图书在版编目（CIP）数据

大道同行：推进马克思主义基本原理同中华优秀传统文化相结合 / 刘余莉等著 . —— 北京：红旗出版社，2024.3

ISBN 978-7-5051-5403-2

Ⅰ. ①大… Ⅱ. ①刘… Ⅲ. ①马克思主义—发展—研究—中国②中华文化—研究 Ⅳ. ①D61②K203

中国国家版本馆CIP数据核字（2024）第046472号

书　　名	大道同行：推进马克思主义基本原理同中华优秀传统文化相结合			
著　　者	刘余莉　等			
责任编辑	赵　洁　刘云霞		内文设计	张　敏
责任校对	吕丹妮		责任印务	金　硕
出　　版	红旗出版社			
地　　址	北京市沙滩北街2号		邮政编码	100727
	杭州市体育场路178号		邮政编码	310039
编 辑 部	0571-85310198			
E-mail	498416431@qq.com			
法律顾问	北京盈科（杭州）律师事务所		钱　航　董　晓	
发　　行	北京华景时代文化传媒有限公司		电　话	010-83626929
印　　刷	北京文昌阁彩色印刷有限责任公司			
开　　本	710毫米×1000毫米		1/16	
字　　数	265千字		印　张	21.5
版　　次	2024年3月第1版		印　次	2024年3月第1次印刷
ISBN 978-7-5051-5403-2			定　价	68.00元

序 言

在五千多年中华文明深厚基础上开辟和发展中国特色社会主义，把马克思主义基本原理同中国具体实际、同中华优秀传统文化相结合是必由之路。这是我们在探索中国特色社会主义道路中得出的规律性认识，是我们取得成功的最大法宝。特别是"第二个结合"，是我们党对马克思主义中国化时代化历史经验的深刻总结，是对中华文明发展规律的深刻把握，表明我们党对中国道路、理论、制度的认识达到了新高度，表明我们党的历史自信、文化自信达到了新高度，表明我们党在传承中华优秀传统文化中推进文化创新的自觉性达到了新高度，是又一次思想解放。

一、"第二个结合"是对马克思主义中国化时代化历史经验的深刻总结

中国共产党自成立之日起，就将马克思主义作为指导思想。同时，中国共产党还是中华优秀传统文化的忠实传承者和积极弘扬者。在百年奋斗历程中，中国共产党不断推进马克思主义中国化时代化，将马克思主义基本原理同中国具体实际相结合、同中华优秀传统文化相结

合，在中国革命、建设、改革，以及新时代建设过程中，取得了一个又一个伟大的胜利。可以说，中国共产党的百年奋斗史，就是马克思主义不断中国化时代化的历史。特别是"第二个结合"，是我们党在百年历史中的重大理论创新，是对马克思主义中国化时代化历史经验的深刻总结，能够为新时代实现中华民族伟大复兴的宏伟目标、促进人的全面发展、建设中华民族现代文明、构建人类命运共同体等提供智慧源泉和文明支撑。

二、"第二个结合"是对中华文明发展规律的深刻把握

习近平新时代中国特色社会主义思想不仅是马克思主义中国化时代化的最新成果、二十一世纪马克思主义，而且是中华文化和中国精神的时代精华。"第二个结合"的提出，奠定在对中华优秀传统文化独特的宏观认识和中华文明发展规律的深刻把握之上。正如习近平总书记所强调的："中国式现代化是赓续古老文明的现代化，而不是消灭古老文明的现代化；是从中华大地长出来的现代化，不是照搬照抄其他国家的现代化；是文明更新的结果，不是文明断裂的产物。"[①] 在这里，习近平总书记强调了要正确处理文化传承中古与今、中与外、继承与扬弃的关系问题。

中华优秀传统文化是"志于道"的圣贤文化，提倡"一体之仁"的整体思维方式。"道"是宇宙万有的本体，是自然而然、本来如是的规律。"德"是人用来体认"道"、成为"得道之人"的品质状态。道为德之体，德为道之用。《周易》记载，古圣先贤"观乎天文，以察时

[①] 习近平：《在文化传承发展座谈会上的讲话》，《求是》2023年第17期。

变；观乎人文，以化成天下"。正是在观察天地自然、社会人文之道（规律）的基础上，圣人提出了促进身心和乐、家庭和睦、社会和谐、天下和平的常道。荀子说："道者，古今之正权也，离道而内自择，则不知祸福之所托。"顺着天地自然之道来修身治国，才能达到理想的效果，否则必然败亡。而"天下无二道"，体现和落实这些常道的方法和形式，则可随时代发展而不断扬弃、取舍和创新。这就是"变"与"不变"的辩证关系。

"志于道""一体之仁"是理解中华文明为什么具有突出的连续性、创新性、统一性、包容性、和平性的关键。正是因为以道治国，才能得道者多助，顺天（天道自然的规律）者昌，使中华文明具有了突出的连续性；在顺应天道的前提下损益盈虚，与时偕行，革故鼎新，而非陈陈相因、故步自封，使中华文明具有了突出的创新性；"大道之行，天下为公"，培养了"协和万邦"的博大眼光和"家国天下"的开阔胸襟，形成了世界大同、胸怀天下的文化传统，对内形成了中华民族多元一体格局，对外推动构建新型国际关系，深化拓展平等、开放、合作的全球伙伴关系，使中华文明具有了突出的统一性；中华文化是"志于道""合于道"的文化，怀抱着开放的态度与和而不同的精神，同其他文明不断交流互鉴，在这个过程中，中华文化与其他文化中合于"道"的部分相互吸纳融合，有悖于"道"的部分则在历史的发展中被不断修正，"志于道""合于道"的特点不仅使中华民族在文明互鉴、文化交融的过程中始终保持高度自信，也避免了中华文明被其他文明反噬，使中华文明具有了突出的包容性；"天道好生而恶杀"，按照天道处理国际关系，必然采取慎战、不战的态度，"强不执弱，富不侮贫""国虽大，好战必亡""远人不服，则修文德以来之"，

大道同行
推进马克思主义基本原理同中华优秀传统文化相结合

使中华文明具有了突出的和平性。

总之,中华优秀传统文化是一种关于"道"的整体认识。天地之间的万事万物都循"道"而行,如《中庸》所云:"道也者,不可须臾离也,可离非道也。"这就决定了中国古人无论是在处理与家国社会之间的关系,还是在处理与天地自然之间的关系时,都崇尚效法于"道",按照"道"的要求通达宇宙人生的真理,成就平治天下的伟业。正是在这个意义上,中国古人构建了关于治国理政和社会发展的庞大而又严谨的思想体系。

习近平新时代中国特色社会主义思想是中华文化和中国精神的时代精华,传承并发展了中华优秀传统文化中"志于道"的发展方向和"一体之仁"的文化基因。在文化传承发展座谈会上,习近平总书记强调,马克思主义和中华优秀传统文化之所以能够结合,其深层原因在于马克思主义的基本主张同中华优秀传统文化的诸多元素,如天下为公、天下大同的社会理想,民为邦本、为政以德的治理思想,九州共贯、多元一体的大一统传统,修齐治平、兴亡有责的家国情怀,厚德载物、明德弘道的精神追求,富民厚生、义利兼顾的经济伦理,天人合一、万物并育的生态理念,实事求是、知行合一的哲学思想,执两用中、守中致和的思维方法,讲信修睦、亲仁善邻的交往之道,等等,具有高度的契合性。习近平总书记从10个大的方面对中华优秀传统文化的核心思想作了提纲挈领式的概括,为人们准确把握中国式现代化的历史文化底蕴指明了方向,传达了坚定的文化自信和历史自信。

唯有清楚认识中华文明的突出特点,深刻把握中华文明发展的规律性,才能坚定文化自信,坚持走中国式现代化道路,并在此基础上构建人类命运共同体,创造人类文明新形态,为世界文明的共处提出切实可行的方案。

三、"第二个结合"是又一次思想解放

"第二个结合"是又一次思想解放，让我们能够在更广阔的文化空间中充分运用中华优秀传统文化的宝贵资源，探索面向未来的理论和制度创新。

中华文明绵延不绝传承至今，其中一个最重要的原因就在于中国自古以来就有圣贤之道的传承。圣贤之道的传承需要有圣贤者开展圣贤教育，将人培养为圣贤，进而践行圣贤政治，使国家制度和治理体系的制定遵循"合于道"的发展方向和"一体之仁"的思维方式。古人讲"文以载道"，圣贤之道记载在经、史、子、集之中，特别是经部典籍，记载的是自古以来圣贤治国之道的智慧和经验，因此需要通过研究经典，特别是对古圣先贤治国理政所遵循的圣贤之道进行深入挖掘，使圣贤之道得以彰显。同时，中国古圣先王依循圣贤之道开创了成康之治、文景之治、贞观之治、开元盛世、康乾盛世等一代又一代历史盛世，因此也需要深入史书，通过学习历史，具体剖析盛世的历史成就及其背后的治理规律，研究中国历史上圣贤政治体系的形成、发展和完善过程，从而总结出成就盛世所必须遵循的共同规律，即中国传统治道思想以及与此相应的圣贤政治体系，并通过经史合参的方式论证这些历史规律的普遍性。

结合中国共产党党史、新中国史、改革开放史、社会主义发展史中的建设经验与成就，以及中国近代史和马克思主义中国化的历史，深刻剖析取得"中国之治"成就的深层原因，即遵循了历史上成就盛世的普遍规律，符合道的发展方向并体现了"一体之仁"的思维方式。

大道同行
推进马克思主义基本原理同中华优秀传统文化相结合

习近平新时代中国特色社会主义思想以及中国特色社会主义制度和治理体系与中国历史上的治道思想和圣贤政治的逻辑体系具有一脉相承的历史性和独特的民族性，因而具有深厚的历史文化底蕴，同时又创造性地发展了传统圣贤政治体系。"中国道路"是一条有别于西方宣扬的所谓"普世主义"的可供借鉴的成功之路。

然而，由于20世纪的一些历史原因，在经历了对经典的误读和对圣贤的批判后，一些人对中华文化的误解达到了顶端，一度丧失了历史自信和文化自信。改革开放以来，面对西方的经济增长、物质繁荣和科技发达，盲目的崇洋媚外、不加选择的"拿来主义"也甚嚣尘上，历史虚无主义、文化虚无主义、道德虚无主义思潮泛起，导致一批年轻人不认同中华五千多年的优秀传统文化，读不懂祖宗的智慧瑰宝。

在这种历史文化背景之下，习近平总书记高瞻远瞩地强调："文化是一个国家、一个民族的灵魂。历史和现实都表明，一个抛弃了或者背叛了自己历史文化的民族，不仅不可能发展起来，而且很可能上演一幕幕历史悲剧。文化自信，是更基础、更广泛、更深厚的自信，是更基本、更深沉、更持久的力量。坚定文化自信，是事关国运兴衰、事关文化安全、事关民族精神独立性的大问题。"[1]"如果没有中华五千年文明，哪里有什么中国特色？如果不是中国特色，哪有我们今天这么成功的中国特色社会主义道路？"[2]习近平总书记在朱熹园考察时的讲话振聋发聩，引导人们在理解中国道路、理论、制度时，放眼中华民族五千多年文明史，从中华五千多年文明中探寻其历史文化底蕴。

---

[1] 《习近平著作选读》第一卷，人民出版社2023年版，第536页。
[2] 本书编写组编著：《闽山闽水物华新：习近平福建足迹》（下），人民出版社、福建人民出版社2022年版，第504页。

这让中国特色社会主义道路有了更加宏阔深远的历史纵深，拓展了中国特色社会主义道路的文化根基。

习近平总书记将"第二个结合"运用在治国理政之中，提出一系列原创性的治国理政新理念新思想新战略。"第二个结合"巩固了文化主体性。创立习近平新时代中国特色社会主义思想就是这一文化主体性的最有力体现。习近平新时代中国特色社会主义思想作为中华文化和中国精神的时代精华，植根于中华大地，溯源于历史长河，汲取了博大精深的中华优秀传统文化，是中华优秀传统文化创造性转化和创新性发展的光辉典范，是马克思主义与中华优秀传统文化相结合的理论结晶，开辟马克思主义中国化时代化新境界，是实现中华民族伟大复兴的伟大指导思想。

习近平新时代中国特色社会主义思想有力激活了中华优秀传统文化在新时代的生命力，让我们放下思想包袱，充分运用中华优秀传统文化的宝贵资源，充分发挥中华优秀传统文化在为人民谋幸福、为民族谋复兴、为世界谋大同中的重要作用，探索面向未来的理论和制度创新，铸就社会主义文化新辉煌。因此，在弘扬中华优秀传统文化的问题上，需要古镜今鉴、古为今用，结合新的时代条件做好传承和发展工作。习近平总书记在文化传承发展座谈会上的重要讲话，回答了关系党和国家文化传承发展的一系列重大理论和现实问题：一个具有深厚传统文化底蕴的文明古国如何在延续民族文化血脉中更好地走向未来，以中国式现代化推进中华民族的伟大复兴？在这个过程中，如何处理好古镜今鉴、古为今用与面向世界、面向未来、面向现代化的关系，使中华优秀传统文化在新时代建成中国特色社会主义现代化强国中焕发出新的生机与活力，既实现自身的创造性转化与创新性发展，

大道同行
推进马克思主义基本原理同中华优秀传统文化相结合

建设中华民族现代文明,又为建设中国式现代化与达成人类社会和平发展共识、构建人类命运共同体进一步提供中国方案和中国智慧?

总之,中国在世界百年未有之大变局中推进中国式现代化,遭遇的挑战和问题前所未有,面临的任务和情况艰巨复杂,如何避免西方现代化过程中的种种陷阱和危机,并为世界带来真正的和平与希望,习近平总书记已经作出英明决断:必须坚持马克思主义基本原理同中华优秀传统文化相结合,向世界上唯一没有中断的中华文明探寻智慧,把博大精深的中华优秀传统文化继承下去,发扬光大,即张载所言"为天地立心,为生民立命,为往圣继绝学,为万世开太平"。"士不可以不弘毅,任重而道远。""江河若断流,吾辈何以对子孙;文化若断流,吾辈何以对祖先?"中国共产党必须在新的历史起点上坚定文化自信、秉持开放包容、坚持守正创新,才能更好地担负起新的文化使命。这一新的文化使命神圣而伟大、重要而光荣,因为这不仅关系到中国的前程,也关系到世界的未来。吸吮五千多年中华文明积累的文化养分,展望实现中华民族伟大复兴的中国梦,我们坚信:在习近平文化思想的指引下,继续推动文化繁荣,建设文化强国,提升中华民族现代文明,不仅具有无比深厚的历史底蕴,无比宽阔的时代舞台,而且必将拥有无比壮丽的辉煌前景。

刘余莉
2024 年 3 月于中共中央党校(国家行政学院)

目 录

第一章
开辟马克思主义中国化时代化新境界

一、理论创新：马克思主义永葆生机的关键　/ 004

二、百年党史：中国化时代化的马克思主义行　/ 007

三、"两个结合"：理论创新的根本遵循　/ 011

四、最新成果："两个结合"的时代典范　/ 015

五、实践意义：全面推进中华民族伟大复兴，构建人类命运共同体　/ 018

第二章
中国共产党人是中华优秀传统文化的忠实继承者和弘扬者

一、正确认识中华优秀传统文化是中华民族的突出优势　/ 032

二、中国共产党人继承和弘扬中华优秀传统文化的历史逻辑　/ 039

三、中国共产党人继承和弘扬中华优秀传统文化的具体路径　/ 050

第三章
中华优秀传统文化中的主旨理念

一、天下为公　/ 065

二、民为邦本　/ 070

三、为政以德　/ 076

四、革故鼎新　/ 081

五、任人唯贤　/ 087

六、天人合一　/ 100

七、自强不息　/ 105

八、厚德载物　/ 111

九、讲信修睦　/ 117

十、亲仁善邻　/ 122

第四章
中华优秀传统文化与马克思主义精髓高度契合

一、"第二个结合"为什么能　/ 132

二、"第二个结合"怎么办行　/ 149

三、"第二个结合"什么样好　/ 162

第五章
"六个坚持"彰显悠久文明理念

一、坚持人民至上：民本思想的传承 / 186

二、坚持自信自立：自强厚德的品格 / 198

三、坚持守正创新：革故鼎新的真谛 / 218

四、坚持问题导向：博学笃行的功夫 / 242

五、坚持系统观念：整体思维的高度 / 262

六、坚持胸怀天下：大同理想的新生 / 284

第六章
马克思主义基本原理同中华优秀传统文化相结合的理论意义和实践价值

一、"第二个结合"凸显了"两个结合"的历史文化根基，巩固了文化主体性 / 311

二、"第二个结合"是又一次的思想解放，打开了创新空间 / 316

三、习近平新时代中国特色社会主义思想是坚持"两个结合"的光辉典范 / 324

后 记 / 329

第一章 | PART ONE

开辟马克思主义中国化时代化新境界

2023年6月30日，习近平总书记在主持中共中央政治局就开辟马克思主义中国化时代化新境界进行第六次集体学习时强调，开辟马克思主义中国化时代化新境界的重大任务，是当代中国共产党人的庄严历史责任。

《中共中央关于党的百年奋斗重大成就和历史经验的决议》（简称《决议》）指出："党之所以能够领导人民在一次次求索、一次次挫折、一次次开拓中完成中国其他各种政治力量不可能完成的艰巨任务，根本在于坚持解放思想、实事求是、与时俱进、求真务实，坚持把马克思主义基本原理同中国具体实际相结合、同中华优秀传统文化相结合，坚持实践是检验真理的唯一标准，坚持一切从实际出发，及时回答时代之问、人民之问，不断推进马克思主义中国化时代化。"[①]这是"两个结合"的正式提出。

马克思主义是我们立党立国、兴党兴国的根本指导思想。实践告诉我们，中国共产党为什么能，中国特色社会主义为什么好，归根到底是马克思主义行，是中国化时代化的马克思主义行。历史已经形成不容辩驳的结论。

在以中国式现代化全面推进中华民族伟大复兴的新征程上，只有坚持"两个结合"，继续推进实践基础上的理论创新，得出符合客观

---

① 《中共中央关于党的百年奋斗重大成就和历史经验的决议》，人民出版社2021年版，第66—67页。

规律的科学认识，形成与时俱进的理论成果，才能正确回答时代和实践提出的重大问题，才能始终保持马克思主义的蓬勃生机和旺盛活力，才能更好地指导中国实践，推动建设中华民族现代文明，创造人类文明新形态。

一、理论创新：马克思主义永葆生机的关键

理论的生命力在于不断创新。马克思主义就是在不断的创新中发展形成的。大学期间，马克思从康德、费希特的理想主义转向了现实主义，开始阅读黑格尔及其弟子的著作。在《莱茵报》工作期间（1842—1843年），马克思通过对黑格尔法哲学的批判性思考，在费尔巴哈的影响下，开始转向唯物主义。1843年，马克思在《德法年鉴》创刊号上发表了两篇重要文章《〈黑格尔法哲学批判〉导言》和《论犹太人问题》，标志着马克思从唯心主义转向唯物主义，从革命民主主义转向共产主义。

1842年，青年马克思在《〈科隆日报〉第179号的社论》中写道："任何真正的哲学都是自己时代的精神上的精华，因此，必然会出现这样的时代：那时哲学不仅在内部通过自己的内容，而且在外部通过自己的表现，同自己时代的现实世界接触并相互作用。"[①] 马克思这种以哲学与具体实际相结合从而进行理论创新的思想，始终贯穿于马克思主义成熟的过程。

1843年10月，流亡巴黎后，马克思开始研究政治经济学，在哲学之外的新领域进行理论探索。在《1844年经济学哲学手稿》中，马

---

① 《马克思恩格斯全集》第一卷，人民出版社1995年版，第220页。

克思提出了异化劳动理论和共产主义学说。流亡布鲁塞尔后，1845年春，马克思完成了《关于费尔巴哈的提纲》，确立了实践的观点。在马克思与恩格斯合著的《德意志意识形态》中，提出了唯物史观，完成了对德国古典哲学的超越，由此拉开了马克思、恩格斯科学指导革命活动和理论研究的序幕。

就在同一时期，马克思、恩格斯当时所处的时代，整个社会日益分裂为两大敌对的阵营：资产阶级和无产阶级。19世纪三四十年代，欧洲三大工人运动爆发，无产阶级作为独立的政治力量登上历史舞台，然而三大工人运动都遭到了镇压，教训深刻。因此，创立一种建立在科学研究基础上的革命理论成为工人阶级的迫切需要。1847年12月9日至1848年1月底，马克思和恩格斯为共产主义者同盟起草了理论与实践相结合的党纲——《共产党宣言》，开启了国际共产主义运动的新纪元，为无产阶级和共产党人认识世界与改造世界提供了强大的思想武器。

19世纪50年代开始，欧洲资本主义进入快速发展阶段。工业社会不断调整，阶级对立的形势缓和，工人阶级政党纷纷成立，各种以社会主义命名的社会思潮纷纷涌现。1875年，德国柏林大学的欧根·杜林以"社会主义的行家或改革家"自居，极力推行所谓的"新社会主义"理论，然而其实质却是在变相扼杀无产阶级革命运动。对杜林主义进行批判，不仅是理论发展的需要，也是革命现实的需要。1876年至1878年，恩格斯完成了《反杜林论》，从哲学、政治经济学、社会主义三个方面对杜林主义进行了批判，第一次全面、系统而又深入浅出地将马克思主义呈现在世人面前，加速了革命者对马克思主义的理解，并转化为行动指南，使国际共产主义运动重新回归正确

> **大道同行**
> 推进马克思主义基本原理同中华优秀传统文化相结合

的方向和轨道。1880年,恩格斯从《反杜林论》中摘录若干章节编成《社会主义从空想到科学的发展》,确立了科学社会主义理念,为共产主义革命事业的健康发展提供了坚实的思想支持和理论支撑。

马克思主义正是这样在不断的创新和发展中形成的。恩格斯曾不止一次地说明对待马克思主义理论的科学态度。在《共产党宣言》1872年德文版序言中,马克思、恩格斯讲道,"不管最近25年来的情况发生了多大的变化,这个《宣言》中所阐述的一般原理整个说来直到现在还是完全正确的。……这些原理的实际运用,正如《宣言》中所说的,随时随地都要以当时的历史条件为转移"[1]。在《〈反杜林论〉旧序。论辩证法》中,恩格斯讲道:"每一个时代的理论思维,包括我们这个时代的理论思维,都是一种历史的产物,它在不同的时代具有完全不同的形式,同时具有完全不同的内容。"[2]1887年,恩格斯在致弗洛伦斯·凯利-威士涅威茨基夫人的信中写道:"我们的理论是发展着的理论,而不是必须背得烂熟并机械地加以重复的教条。"[3]

列宁在领导俄国革命和建设的过程中,也不止一次地强调要不断发展马克思主义。在《俄国资本主义的发展》中,列宁讲道:"只有不可救药的书呆子,才会单靠引证马克思关于另一历史时代的某一论述,来解决当前发生的独特而复杂的问题。"[4] 在《我们的纲领》中,列宁指出:"我们决不把马克思的理论看做某种一成不变的和神圣不可侵犯的东西;恰恰相反,我们深信:它只是给一种科学奠定了基础,社会党人如果不愿落后于实际生活,就应当在各方面把这门科学推向前进。

---

[1] 《马克思恩格斯文集》第二卷,人民出版社2009年版,第5页。
[2] 《马克思恩格斯选集》第三卷,人民出版社2012年版,第873页。
[3] 《马克思恩格斯选集》第四卷,人民出版社2012年版,第588页。
[4] 《列宁全集》第三卷,人民出版社2013年版,第13页。

我们认为，对于俄国社会党人来说，尤其需要独立地探讨马克思的理论，因为它所提供的只是总的指导原理，而这些原理的应用具体地说，在英国不同于法国，在法国不同于德国，在德国又不同于俄国。"①

马克思主义是开放的理论，它与具体实际密切联系，随着时代的发展而不断丰富，具有与时俱进的特点。马克思主义就是在不断的创新发展中，成为马克思主义政党和国际共产主义运动的行动指南的。正如《决议》所强调的，马克思主义理论不是教条而是行动指南，必须随着实践发展而发展，必须中国化才能落地生根、本土化才能深入人心。理论创新是马克思主义永葆生机的关键。因此，马克思主义中国化时代化是马克思主义发展的内在要求。

二、百年党史：中国化时代化的马克思主义行

中国共产党始终坚持思想建党、理论强党，并且高度重视理论指导和理论创新。习近平总书记在党史学习教育动员大会上指出："我们党的历史，就是一部不断推进马克思主义中国化的历史，就是一部不断推进理论创新、进行理论创造的历史。"②

中国共产党自成立之日起，就将马克思主义作为指导思想。然而，在建党的过程中，理论准备却不充足，很多党员先入党后学习马克思主义，投入斗争实践而无暇顾及理论研究。不能坚持理论联系实际，不能理论创新，教训是惨痛的。从 1921 年建党到 1935 年遵义会议召开，党内相继发生了右倾机会主义错误、"左"倾盲动错误、"左"倾

---

① 《列宁全集》第四卷，人民出版社 2013 年版，第 161 页。
② 习近平：《在党史学习教育动员大会上的讲话》，人民出版社 2021 年版，第 12 页。

大道同行
推进马克思主义基本原理同中华优秀传统文化相结合

冒险错误和"左"倾教条主义错误。中国革命经历了几起几落,即工农民主运动的兴起(北伐胜利)和大革命的失败,土地革命运动的兴起和第五次反"围剿"的失败。"左"倾路线的错误给中国革命造成了极大损失。第五次反"围剿"失败后,红军被迫战略转移。在长征途中召开的遵义会议,事实上确立了毛泽东同志在党中央和红军的领导地位,开始确立以毛泽东同志为主要代表的马克思主义正确路线在党中央的领导地位,开始形成以毛泽东同志为核心的党的第一代中央领导集体,开启了党独立自主解决中国革命实际问题新阶段,在最危急关头挽救了党、挽救了红军、挽救了中国革命。

1937 年,毛泽东在延安窑洞中写下了《实践论》《矛盾论》,从哲学的高度对中国革命的实践智慧进行了理论总结,是中国革命的认识论和辩证法。毛泽东高度注重理论联系实际,强调"通过实践而发现真理,又通过实践而证实真理和发展真理。从感性认识而能动地发展到理性认识,又从理性认识而能动地指导革命实践,改造主观世界和客观世界"[①]。1938 年 10 月,在党的六届六中全会上,毛泽东首次提出"马克思主义中国化"的命题。实际上,以毛泽东同志为主要代表的中国共产党人,已经在中国革命的道路上践行马克思主义中国化了。1945 年,党的七大进一步确立了毛泽东思想在全党的指导地位,实现了党在指导思想上的空前统一和组织上的空前团结巩固。在整个新民主主义革命时期,以毛泽东同志为主要代表的中国共产党人,把马克思列宁主义基本原理同中国具体实际相结合,创立了毛泽东思想,为夺取新民主主义革命胜利指明了正确方向。

---

① 《毛泽东选集》第一卷,人民出版社 1991 年版,第 296 页。

第一章
开辟马克思主义中国化时代化新境界

在社会主义革命和建设时期，以毛泽东同志为主要代表的中国共产党人，结合新的实际，将马克思列宁主义基本原理同中国具体实际进行了"第二次结合"，丰富和发展了毛泽东思想，提出了关于社会主义建设的一系列重要思想。这一时期在社会主义革命及国家建设方面取得了一系列成就，人民代表大会制度建立，土地改革顺利完成，抗美援朝取得胜利，第一个五年计划全部实现，社会主义改造基本完成，党的八大召开，"两弹一星"研制成功，"四个现代化"提出，中国在联合国的合法权利恢复，中美关系实现正常化等。在探索之路上，虽然经历了严重曲折，但党在社会主义革命和建设中取得的独创性理论成果和巨大成就，为在新的历史时期开创中国特色社会主义提供了宝贵经验、理论准备、物质基础。《决议》指出，毛泽东思想是马克思列宁主义在中国的创造性运用和发展，是被实践证明了的关于中国革命和建设的正确的理论原则和经验总结，是马克思主义中国化的第一次历史性飞跃。

在改革开放和社会主义现代化建设新时期，以邓小平同志为主要代表的中国共产党人，团结带领全党全国各族人民，深刻总结中华人民共和国成立以来正反两方面经验，围绕什么是社会主义、怎样建设社会主义这一根本问题，借鉴世界社会主义历史经验，创立了邓小平理论。邓小平指出："一个党，一个国家，一个民族，如果一切从本本出发，思想僵化，迷信盛行，那它就不能前进，它的生机就停止了，就要亡党亡国。"[①]因此，面对新形势、新问题，必须发展新思想、创立新理论。"三个代表"重要思想加深了对什么是社会主义、怎样建设

---

① 《邓小平文选》第二卷，人民出版社1994年版，第143页。

大道同行
推进马克思主义基本原理同中华优秀传统文化相结合

社会主义和建设什么样的党、怎样建设党的认识。科学发展观深刻认识和回答了新形势下实现什么样的发展、怎样发展等重大问题。《决议》指出，中国特色社会主义理论体系，实现了马克思主义中国化新的飞跃。

党的十八大以来，中国特色社会主义进入新时代。习近平总书记强调，时代是思想之母，实践是理论之源。实践发展永无止境，我们认识真理、进行理论创新就永无止境。以习近平同志为主要代表的中国共产党人，坚持把马克思主义基本原理同中国具体实际相结合、同中华优秀传统文化相结合，坚持毛泽东思想、邓小平理论、"三个代表"重要思想、科学发展观，深刻总结并充分运用党成立以来的历史经验，从新的实际出发，创立了习近平新时代中国特色社会主义思想。《决议》指出，习近平新时代中国特色社会主义思想是当代中国马克思主义、二十一世纪马克思主义，是中华文化和中国精神的时代精华，实现了马克思主义中国化新的飞跃。

马克思主义中国化时代化成果，是党和人民实践经验和集体智慧的结晶，无不源自人民的智慧、人民的探索、人民的创造。回顾党的百年奋斗史，我们党之所以能够在革命、建设、改革各个历史时期取得重大成就，能够领导人民完成中国其他政治力量不可能完成的艰巨任务，根本在于掌握了马克思主义科学理论，并不断结合新的实际推进理论创新。历史经验证明，能够紧密结合实践推进理论创新时，党和国家的事业就充满生机活力；若是理论的发展落后于实践的要求，党和国家的事业就会遭受损失。因此，不断推进马克思主义中国化时代化，是将党和国家事业不断推向前进的必然选择。

三、"两个结合"：理论创新的根本遵循

在五千多年中华文明的深厚基础上开辟和发展中国特色社会主义，把马克思主义基本原理同中国具体实际、同中华优秀传统文化相结合是必由之路。这是中国共产党人在探索中国特色社会主义道路中得出的规律性的认识，是取得成功的最大法宝。

把马克思主义同中国具体实际相结合，就是要运用马克思主义实践观、群众观、阶级观、发展观、矛盾观的原则，分析和解决现实问题，理论指导实践，实践丰富理论，新理论再应用于指导新的实践。实践性是马克思主义理论区别于其他理论的显著特征。习近平总书记强调："要学习掌握认识和实践辩证关系的原理，坚持实践第一的观点，不断推进实践基础上的理论创新。我们推进各项工作，要靠实践出真知。理论必须同实践相统一。"[①] 要坚持马克思主义的实践论，就必须坚持一切从实际出发，反对教条主义、本本主义。

认识中国具体实际的一个重要内容是要抓住社会的主要矛盾。矛盾的原理是马克思主义辩证法的基本原理。唯有随着时代的发展不断抓住主要矛盾、矛盾的主要方面，才能正确分析问题、解决问题。社会主义建设初期，由于党内"左"倾思想，党对社会主要矛盾的认识有偏差，导致"反右倾"扩大化，以致酿成"文化大革命"，都是不能把马克思主义基本原理同中国具体实际相结合、不能正确运用马克思主义唯物辩证法的矛盾原理所致。进入新时代，党面临的主要任务以及我国的社会主要矛盾已发生变化。我国的社会主要矛盾已经转化

[①] 《坚持运用辩证唯物主义世界观方法论 提高解决我国改革发展基本问题本领》，《人民日报》2015年1月25日。

大道同行
推进马克思主义基本原理同中华优秀传统文化相结合

为人民日益增长的美好生活需要和不平衡不充分的发展之间的矛盾。人民群众是历史的创造者,这是马克思主义唯物史观的基本观点。正确认识当前我国社会的主要矛盾,就必须坚持以人民为中心的发展思想,不断促进人的全面发展、全体人民共同富裕。

认识中国具体实际的另一个重要内容是,中国是一个拥有万年文化底蕴、五千多年文明历史的古国,中华优秀传统文化经过了长期的历史实践验证。将马克思主义基本原理同中华优秀传统文化相结合,是马克思主义中国化时代化的必然要求。

在近代中国丧失文化自信的危急时刻,中国共产党人寻找到马克思主义,用以唤醒沉睡的中华民族,激活蒙尘的古老文明。马克思主义深刻改变了中国,中华优秀传统文化也极大丰富了马克思主义。习近平总书记强调:"马克思主义中国化时代化这个重大命题本身就决定,我们决不能抛弃马克思主义这个魂脉,决不能抛弃中华优秀传统文化这个根脉。坚守好这个魂和根,是理论创新的基础和前提。"[1]

中华民族的历史文化是勤劳勇敢的中国人民在历史长河中自强不息、砥砺前行的结晶,是中华民族安身立命的基础。正如习近平主席所指出的:"中华民族5000多年文明史,中国人民近代以来170多年斗争史,中国共产党90多年奋斗史,中华人民共和国60多年发展史,改革开放30多年探索史,这些历史一脉相承,不可割裂。"[2] "历史是最好的教科书。学习党史、国史,是坚持和发展中国特色社会主义、

---

[1] 《不断深化对党的理论创新的规律性认识 在新时代新征程上取得更为丰硕的理论创新成果》,《人民日报》2023年7月2日。
[2] 习近平:《在布鲁日欧洲学院的演讲》,《人民日报》2014年4月2日。

第一章
开辟马克思主义中国化时代化新境界

把党和国家各项事业继续推向前进的必修课。"①因此，坚持唯物史观，以史为鉴、开创未来，反对历史虚无主义、文化虚无主义、道德虚无主义，就必须将马克思主义基本原理同中华优秀传统文化相结合。

中华优秀传统文化是中华民族的突出优势，是最深厚的文化软实力。习近平总书记对中华优秀传统文化高度重视，并多次强调，中国特色社会主义道路"是在对中华民族5000多年悠久文明的传承中走出来的，具有深厚的历史渊源和广泛的现实基础。中华民族是具有非凡创造力的民族，我们创造了伟大的中华文明，我们也能够继续拓展和走好适合中国国情的发展道路"②。"如果没有中华五千年文明，哪里有什么中国特色？如果不是中国特色，哪有我们今天这么成功的中国特色社会主义道路？我们要特别重视挖掘中华五千年文明中的精华，弘扬优秀传统文化，把其中的精华同马克思主义立场观点方法结合起来，坚定不移走中国特色社会主义道路。"③

在中华民族五千多年的文明史中，古圣先王开创了成康之治、文景之治、贞观之治、开元盛世、康乾盛世等一系列盛世，我国自古享有"华夏之族""礼仪之邦"的美誉，在道德教育和道德建设方面更是拥有五千多年的经验、方法、智慧和效果，达到过"囹圄空虚，刑措不用""民不忍欺"的治理境界，形成过"万国来朝""协和万邦"的国际局面。中华民族创造了灿烂的文明，孕育了丰富的思想：大道之行、天下为公的大同理想，六合同风、四海一家的大一统传统，德主

---

① 《在对历史的深入思考中更好走向未来　交出发展中国特色社会主义合格答卷》，《人民日报》2013年6月27日。
② 《习近平谈治国理政》第一卷，外文出版社2018年版，第39—40页。
③ 本书编写组编著：《闽山闽水物华新——习近平福建足迹》（下），人民出版社、福建人民出版社2022年版，第504页。

大道同行
推进马克思主义基本原理同中华优秀传统文化相结合

刑辅、以德化人的德治主张,民贵君轻、政在养民的民本思想,等贵贱均贫富、损有余补不足的平等观念,法不阿贵、绳不挠曲的正义追求,孝悌忠信、礼义廉耻的道德操守,任人唯贤、选贤与能的用人标准,周虽旧邦、其命维新的改革精神,亲仁善邻、协和万邦的外交之道,以和为贵、好战必亡的和平理念,等等。以这些思想为指导,形成了丰富的国家制度和国家治理体系,如朝廷制度、郡县制度、土地制度、经济制度、法律制度、监察制度、军事制度、选拔制度、任用制度、考课制度、奖惩制度、薪俸制度、致仕制度及科教文卫制度等。在这些思想和制度的支撑下,我国在人类发展史上曾经长期处于领先地位,为周边国家和民族所学习和效仿。这些修身、齐家、治国、平天下的智慧精华是中华优秀传统文化的重要组成部分,也是中华民族精神的重要内容。将马克思主义基本原理同中华优秀传统文化相结合,能够为新时代实现中华民族伟大复兴的宏伟目标、促进人的全面发展、构建人类命运共同体等提供智慧源泉和文明支撑。

"第二个结合",是我们党对马克思主义中国化时代化历史经验的深刻总结,是对中华文明发展规律的深刻把握,表明我们党对中国道路、理论、制度的认识达到了新高度,表明我们党的历史自信、文化自信达到了新高度,表明我们党在传承中华优秀传统文化中推进文化创新的自觉性达到了新高度。

总之,坚持"两个结合"是我们党在百年历史中的重大理论创新,也为我们继续推进理论创新提供了根本遵循。

四、最新成果:"两个结合"的时代典范

党的十八大以来,习近平总书记对关系新时代党和国家事业发展的一系列重大理论和实践问题进行了深邃思考和科学判断,提出一系列原创性的治国理政新理念新思想新战略,坚持把马克思主义基本原理同中国具体实际相结合、同中华优秀传统文化相结合。

习近平新时代中国特色社会主义思想,是马克思主义中国化最新成果,是党和人民实践经验和集体智慧的结晶,是全党全国人民为实现中华民族伟大复兴而奋斗的行动指南。

习近平新时代中国特色社会主义思想中的很多理念,都可以从中华优秀传统文化中找到思想渊源。

"坚持以人民为中心的发展思想"是对《尚书》中的"民惟邦本,本固邦宁""德惟善政,政在养民"、《孟子》中的"民为贵,社稷次之,君为轻"、《贾子》中的"于政也,民无不为本也。国以为本,君以为本,吏以为本"等养民爱民、重民利民思想的创造性转化与创新性发展。古人认为,在位者对待百姓的态度与百姓对待在位者的态度如响之应声、影之随形一样自然而然。《管子》中讲道:"人主能安其民,则民事其主,如事其父母。故主有忧则忧之,有难则死之。"反之,如果国君不能使民安乐,则人民就不会为其分忧。如果国君不让人民安居乐业,则人民也不会为他奉献一切。这说明,要想治理好一个国家、深得百姓的拥护,在位者必须能安其民、爱其民。这些思想对于领导干部更好地承担起对人民的责任、把人民对美好生活的向往作为自己的奋斗目标仍然具有重要借鉴意义。

"打铁必须自身硬"是对《论语》中的"政者,正也。子帅以正,

大道同行
推进马克思主义基本原理同中华优秀传统文化相结合

孰敢不正？""为政以德，譬如北辰，居其所而众星共之"、《礼记》中的"下之事上也，不从其所令，而从其所行"、《群书治要·政要论》中的"君子为政，以正己为先，教禁为次"等思想的精辟总结，以简洁易懂的语言概括了领导干部严以修身、正己化人的重要性。

"空谈误国，实干兴邦"是结合《论语》中的"君子欲讷于言而敏于行""巧言令色，鲜矣仁"、《群书治要·傅子》中的"听言不如观事，观事不如观行"、《周书》中的"以言取人，人饰其言；以行取人，人竭其行。饰言无庸，竭行有成"等思想，一针见血地指出了一些领导干部中出现的言语浮华而不务实干的问题。

"领导干部不能既想当官又想发财"是对《周易》中的"负且乘，致寇至"、《管子》中的"商贾在朝，则货财上流"、《汉书》中的"古之所予禄者，不食于力、不动于末，是亦受大者，不得取小也"等思想深刻领悟后，对那些以权谋私、官商勾结的领导干部提出的警示。

"厉行节约、反对浪费"是对《汉书》中的"淫侈之俗，日日以长，是天下之大贼也"、《群书治要·晋书》中的"三代之兴，无不抑损情欲；三季之衰，无不肆其侈靡"等历史经验教训进行的深刻总结，并针对领导干部中出现的奢靡之风而提出的告诫。

"德才兼备、以德为先"的用人标准的提出，与《群书治要·典语》中的"制爵必俟有德，班禄必施有功"、《群书治要·昌言》中的"王者官人无私，唯贤是亲"等选贤任能的传统一脉相承。

"要像保护眼睛一样保护自然和生态环境，推动形成人与自然和谐共生新格局"的生态保护观念，是对《周易》中的"夫大人者，与天地合其德"、"天人合一"思想及老子"道法自然"思想、王阳明《大学问》中的"大人者，以天地万物为一体者也。其视天下犹一家，中国犹一人焉"创造性转化与创新性发展的结果。

中华优秀传统文化所代表的是古人关于"道"的整体认识，《中庸》说："道也者，不可须臾离也，可离非道也。"《孟子》说："得道者多助，失道者寡助。"《荀子》说："道者，古今之正权也。离道而内自择，则不知祸福之所托。"这说明，中国古人无论是在处理人与国家、社会之间的关系，还是处理人与天地自然之间的关系时，都按照"道"的要求安身立命、经世致用。正是在这个意义上，中国古人形成了关于"治国之道"的庞大而又严谨的思想体系。

作为"两个结合"的理论成果，习近平新时代中国特色社会主义思想实现了"两个激活"，既激活了马克思主义，又激活了中华优秀传统文化在新时代的生命力，对我们党坚持马克思主义和大力弘扬中华优秀传统文化提供了重要的启示和示范。

一方面，坚持马克思主义不是对马克思主义经典作家只言片语的片面执着，而是对其经得起历史和实践检验的基本原理的坚持，唯有如此，才能保持马克思主义的生机和开放性。正如邓小平所说："如果一切从本本出发，思想僵化，迷信盛行，那它就不能前进，它的生机就停止了，就要亡党亡国。"[①] 只有坚持把马克思主义基本原理同中国具体实际相结合、同中华优秀传统文化相结合，坚持实践是检验真理的唯一标准，坚持一切从实际出发，及时回答时代之问、人民之问，不断推进马克思主义中国化时代化，才能使马克思主义在中华大地落地生根、深入人心。

另一方面，在弘扬中华优秀传统文化的问题上，需要进一步古镜今鉴、古为今用，结合新的时代条件做好传承和弘扬工作。英国历史哲学

---

① 《邓小平文选》第二卷，人民出版社1994年版，第143页。

家汤因比在系统研究了各个国家文明发展史的基础上，把世界未来的希望寄托在中华文化上。他认为，中华文化如果能被世界各国所学习和接受，必能带给世界和谐、和平与希望，因为中华文化是讲求道德仁义的文化。①

总之，习近平新时代中国特色社会主义思想是"两个结合"的理论成果和时代典范，既坚持了马克思主义基本原理，又切合中国具体实际，建立在中华优秀传统文化深厚底蕴的基础之上，产生了强大的引领力、凝聚力、向心力。

五、实践意义：全面推进中华民族伟大复兴，构建人类命运共同体

党的十八大以来，在习近平新时代中国特色社会主义思想的指引下，党和国家事业取得历史性成就、发生历史性变革，经受住了来自政治、经济、意识形态、自然界等方面的风险挑战考验。2021年，完成脱贫攻坚、全面建成小康社会的历史任务，实现第一个百年奋斗目标，推动我国迈上全面建设社会主义现代化国家新征程。2021年，党的十九届六中全会通过的《决议》正式提出"两个确立"，"确立习近平同志党中央的核心、全党的核心地位，确立习近平新时代中国特色社会主义思想的指导地位"②。

习近平新时代中国特色社会主义思想是引领党和国家事业发展的

---

① 参见［日］山本新、［日］秀村欣二编：《未来，属于中国——汤因比论中国传统文化》，杨栋梁、赵德宇译，陕西人民出版社1989年版，第3—21页。
② 《中共中央关于党的百年奋斗重大成就和历史经验的决议》，人民出版社2021年版，第26页。

指导思想，必须长期坚持并在实践中与时俱进地丰富与发展这一思想。在全党用习近平新时代中国特色社会主义思想来统一思想、统一意志、统一行动，具有重要的实践意义。习近平新时代中国特色社会主义思想不仅是全面建成社会主义现代化强国，以中国式现代化全面推进中华民族伟大复兴的行动指南，也是推动构建人类命运共同体，建立人类文明新形态的思想指南。

（一）推进文化自信自强，建设中华民族现代文明

中华民族创造了源远流长的中华文化，中国共产党人的奋斗和理想，始终积淀着中华民族最深层的精神追求，代表着中华民族独特的精神标识。中国共产党人始终是中华优秀传统文化的忠实继承者和弘扬者。习近平总书记特别重视挖掘中华五千多年文明中的精华，弘扬中华优秀传统文化。

关于如何实现中华民族伟大复兴，习近平总书记强调，"一个国家、一个民族的强盛，总是以文化兴盛为支撑的，中华民族伟大复兴需要以中华文化发展繁荣为条件"[①]。"文化是一个国家、一个民族的灵魂。历史和现实都表明，一个抛弃了或者背叛了自己历史文化的民族，不仅不可能发展起来，而且很可能上演一幕幕历史悲剧。文化自信，是更基础、更广泛、更深厚的自信，是更基本、更深沉、更持久的力量。坚定文化自信，是事关国运兴衰、事关文化安全、事关民族精神独立性的大问题。"[②] "文化兴国运兴，文化强民族强。没有高度的文化

[①]《认真贯彻党的十八届三中全会精神 汇聚起全面深化改革的强大正能量》，《人民日报》2013年11月29日。
[②]《习近平著作选读》第一卷，人民出版社2023年版，第536页。

大道同行
推进马克思主义基本原理同中华优秀传统文化相结合

自信,没有文化的繁荣兴盛,就没有中华民族伟大复兴。"①

一个民族要实现复兴,既需要强大的物质力量,也需要强大的精神力量。新时代是一个需要文化自信并且能够铸就文化自信的时代。我们比历史上任何时期都更接近中华民族伟大复兴的目标,比历史上任何时期都更有信心、有能力实现这个目标,但也要付出更为艰巨、更为艰苦的努力。只有坚定文化自信,推动文化繁荣兴盛,才能形成推动实现中华民族伟大复兴的强大精神力量。

自信才能自强。有文化自信的民族,才能立得住、站得稳、行得远。中华文明历经数千年而绵延不绝、迭遭忧患而经久不衰,这是人类文明的奇迹,也是我们自信的底气。坚定文化自信,就是坚持走自己的路。坚定文化自信的首要任务,就是立足中华民族伟大历史实践和当代实践,用中国道理总结好中国经验,把中国经验提升为中国理论,既不盲从各种教条,也不照搬外国理论,实现精神上的独立自主。要把文化自信融入全民族的精神气质与文化品格,养成昂扬向上的风貌和理性平和的心态。

文化是民族的灵魂,教育是文化的生机。党的十八大以来,党准确把握世界范围内思想文化相互激荡、我国社会思想观念深刻变化的趋势,强调意识形态工作是为国家立心、为民族立魂的工作,坚持修学好古的历史思维和实事求是的思想路线,把马克思主义基本原理同中国具体实际相结合、同中华优秀传统文化相结合,创立习近平新时代中国特色社会主义思想,实现了马克思主义中国化新的飞跃,为党牢牢掌握意识形态工作领导权,建设具有强大凝聚力和引

---

① 习近平:《决胜全面建成小康社会 夺取新时代中国特色社会主义伟大胜利——在中国共产党第十九次全国代表大会上的报告》,人民出版社2017年版,第40—41页。

领力的社会主义意识形态奠定了坚实思想理论基础；坚持文以载道、守正创新的文化发展方向和原则，建设社会主义文化强国，激发全民族文化创新创造活力，极大增强了民族自尊、文化自信、文明自觉；抓住文化"以文化人"的文化本质内涵，秉持"教学为先"的道德教化方法，系统加强道德教育和道德文明建设，更好构筑中国精神、中国价值、中国力量，巩固全党全国各族人民团结奋斗的共同思想基础，极大提升了全社会的凝聚力和向心力。探索文化建设历史成就的原因，都离不开党对中华优秀传统文化的借鉴和汲取，并以时代精神激活中华优秀传统文化的生命力。正如习近平总书记所强调的："求木之长者，必固其根本；欲流之远者，必浚其泉源。"[1]

中华优秀传统文化是中华民族的精神命脉，是涵养社会主义核心价值观的重要源泉，也是我们在世界文化激荡中站稳脚跟的坚实根基。回望五千多年中华文明史，修学好古、守正创新一直是其中的精神内核和精华所在。守正创新，守的是正道，创新的是表达形式。为此，习近平总书记强调要敬畏历史、敬畏文化，深刻认识中华优秀传统文化是中华民族的突出优势，号召党员领导干部在新时代自觉肩负起传承和发展中华优秀传统文化的历史使命，坚持文以载道、守正创新，实现中华优秀传统文化的创造性转化与创新性发展，推进文化自信自强，充分发挥中华文化在为人民谋幸福、为民族谋复兴、为世界谋大同中的重要作用，不断铸就社会主义文化新辉煌，建设中华民族现代文明。汲取五千多年中华文明积累的文化养分，我们建设中国特色社会主义文化，具有无比深厚的历史底蕴，无比宽阔的时代舞台，无比壮丽的

---

[1] 习近平：《在文艺工作座谈会上的讲话》，人民出版社2015年版，第25页。

辉煌前景。

（二）全面建成社会主义现代化强国，实现中华民族伟大复兴

党的二十大报告明确指出，从现在起，中国共产党的中心任务就是团结带领全国各族人民全面建成社会主义现代化强国、实现第二个百年奋斗目标，以中国式现代化全面推进中华民族伟大复兴。

全面建成社会主义现代化强国，总的战略安排是分两步走：从2020年到2035年基本实现社会主义现代化；从2035年到本世纪中叶把我国建成富强民主文明和谐美丽的社会主义现代化强国。

中华优秀传统文化是"志于道"的文化，强调按照自然天道的规律治理国家，其中的"天之道，损有余而补不足""民之所好好之，民之所恶恶之""以文化人""和而不同""天人合一"等理念，为全面建成富强民主文明和谐美丽的社会主义现代化强国奠定了深厚历史根基与文化底蕴。

基于治国首先应该富民的认识，习近平总书记指出："从根本上说，没有扎扎实实的发展成果，没有人民生活不断改善，空谈理想信念，空谈党的领导，空谈社会主义制度优越性，空谈思想道德建设，最终意识形态工作也难以取得好的成效。"[①] 在党的二十大报告中，习近平总书记强调："发展是党执政兴国的第一要务。没有坚实的物质技术基础，就不可能全面建成社会主义现代化强国。"[②] 只要财富集中在少数人的手里，人民就没有真正富裕。习近平总书记提出，"绝不能

---

① 《习近平关于社会主义经济建设论述摘编》，中央文献出版社2017年版，第5页。
② 习近平：《高举中国特色社会主义伟大旗帜　为全面建设社会主义现代化国家而团结奋斗——在中国共产党第二十次全国代表大会上的报告》，人民出版社2022年版，第28页。

出现'富者累巨万，而贫者食糟糠'的现象"①，强调共同富裕是社会主义的本质要求，是中国式现代化的重要特征。党的十八大以来，党中央把逐步实现全体人民共同富裕摆在更加重要的位置上，采取有力措施保障和改善民生，打赢脱贫攻坚战，全面建成小康社会，为促进共同富裕创造了良好条件。在党的二十大报告中，习近平总书记再次强调："中国式现代化是全体人民共同富裕的现代化。共同富裕是中国特色社会主义的本质要求，也是一个长期的历史过程。我们坚持把实现人民对美好生活的向往作为现代化建设的出发点和落脚点，着力维护和促进社会公平正义，着力促进全体人民共同富裕，坚决防止两极分化。"②

建设中国特色社会主义民主政治，将协商民主和选举民主相结合，坚持民主集中制原则，发展全过程人民民主，是在借鉴中华优秀传统文化的基础上提出来的政治理念。与古代的"谏议之木"类似的就是中国特色社会主义民主政治制度中的协商民主。改革开放后，协商民主覆盖政党、人大、政府、社会等各领域。习近平总书记强调，"协商民主是中国社会主义民主政治中独特的、独有的、独到的民主形式，……具有深厚的文化基础、理论基础、实践基础、制度基础"③。在党的二十大报告中，习近平总书记强调："全面发展协商民主。……推进协商民主广泛多层制度化发展。坚持和完善中国共产党领导的多党合作和政治协商制度，……完善人民政协民主监督和委员联系界别群

---

① 习近平：《论把握新发展阶段、贯彻新发展理念、构建新发展格局》，中央文献出版社2021年版，第42页。
② 习近平：《高举中国特色社会主义伟大旗帜　为全面建设社会主义现代化国家而团结奋斗——在中国共产党第二十次全国代表大会上的报告》，人民出版社2022年版，第22页。
③ 习近平：《在庆祝中国人民政治协商会议成立65周年大会上的讲话》，人民出版社2014年版，第15页。

大道同行
推进马克思主义基本原理同中华优秀传统文化相结合

众制度机制。"① 这种全过程民主就使得各级、各党、各社会群体、各方面民众的意愿都能通过适当渠道得以充分表达,更好地从制度上保证了人民当家作主。

文明是社会主义现代化强国的重要特征。辉煌灿烂的中华优秀传统文化,使得中华文明成为世界文明中唯一未曾中断并延续至今的古老文明,使中华民族在广袤的中华大地上开创了一个又一个"可久可大之功"。这是因为中华优秀传统文化中贯穿着"文以载道""以文化人"的文化教育思想。习近平总书记强调:"经济总量无论是世界第二还是世界第一,未必就能够巩固住我们的政权。经济发展了,但精神失落了,那国家能够称为强大吗?"②"没有先进文化的积极引领,没有人民精神世界的极大丰富,没有民族精神力量的不断增强,一个国家、一个民族不可能屹立于世界民族之林。"③ 这就强调了中华文化的繁荣兴盛、人们道德水平的提升和精神文明的发展,是中华民族伟大复兴的前提。

新时代建设和谐社会,使社会主义核心价值观和中华传统美德贯穿于国民教育的全过程,渗透到家庭教育、学校教育、社会教育的方方面面。习近平总书记多次强调注重家庭家教家风建设;主持召开思想政治理论课教师座谈会,提出"立德树人"的教育理念;召开文艺座谈会,强调文艺工作者要德艺双馨。他反复强调党员领导干部要加强以"明大德、守公德、严私德"为主要内容的政德修养,通过在党员领导干部中开展群众路线教育实践活动、"三严三实"专题教育、

---

① 习近平:《高举中国特色社会主义伟大旗帜　为全面建设社会主义现代化国家而团结奋斗——在中国共产党第二十次全国代表大会上的报告》,人民出版社2022年版,第38—39页。
② 习近平:《做焦裕禄式的县委书记》,中央文献出版社2015年版,第35页。
③ 习近平:《在文艺工作座谈会上的讲话》,人民出版社2015年版,第5页。

"两学一做"学习教育、"不忘初心、牢记使命"主题教育等将"教学为先"的理念制度化常态化；系统解决道德领域的失范问题，避免道德危机，建设高度的道德文明。

建设美丽中国，实现中华民族永续发展和智慧发展根植于生生不息的中华优秀传统文化。正如习近平总书记所强调："我们中华文明传承五千多年，积淀了丰富的生态智慧。'天人合一'、'道法自然'的哲理思想，'劝君莫打三春鸟，儿在巢中望母归'的经典诗句，'一粥一饭，当思来处不易；半丝半缕，恒念物力维艰'的治家格言，这些质朴睿智的自然观，至今仍给人以深刻警示和启迪。"[①]党的十八大以来，习近平总书记站在全局和战略的高度，对生态文明建设提出一系列新思想、新论断，形成了习近平生态文明思想，为我国社会主义生态文明建设指明了科学方向。在党的二十大报告中，习近平总书记再次强调："尊重自然、顺应自然、保护自然，是全面建设社会主义现代化国家的内在要求。必须牢固树立和践行绿水青山就是金山银山的理念，站在人与自然和谐共生的高度谋划发展。"[②]这些理念的提出，离不开对中国传统"天人合一"理念的继承和发扬。

如今，全面建设社会主义现代化国家的新征程已经开启。习近平总书记深刻指出，"当代中国的伟大社会变革，不是简单延续我国历史文化的母版，不是简单套用马克思主义经典作家设想的模板，不是其他国家社会主义实践的再版，也不是国外现代化发展的翻版"[③]。在新的征程上，不能僵化教条，搞本本主义；不能崇洋媚外，搞拿来主义；

---

① 《习近平关于社会主义生态文明建设论述摘编》，中央文献出版社2017年版，第6页。
② 习近平：《高举中国特色社会主义伟大旗帜 为全面建设社会主义现代化国家而团结奋斗——在中国共产党第二十次全国代表大会上的报告》，人民出版社2022年版，第49—50页。
③ 习近平：《在哲学社会科学工作座谈会上的讲话》，人民出版社2016年版，第21页。

不能数典忘祖，搞虚无主义；不能刻舟求剑，理论脱离实际。要坚持以马克思主义中国化时代化的最新成果——习近平新时代中国特色社会主义思想为指导，牢记初心使命，直面风险挑战，抓住主要矛盾，把握发展大势，勇于自我革命，不断自我完善，以史为鉴、开创未来，埋头苦干、勇毅前行。中国共产党一定能够带领全党全军全国各族人民，在实现第二个百年奋斗目标、实现中华民族伟大复兴的中国梦的道路上，再创新的辉煌。

（三）构建人类命运共同体，创造人类文明新形态

当今世界正经历百年未有之大变局。这是我们党立足中华民族伟大复兴战略全局，科学认识全球发展大势、深刻洞察世界格局变化而作出的重大判断。"世界怎么了？我们怎么办？"这是世界之问、时代之问、命运之问。合作还是对抗？团结还是分裂？互利共赢还是零和博弈？人类社会面临着重大抉择。

世界好，中国才能好；中国好，世界才能更好。中国共产党既是为中国人民谋幸福、为中华民族谋复兴的党，也是为人类谋进步、为世界谋大同的党。中国共产党始终把为人类作出新的更大贡献作为自己的使命。面对风云变幻的国际形势，在斗争冲突不断的国际社会中，习近平主席以"为世界谋大同"的诚意，以维护世界和平、促进共同发展为宗旨，提出了"构建人类命运共同体"理念。构建人类命运共同体是站在世界历史和时代的高度，从中国和全人类的共同利益出发，结合中华优秀传统文化的智慧，审时度势提出的重大理念。

人类命运共同体，顾名思义，就是每个民族、每个国家的前途命运都紧紧联系在一起，应该风雨同舟，荣辱与共，努力把我们生于斯、

长于斯的这个星球建成一个和睦的大家庭,把世界各国人民对美好生活的向往变成现实。构建人类命运共同体,就是要坚持对话协商、共建共享、合作共赢、交流互鉴、绿色低碳,建设一个持久和平、普遍安全、共同繁荣、开放包容、清洁美丽的世界。建设这样的美好世界反映了人类社会的共同价值追求,汇聚了世界各国人民对和平、发展、繁荣向往的最大公约数。

构建人类命运共同体是应对全球性问题的必由之路。世界各国只有携手应对全球性威胁和挑战,才能有效应对各种风险挑战,维护人类共同家园,建设更加美好的世界。构建人类命运共同体已被多次写入联合国文件,国际社会高度评价中国推动构建人类命运共同体的实践,普遍认为构建人类命运共同体完全符合联合国宪章的基本原则,是对全球治理的重要贡献。

在各国前途命运紧密相连的今天,不同文明包容共存、交流互鉴,在推动人类社会现代化进程、繁荣世界文明百花园中具有不可替代的作用。2023年3月15日,中共中央总书记、国家主席习近平在北京出席中国共产党与世界政党高层对话会,并发表题为《携手同行现代化之路》的主旨讲话,提出了全球文明倡议。我们要共同倡导尊重世界文明多样性,坚持文明平等、互鉴、对话、包容,以文明交流超越文明隔阂、文明互鉴超越文明冲突、文明包容超越文明优越。我们要共同倡导弘扬全人类共同价值,和平、发展、公平、正义、民主、自由是各国人民的共同追求,要以宽广胸怀理解不同文明对价值内涵的认识,不将自己的价值观和模式强加于人,不搞意识形态对抗。我们要共同倡导重视文明传承和创新,充分挖掘各国历史文化的时代价值,推动各国优秀传统文化在现代化进程中实现创造性转化、创新性发展。

> **大道同行**
> 推进马克思主义基本原理同中华优秀传统文化相结合

我们要共同倡导加强国际人文交流合作，探讨构建全球文明对话合作网络，丰富交流内容，拓展合作渠道，促进各国人民相知相亲，共同推动人类文明发展进步。全球文明倡议是继全球发展倡议、全球安全倡议后，新时代中国为国际社会提供的又一重要公共产品，为推动人类文明发展、推进人类现代化进程、构建人类命运共同体、创造人类文明新形态提供了中国方案。

第二章 | PART TWO

中国共产党人是中华优秀传统文化的忠实继承者和弘扬者

在纪念孔子诞辰 2565 周年国际学术研讨会暨国际儒学联合会第五届会员大会开幕会上的讲话中,习近平总书记指出,"在带领中国人民进行革命、建设、改革的长期历史实践中,中国共产党人始终是中国优秀传统文化的忠实继承者和弘扬者,从孔夫子到孙中山,我们都注意汲取其中积极的养分"[①]。这不仅揭示了中华优秀传统文化在中国共产党革命、建设、改革实践中所发挥的独特作用,而且展现了中国共产党人自觉肩负的历史使命和时代责任,在把马克思主义基本原理同中国具体实际相结合的过程中,"用马克思主义真理的力量激活了中华民族历经几千年创造的伟大文明,使中华文明再次迸发出强大精神力量"[②]。这既是马克思主义不断中国化时代化的必然路径,也是中国特色社会主义伟大实践发展的必然结果。

中华优秀传统文化不仅是中华民族的突出优势,体现了中国人几千年来积累的知识智慧和理性思辨,而且还蕴含着关于治国理政的丰厚智慧,彰显了中国人独特的世界观和方法论。党的二十大报告指出,"只有把马克思主义基本原理同中国具体实际相结合、同中华优秀传统文化相结合,坚持运用辩证唯物主义和历史唯物主义,才能正确回答时代和实践提出的重大问题,才能始终保持马克思主义的蓬勃生机和

---

① 习近平:《在纪念孔子诞辰 2565 周年国际学术研讨会暨国际儒学联合会第五届会员大会开幕会上的讲话》,人民出版社 2014 年版,第 13 页。
② 习近平:《在党史学习教育动员大会上的讲话》,人民出版社 2021 年版,第 11 页。

旺盛活力"①。可以说，传承和弘扬中华优秀传统文化是坚持和发展马克思主义的内在要求和必然逻辑，只有中国共产党才有资格、有能力揭示其中所蕴含的历史经验和发展规律，在推动中华优秀传统文化创造性转化和创新性发展的同时，激活其生命力，进而作出符合中国实际和时代要求的正确回答，形成与时俱进的理论成果来指导中国当下全面建设社会主义现代化国家的历史实践。

一、正确认识中华优秀传统文化是中华民族的突出优势

2021年11月11日，党的十九届六中全会审议通过了《决议》，这是党的历史上的第三个历史决议。作为一篇新时代的马克思主义的纲领性文献，《决议》总结了党的百年奋斗重大成就和历史经验，告诫和勉励全党要在坚持唯物史观和正确党史观的基础上，立足于新时代实践，以史为鉴，开创未来。"党中央强调，中华优秀传统文化是中华民族的突出优势，是我们在世界文化激荡中站稳脚跟的根基，必须结合新的时代条件传承和弘扬好"②。与此同时，《决议》对习近平新时代中国特色社会主义思想和中华优秀传统文化之间的根本关系作了全新的表述，准确揭示了两者深层次的内在关联，为我们重新理解和把握中华优秀传统文化的时代精华和突出优势，持续推动中华优秀传统文化的创造性转化和创新性发展，进而实现中华民族伟大复兴的中国梦

---

① 习近平：《高举中国特色社会主义伟大旗帜　为全面建设社会主义现代化国家而团结奋斗——在中国共产党第二十次全国代表大会上的报告》，人民出版社2022年版，第17页。
② 《中共中央关于党的百年奋斗重大成就和历史经验的决议》，人民出版社2021年版，第46页。

提供了根本指引和方向。

（一）立足党的百年奋斗重大成就和历史经验，明确习近平新时代中国特色社会主义思想的指导地位

《决议》将党的百年奋斗重大成就和历史意义总结为党的百年奋斗从根本上改变了中国人民的前途命运、党的百年奋斗开辟了实现中华民族伟大复兴的正确道路、党的百年奋斗展示了马克思主义的强大生命力、党的百年奋斗深刻影响了世界历史进程、党的百年奋斗锻造了走在时代前列的中国共产党五个方面，并把党的百年奋斗历史经验总结为坚持党的领导、坚持人民至上等十个方面。这些重大成就和历史经验表明，中国共产党始终能够保持清醒的头脑，清楚地认识到过去我们为什么能够成功、未来怎样才能继续成功的核心所在。在"八个明确"的基础上，《决议》用"十个明确"全面而整体地概括了习近平新时代中国特色社会主义思想的核心内容，并指出，习近平新时代中国特色社会主义思想是马克思主义中国化新的飞跃，党确立习近平同志党中央的核心、全党的核心地位，确立习近平新时代中国特色社会主义思想的指导地位，具有决定性意义。"两个确立"包含了理论和实践两个层面，是现实逻辑和理论逻辑的有机统一，既反映了全党全军全国各族人民的共同心愿，同样也对党和国家事业的持续稳定发展有着非同一般的重大意义。理解中华优秀传统文化的突出优势，必须以习近平新时代中国特色社会主义思想为根本指导和依循。

习近平总书记关于中华优秀传统文化的论述是习近平新时代中国特色社会主义思想的一个有机组成部分，必须从习近平新时代中国特色社会主义思想的理论体系及其时代价值的宏观视野来进行研究，而

大道同行
推进马克思主义基本原理同中华优秀传统文化相结合

不能局限在某一个方面。换言之，既要立足于实现中华民族伟大复兴和奋力夺取新时代中国特色社会主义伟大胜利的宏大背景来全面深入地领会和把握习近平总书记关于中华优秀传统文化论述的深刻意义，也要在准确把握人类历史进程的大趋势中来审视和看待中华优秀传统文化所蕴含的世界意义，包括它所蕴藏的独特的中国智慧及其对其他国家的启示和借鉴。这就意味着，要在深入理解和把握中国特色社会主义事业"五位一体"总体布局和"四个全面"战略布局以及"四个自信"的前提下来审视中华优秀传统文化的突出优势。

从理论层面上看，中国共产党始终坚持以马克思主义为指导，并一以贯之地持续推动马克思主义中国化，不断开辟马克思主义新境界。"十个明确"从多方面系统性地阐释了习近平新时代中国特色社会主义思想对马克思主义的创造性转化和创新性发展，极大地丰富了马克思主义学说的内涵，能够确保党的指导思想的先进性和科学性，进而为实现中华民族伟大复兴提供更为强大的精神力量。从实践层面上看，"两个确立"是对党的十八大以来党和国家事业所取得的历史性成就和历史性变革的一种如实的总结和提炼。在这个历史进程中，以习近平同志为核心的党中央坚持以习近平新时代中国特色社会主义思想为指导，奋力实现了全面建成小康社会的既定目标，进而为实现中华民族伟大复兴提供了更为完善的制度保证和更为坚实的物质基础，既无愧于今天的使命担当，也必将不负于明天的伟大梦想。

德义足以怀天下之民，事业足以当天下之急。在党的十九届六中全会上，习近平总书记提出的"两个结合"重要思想，续写了马克思主义中国化时代化的新篇章，更加丰富和完善了习近平新时代中国特色社会主义思想，愈加凸显它是一个包容广大的理论体系，有着深刻的理论和实践价值，对于坚守马克思主义立场观点方法，以习近平新时代中国特色社会主义思想指导当下的文化建设，推动中华文化的全面复兴，意义深远。党的二十大报告也明确提出，"继续推进实践基础上的理论创新，首先要把握好新时代中国特色社会主义思想的世界观和方法论，坚持好、运用好贯穿其中的立场观点方法"①，对于我们更好地阐释习近平新时代中国特色社会主义思想提供了正确指针。明确习近平新时代中国特色社会主义思想的指导地位，是一项时代任务，它意味着既要在思想理论层面不断地深入学习和阐释，更要贯彻落实在党和人民事业的方方面面，尤其要坚持用习近平新时代中国特色社会主义思想教育人，培养和造就一大批堪当时代重任的接班人，以子子孙孙无穷匮也的愚公精神汇入实现第二个百年奋斗目标、实现中华民族伟大复兴的中国梦的历史洪流之中。全面深入理解中华优秀传统文化是中华民族的突出优势，也必须置于这个特殊的时代背景之下，"围绕我国和世界发展面临的重大问题，着力提出能够体现中国立场、中国智慧、中国价值的理念、主张、方案"②。

（二）提炼中华优秀传统文化的新时代精华，助推中华民族伟大复兴的历史进程

《决议》及党的二十大报告对中华优秀传统文化的历史定位和时代定位给出了高屋建瓴的解读，也是对党自十八大以来秉持推动中华优秀传统文化创造性转化和创新性发展精神的持续高扬。在新时代的背景下，深入挖掘和阐发中华优秀传统文化的深厚底蕴和突出优势，可

---

① 习近平：《高举中国特色社会主义伟大旗帜　为全面建设社会主义现代化国家而团结奋斗——在中国共产党第二十次全国代表大会上的报告》，人民出版社2022年版，第18—19页。
② 习近平：《在哲学社会科学工作座谈会上的讲话》，人民出版社2016年版，第17页。

大道同行
推进马克思主义基本原理同中华优秀传统文化相结合

以而且应该在党的百年奋斗重大成就和历史经验的宏大视野中展开。

《决议》明确地指出，习近平新时代中国特色社会主义思想坚持"把马克思主义基本原理同中国具体实际相结合、同中华优秀传统文化相结合"，"是当代中国马克思主义、二十一世纪马克思主义，是中华文化和中国精神的时代精华，实现了马克思主义中国化新的飞跃"。[①] 这不仅准确揭示了习近平新时代中国特色社会主义思想与中华优秀传统文化之间的辩证关系，而且突出和强调了中华优秀传统文化的时代价值、重要地位和长远意义。

习近平总书记指出，马克思主义传入中国后之所以能扎根中国大地，开花结果，是因为它"是同我国传承了几千年的优秀历史文化和广大人民日用而不觉的价值观念融通的"[②]。这也就意味着中华优秀传统文化作为习近平新时代中国特色社会主义思想的一个不可分割的有机组成部分，既可以从指导思想的层面充分发挥其先进性，进而为我们党治国理政新理念新思想新战略提供持久的思想保证和强大精神力量；同样也可以立足于中国特色社会主义现代化建设所取得的丰富的实践成果，继续为"新时代坚持和发展什么样的中国特色社会主义、怎样坚持和发展中国特色社会主义，建设什么样的社会主义现代化强国、怎样建设社会主义现代化强国，建设什么样的长期执政的马克思主义政党、怎样建设长期执政的马克思主义政党等重大时代课题"[③] 贡献日新又新的宝贵智慧。正如马克思指出，"主要的困难不是答案，而是问

---

① 《中共中央关于党的百年奋斗重大成就和历史经验的决议》，人民出版社2021年版，第24、26页。
② 《习近平著作选读》第二卷，人民出版社2023年版，第278页。
③ 《中国共产党第十九届中央委员会第六次全体会议文件汇编》，人民出版社2021年版，第48页。

题",“问题是时代的格言,是表现时代自己内心状态的最实际的呼声"。① 如何更好地提炼中华优秀传统文化的新时代精华,助推中华民族伟大复兴的历史进程,是当前我国社会飞速发展、全面建设社会主义文化强国的实践不断深化、中国特色社会主义进入新时代对作为最基础、最广泛、最深厚的文化建设的必然要求。只有把中国实践总结好,才能有更强能力为解决世界性问题提供思路和方法。

(三)守护中华民族的文化根脉,深入推进对中华优秀传统文化的挖掘和阐发

《决议》从 13 个方面全面而深刻地总结了党的十八大以来党和国家事业所取得的历史性成就和发生的历史性变革,宣告了新时代坚持和发展中国特色社会主义的历史必然性和未来长久性,进一步夯实和增强了党和人民的道路自信、制度自信、理论自信和文化自信。中华优秀传统文化作为中华民族的根和魂,它所蕴含的思想观念、人文精神、道德规范,不仅是我们中国人思想和精神的内核,构成了中华民族的文化根脉,同时对解决当今人类所面临的问题也有不可忽视的借鉴价值,必须不断推进对中华优秀传统文化的挖掘和阐发。

在数千年的历史演进中,中华民族创造了灿烂夺目的古代文明,绘就了中华优秀传统文化的精神图谱,承载了从古至今为国家和民族培根铸魂的使命,历久不衰。文化是一个民族的 DNA,是每一个民族赖以立身和发展的根本。任何民族都绝对不能抛弃或者背叛自己的历史文化,否则就可能上演一幕幕历史悲剧。《决议》明确指出"党之

---

① 《马克思恩格斯全集》第一卷,人民出版社 1995 年版,第 203 页。

大道同行
推进马克思主义基本原理同中华优秀传统文化相结合

所以能够领导人民在一次次求索、一次次挫折、一次次开拓中完成中国其他各种政治力量不可能完成的艰巨任务",一个根本原因就在于"坚持把马克思主义基本原理同中国具体实际相结合、同中华优秀传统文化相结合",并强调要"结合新的时代条件传承和弘扬好"。[①]这就再一次充分肯定了中华优秀传统文化在党的革命、建设、改革的历史进程中所占据的重要地位、发挥的巨大作用,同时也为我们坚守中华文化立场、守护中华文化根脉、深入推进对中华优秀传统文化的挖掘和阐发提供了思想指引和实践指针。

"求木之长者,必固其根本;欲流之远者,必浚其泉源。"中华优秀传统文化作为国家和民族的精神血脉,集中体现了中华民族几千年来积累的知识智慧和理性思辨,蕴藏着解决当代中国乃至世界面临的难题的重要启示。中国共产党和中国人民在过去的百余年赢得了伟大胜利和荣光,离不开对中华优秀传统文化这个宝贵资源的挖掘、汲取和利用。牢记党的百年奋斗重大成就和历史经验,深入领会并衷心拥护"两个确立",不断发挥中华优秀传统文化的突出优势,中国共产党和中国人民必将在新时代新征程上为实现第二个百年奋斗目标、实现中华民族伟大复兴的中国梦而夺取新的胜利和荣光。

---

① 《中共中央关于党的百年奋斗重大成就和历史经验的决议》,人民出版社2021年版,第66、67、46页。

二、中国共产党人继承和弘扬中华优秀传统文化的历史逻辑

《决议》指出,"党中央强调,中华优秀传统文化是中华民族的突出优势,是我们在世界文化激荡中站稳脚跟的根基,必须结合新的时代条件传承和弘扬好"①。这个重大论断体现了历史与逻辑的统一,有其现实必然性。它是对我国当前发展和我们党执政所面临的重大理论和实践的直接回应,既是中华优秀传统文化自身随着时代不断发展的题中应有之义,也是当前我国建设社会主义文化强国的内在要求。认清当下中国的历史定位,既要在古今之间找到其延续性,也要在中西之间把握其类比性。正如马克思、恩格斯所说,"不是从观念出发来解释实践,而是从物质实践出发来解释各种观念形态,由此也就得出下述结论:意识的一切形式和产物不是可以通过精神的批判来消灭的,……只有通过实际地推翻这一切唯心主义谬论所由产生的现实的社会关系,才能把它们消灭"②。因此,彰显中华优秀传统文化作为中华民族的突出优势,必须认识并把握到其背后的历史逻辑,在此逻辑中予以稳步推进。

(一)培养世界眼光:把握中华优秀传统文化的全球背景

当今中国所发生的广泛而深刻的变革,是整个世界变化板块中的重要组成部分,其中蕴含着实践创新和理论创新的辉煌蓝图。培养世界眼光,对于中华优秀传统文化的继承和弘扬来说正当其时,它体现

---

① 《中共中央关于党的百年奋斗重大成就和历史经验的决议》,人民出版社2021年版,第46页。
② 《马克思恩格斯选集》第一卷,人民出版社2012年版,第172页。

了共性与个性、普遍性与特殊性、民族性与世界性、中华话语与世界话语的有机统一。历史车轮滚滚向前，只有与时代同呼吸、共命运，才能在世界上站稳脚跟，赢得光明的未来。继承和弘扬中华优秀传统文化既是推动中华优秀传统文化创造性转化和创新性发展的题中应有之义，也是在当今全球背景下立足中国具体的实践，积极贡献中国智慧和中国价值的一条必然之路。

1. 世界百年未有之大变局加速演进

从现状来看，整个东西方世界都处于一个变化多端而又十分微妙的重要历史时期，世界多极化和经济全球化日益成为势不可当的趋势，社会信息化和文化多样化也越发彰显其新时代的特色。与此同时，整个世界也迎来了较之以往更为生机勃勃的时期，无论在哪个方面都全面地突破了此前历史的局限性。当然，需要指出的是，同时也出现了一些不好的现象，如世界经济在增长动能方面乏力，贫富分化在一些国家和地区不断加重，甚至有的地方还出现了动乱和冲突，恐怖主义以及气候冰川等问题也越来越成为人类社会共同的威胁。可以说，当今世界繁荣与衰败共存，融合与冲突共进，稳定与不安共在，需要人类社会以极高的智慧来解决。

在这样的历史背景下，人类社会将要走向何方以及以什么样的方式走下去，越来越成为世界各国人民必须面对和回应的一个重大课题。对于世界政治经济的变动、国际社会的安全稳定、全球的有序治理等一系列现实问题，世界需要新的前进方向、新的解决方案以及新的价值选择。在此世界百年未有之大变局面前，习近平总书记在很多重要场合多次引用儒学经典话语传达日新又新的中国智慧，如天下大同、和合共生等理念，赢得了广泛的理解和赞同。这些古老的智慧在当今时代不仅完全可以而且也能够发挥其作用，所蕴藏的价值是可以为其他国家和地区借鉴和吸取，乃至创造性地转化的。

顺应时代潮流、把握时代脉搏、回应时代课题，使中国摆脱了此前国际秩序被动接受者的身份，以一种更为积极的参与者、建设者甚至引导者的身份投入推动人类社会进步的事业。整个世界对中国的关注和学习，表现出了较之以往更多的热情和迫切。科学认识和全面把握国际局势的新变化和世界格局的新动态，是继承和弘扬中华优秀传统文化的重要前提。从人类当前的历史现实来看，人类只有一个地球和家园，这个地球和家园是独一无二的，它的生态和系统是不可逆的，面对动荡不定的全球社会及世界百年未有之大变局，没有哪个国家和哪个民族能够独善其身，独自应对各种挑战和威胁。

历史地看，西方社会长久以来一直津津乐道的治理理念和模式已经越来越难以适应新的世界格局。中华优秀传统文化在几千年的历史发展中经过千淘万漉，深刻地塑造了中华民族的精神气质，"以和为贵""讲信修睦""天人合一"等理念世代相传，不仅在以往发挥了重要的作用，而且必然会在当今发挥出更大的作用。人类命运共同体理念的提出，正是在继承中华优秀传统文化之中"天下大同""协和万邦"等思想的基础上根据时代要求传达出的中国方案，从根本上彰显的也是中华优秀传统文化生生不息的古老智慧。

2. 开放融通的世界大趋势

历史地看，改革能带来进步，封闭则必然导致落后。当今时代人们所关注的核心问题仍然是和平和发展，它构成了人类思想的一个核

大道同行
推进马克思主义基本原理同中华优秀传统文化相结合

心点。与此相应的是,各国各民族之间在社会形态等方面深入的、多方面的交往借鉴也日益增多,相互深入影响,加快推动国家之间的互联互通和融合发展已经成为促进人类社会共同繁荣进步的必由之路和根本方向。在经济全球化深入发展和日益加深,以及各国经济持续融合的新时代,只有顺随改革融通的世界大势才能获得更多推动发展的技术、资源、市场以及人才和机遇,提高中国在国际舞台上的话语权,发出中国声音,传递中国话语。从我国与世界其他各国、各民族之间的关系来看,在身份和地位等方面都发生了深刻的变化,中国在国际上越来越具有发言权。习近平总书记多次引用中华优秀传统文化中的经典语录来表达中国的美好理念,希望在国际事务中发挥更大作用,在应对全球挑战中贡献更多中国智慧。

开放融通的世界大趋势为中国的发展带来了前所未有的机遇,更为世界一体化的和谐发展注入了生机。从客观的历史观点来看,在人类文明的大家园中,尽管不同国家和民族的历史、文化、制度等各有差异偏重,但究其根本而言并无高低优劣之分,它们彼此之间是平等的,都应该互相欣赏甚至学习和借鉴。唯有如此,整个人类社会才能共同发展和繁荣。中国问题的出现和解决,必须在中国和世界的多维张力中展开。无论是"和平合作、开放包容、互学互鉴、互利共赢"的丝路精神,还是"开放、包容、合作、共赢"的金砖精神,无不彰显着中国谋求开放创新、包容互惠的发展理念。

中华民族历来是一个推崇兼收并蓄、海纳百川的民族,在数千年的历史演进中,形成了自己的文化特色。习近平总书记在出席纪念孔子诞辰2565周年国际学术研讨会暨国际儒学联合会第五届会员大会开幕会时明确指出,"文明特别是思想文化是一个国家、一个民族的灵魂。无论哪一个国家、哪一个民族，如果不珍惜自己的思想文化，丢掉了思想文化这个灵魂，这个国家、这个民族是立不起来的"①。中国共产党人继承和弘扬中华优秀传统文化，不仅彰显了其生生不息的无穷活力，以及它在新时代的发展趋势，同时也增强了其影响力和感召力，赋予其新的时代内涵和现代表达形式。

（二）面向中国问题：把脉中华优秀传统文化的现实诉求

在新时代的背景下，继承和弘扬中华优秀传统文化，必须坚持一切从实际出发，真正面向中国问题，切实转变以往那种对西方理论及其思想亦步亦趋的心态、企图借助于西方的框架来胶柱鼓瑟地分析和解读中国现状的路径。换言之，要真正立足于中国当前所面临的历史条件和社会现实，"坚持中国人的世界观、方法论"②，在这个宏大的时代语境之中，通过对当代中国在发展过程中所遇到的现实问题进行回应，认识到中国共产党人继承和弘扬中华优秀传统文化的现实诉求，才能摆脱如今大量沿袭自西方的、文本中的、教科书中的分析框架，从而为解决中国问题提出切实的方案。

1. 中国进入新的历史方位

党的十九大报告鲜明地指出，中国特色社会主义进入了新时代，这是我国发展新的历史方位。伴随着这个新的历史方位而来的，是中国特色社会主义进入新的发展阶段，中华民族也将迎来伟大复兴。同时，这也意味着中国特色社会主义道路、理论、制度和文化都得到了

---

① 《习近平著作选读》第一卷，人民出版社2023年版，第279页。
② 习近平：《在哲学社会科学工作座谈会上的讲话》，人民出版社2016年版，第19页。

大道同行
推进马克思主义基本原理同中华优秀传统文化相结合

长足的发展,在历史舞台上将扮演更为重要的角色。

根据马克思主义理论,我国进入新的历史方位基于我国社会主要矛盾发生的变化,即"中国特色社会主义进入新时代,我国社会主要矛盾已经转化为人民日益增长的美好生活需要和不平衡不充分的发展之间的矛盾"[①]。如何破解当代中国发展的现实逻辑,以及积极直面和回应中国问题,不仅是一个理论问题,更是一个实践问题。因为实践是检验真理的唯一标准,所有的理论和思想都要在具体现实的检验下才能得到真实的结果。中华优秀传统文化要想发挥积极引领作用,就必须能够从时代背景出发,直面中国问题并给出解决问题的具体方案。面对国内外出现的大量思潮交汇、交锋的复杂局势,要提出具有主体性、原创性的理论观点,彰显自身的理论优势,就必须扎根时代,以与时偕行的精神积极回应时代问题。换言之,任何一个国家的话语权都不是凭空产生的,也不是在头脑中随意搭建起来的,而是在深度回应时代问题、有效解决时代问题的现实过程中逐步形成和完善的。

中国进入新的历史方位和社会主要矛盾的变化,说明人民的生活水平较之以往有了显著的提高,对美好生活的向往也更加强烈,人们不仅对物质生活提出了更高的要求,而且在文化、精神等方面的需求也日益增长。这种逐渐形成的新常态必然要取代旧常态而成为一种发展的新趋势,在这个过程中,有的问题必然会随之而来,必须加以解决。话语建设就是其中之一,因为新的历史方位就是一种新的话语,代表了与时俱进的认知。需要指出的是,长期以来,中国话语建设不仅仅是基于对世界和中国现实的客观认识,同时也包含着对西方话语

---

① 习近平:《决胜全面建成小康社会 夺取新时代中国特色社会主义伟大胜利——在中国共产党第十九次全国代表大会上的报告》,人民出版社 2017 年版,第 11 页。

的批判和解构。过去百余年间，在西方话语的不断侵袭之下，中国话语表现出更多的回应性和论战性。中国进入新的历史方位，将使中国话语更为重视对现实的研究和反映，"加强对中华优秀传统文化的挖掘和阐发，使中华民族最基本的文化基因与当代文化相适应、与现代社会相协调，把跨越时空、超越国界、富有永恒魅力、具有当代价值的文化精神弘扬起来"[①]，从而增强中国话语的生命力，推动话语创新达到一个新的高度。

2. 中华民族伟大复兴迎来光明图景

历史地看，中国共产党领导下的中国特色社会主义伟大实践，要比历史上任何时期所取得的成就都要伟大，而且也极大地解放和发展了社会生产力。与此同时，全国各族人民团结奋斗，不断创造美好生活，在奔向全体人民共同富裕的道路上取得了实实在在的新进展，人们的获得感、幸福感不断提升，中华民族伟大复兴迎来光明图景。在中国特色社会主义新时代，中国毫无疑问可以而且能够实现中华民族伟大复兴的梦想。作为中华民族的价值共识和共同追求，中国梦是扎根于中国特色社会主义的具体实践之中的，它所面对和要解决的问题也都是以中国为根本的。概而言之，中国梦对于我们党以及我们整个国家、中华民族未来将要走向何方，如何在紧跟时代步伐的同时开创现代化的伟业，有着深刻的理论指引和实践导向价值。

因此，在新时代全面实现中华民族伟大复兴的中国梦的伟大历史进程，实质上也就是不断带领中国各族人民破解难题的过程。正如中国问题本身决定着当前我们面临的诸多难题的解决路径，中国梦的人

[①] 习近平：《在哲学社会科学工作座谈会上的讲话》，人民出版社2016年版，第17页。

民性底色和社会主义特质，也明确地指示了中国将要走向的路径。从根本上说，走什么路的问题是最根本的问题，中国共产党必定会在坚定不移地走中国特色社会主义道路的方向上矢志不渝。而在这个方向上，我们不仅要义无反顾地弘扬中国精神，还要团结各族人民，汇聚整个中华民族的力量。

从国际层面看，中国在当今世界舞台上所发挥的作用和扮演的角色也都今非昔比，中国的地位和影响力已经超出了人们习以为常的旧的认知。无论接受与否，中国梦的提出和实践能够在最大范围内影响世界范围的其他国家和地区，而且能够给其他民族带来共赢。从儒家文化本身的特质而言，中国人民不仅希望自己过得好，也希望各国人民过得好。推而广之，我们不仅希望古老的中华文明能在新时代通过创造性转化和创新性发展得到继承和弘扬，也希望世界各国各民族的古老文明都能得到继承和弘扬。"万物并育而不相害，道并行而不相悖"，文明的出路不止一条，文明的发展也不限一隅，只有大家笃守包容精神，秉持世界文明一家亲的理念，才能共筑美美与共的世界文明家园。

（三）推动理论创新：激活中华优秀传统文化的理论自觉

时代是不断发展的，人类的历史也是不断进步的。任何一个抱有危机意识和忧患意识的政党都必须严肃地审视当前所处的现实以及其中潜藏的问题，从中看到时代提出的新要求并给出合宜的回答。没有明确的问题意识，不能适时地进行理论创新，就无法指导现实中的实践，解决现实中出现和遇到的问题。中华优秀传统文化在当今时代要想发挥其日新又新的作用，并且同其他国家人民创造的多彩文明一道，为人类提供正确的精神指引,就必须以鲜明的理论自觉推动理论创新,把马克思主义思想精髓同中华优秀传统文化精华贯通起来、同人民群众日用而不觉的共同价值观念融通起来,不断赋予科学理论鲜明的中国特色,坚持并运用好贯穿习近平新时代中国特色社会主义思想中的世界观和方法论。

1. 加快构建中国特色哲学社会科学

哲学社会科学是一个国家、民族认识世界和改造世界的重要工具,也是推动本民族历史发展和文化进步的重要力量,展现了一个民族的思维能力、精神品格和文明素质,是一个国家综合国力和国际竞争力的重要体现。中国共产党人在继承和发展中华优秀传统文化的过程中,深刻认识到一个国家的发展水平既取决于其自然科学发展水平,也取决于哲学社会科学发展水平。习近平总书记在哲学社会科学工作座谈会上的讲话中指出,"解决中国的问题,提出解决人类问题的中国方案,要坚持中国人的世界观、方法论"[1]。中华优秀传统文化作为中华民族的根和魂,包含着丰富的哲学社会科学内容、治国理政智慧,延续着我们国家和民族的精神血脉,是我们坚定文化自信的根本所在。我们党作为中华优秀传统文化的忠实继承者和弘扬者,迫切需要在此基础上发展具有中国特色的学科体系和学术思想,指导当下的中国特色社会主义现代化建设事业。

从人类的认识和实践而言,哲学社会科学是不可替代的,它能够为人们提供一种价值观和世界观,从而影响到人类的历史进程。正确的、先进的哲学社会科学理论能够有效地推动历史进步和社会发展。

---

[1] 习近平:《在哲学社会科学工作座谈会上的讲话》,人民出版社2016年版,第19页。

大道同行
推进马克思主义基本原理同中华优秀传统文化相结合

历史地看,任何一个国家在当今时代的发展水平,不仅要从自然科学方面去衡量,也要从哲学社会科学方面去衡量。哲学社会科学对于任何一个民族的思维能力、精神品格和文明素质有着重大的影响作用,在任何一个国家和民族的发展中占据着不可替代的重要地位。

从历史的经验教训而言,人类历史的不断发展是在哲学社会科学的指引下向前推进的。作为一种理论和思想的哲学社会科学,能够为人类提供无法取代的精神动力和智力支持。只有在认真研究我国目前发展面临的重大理论和实践问题的基础上进行理论创新,才能结合新的实践不断作出新的理论创造,从而发挥出最大的作用。人类社会的发展史已经证明,每当遇到社会发生剧烈变化的时代,作为人类精神智慧结晶的哲学社会科学就一定能够大放异彩,获得长足的发展。当代中国特色社会主义所要开辟的伟大前景无疑正经历着人类历史上最为波澜壮阔的社会革新和实践突破,这就必然给我国当前哲学社会科学的发展和创新提供难得的机遇和挑战,从而使其更好地指引当下的现代化建设。

人类社会的实践是不断发展的,从古至今遗留下的思想文化要想焕发出新的活力,就必须不断前进,以适应新情况和新要求。当前,加快形成和完善中国特色哲学社会科学体系,是时代给予我们的必须完成的重任。习近平总书记指出,"要按照立足中国、借鉴国外,挖掘历史、把握当代,关怀人类、面向未来的思路,着力构建中国特色哲学社会科学"[1],既要体现继承性和民族性,也要体现时代性和原创性、系统性和专业性。当代中国正在推进的伟大的社会变革,既非简单地

---

[1] 习近平:《在哲学社会科学工作座谈会上的讲话》,人民出版社2016年版,第15页。

延续我国古代历史文化的母版,也非国外现代化发展的翻版,没有现成的教科书可以参考。这就意味着我们必须善于从实际出发,遵循习近平总书记的指导,着力提出真正能够反映中国立场,代表中国价值的理念、主张和方案,加强话语体系建设,增强我国哲学社会科学研究的国际影响力。

2. 推动中华优秀传统文化的创造性转化和创新性发展

中华优秀传统文化是中华民族的根和魂,不仅是中华民族的精神血脉,也是涵养社会主义核心价值观的重要源泉,可以说,没有中华文化的繁荣兴盛就没有中华民族的伟大复兴。中华优秀传统文化包含着丰富的人文精神和治国理政智慧,为中华民族的生生不息和发展壮大提供了不竭的动力支持和精神支撑,为人们认识世界和改造世界提供了重要依据。

正如习近平总书记所指出,"中华民族有着深厚文化传统,形成了富有特色的思想体系,体现了中国人几千年来积累的知识智慧和理性思辨。这是我国的独特优势。中华文明延续着我们国家和民族的精神血脉,既需要薪火相传、代代守护,也需要与时俱进、推陈出新"[1]。以高度的理论自觉推动中华优秀传统文化在新时代的创造性转化和创新性发展,激发其生生不息的生命力,并服务于当前我国正在推进的中国特色社会主义现代化建设,是深入挖掘和阐发中华优秀传统文化当代价值的必由之路。

具体而言,要以习近平总书记提出的搞好"四个讲清楚"为指引:一是讲清楚每个国家和民族的历史传统、文化积淀、基本国情不

---

[1] 习近平:《在哲学社会科学工作座谈会上的讲话》,人民出版社2016年版,第17页。

同，其发展道路必然有着自己的特色；二是讲清楚中华文化积淀着中华民族最深沉的精神追求，是中华民族生生不息、发展壮大的丰厚滋养；三是讲清楚中华优秀传统文化是中华民族的突出优势，是我们最深厚的文化软实力；四是讲清楚中国特色社会主义植根于中华文化沃土、反映中国人民意愿、适应中国和时代发展进步要求，有着深厚历史渊源和广泛现实基础。[①]讲好中国故事、传递中国理念，要合理地对待外来的东西，在把它引进来后还要将其变成内生的东西。推动中华优秀传统文化在新时代的创造性转化和创新性发展，既要坚持民族性，也要承认文化的多元性，以一种更加包容开放的心态在新时代发挥其价值和作用。

三、中国共产党人继承和弘扬中华优秀传统文化的具体路径

在现实中继承和弘扬中华优秀传统文化，旨在从新时代的背景下出发，整体展现中华优秀传统文化的历史逻辑，在全面继承的基础上通过与古为新的方式赋予其新的生机和活力，并且立足于新时代、根据新时代的特殊需求，以创造性的路径和方式全面推动中华优秀传统文化的话语创新和落地实施，构建能够准确传达当代中国精神理念的国际话语权。概而言之，要在坚决维护中华优秀传统文化自身话语系统统一性和完整性的基础上，抱以批判的精神，坚持古为今用、洋为中用，合理吸收和借鉴西方哲学话语的长处，赋予中华优秀传统文化以新的内涵和精神。

---

① 参见《习近平谈治国理政》第一卷，外文出版社2018年版，第155—156页。

要推动中华优秀传统文化的创造性转化和创新性发展，推动马克思主义同中华优秀传统文化相结合。客观地看，理论创新的过程是发现问题、筛选问题、研究问题、解决问题的过程，并非一蹴而就，尤其是要将其置于当前我国改革发展的实践中进行提炼和概括。这就要坚持马克思主义的理论和方法，坚持问题导向，在全面客观分析的基础上，提出合理的建议。恩格斯曾经指出，"马克思的整个世界观不是教义，而是方法。它提供的不是现成的教条，而是进一步研究的出发点和供这种研究使用的方法"①。坚持马克思主义的理论和方法，以习近平新时代中国特色社会主义思想为指导，使中华传统文化最内在的话语逻辑与当代文化相适应，与当今国家治理的步调相协调，是忠实继承和弘扬中华优秀传统文化话语转换与创新的不二路径。

（一）走向善治：中华优秀传统文化在新时代国家治理中的话语创新

党的十九届四中全会通过了《中共中央关于坚持和完善中国特色社会主义制度、推进国家治理体系和治理能力现代化若干重大问题的决定》，对于从根本上实现人民对美好生活的渴盼，进而在 21 世纪中叶实现建成现代化强国的既定目标都有着极其长远的理论指导和实践意义。该决定指出，"中国特色社会主义制度和国家治理体系是以马克思主义为指导、植根中国大地、具有深厚中华文化根基、深得人民拥护的制度和治理体系，是具有强大生命力和巨大优越性的制度和治理体系"②。中华优秀传统文化对中华文明的形成和延续产生了深刻影响，

---

① 《马克思恩格斯文集》第十卷，人民出版社 2009 年版，第 691 页。
② 《中国共产党第十九届中央委员会第四次全体会议文件汇编》，人民出版社 2019 年版，第 19 页。

大道同行
推进马克思主义基本原理同中华优秀传统文化相结合

在新时代的背景下，通过创造性转化和创新性发展能够为当前的国家治理提供有益启示。当今世界变动不安，推进国家治理体系和治理能力现代化可以而且应该从中华优秀传统文化中汲取智慧和力量。

1. 传承中华优秀传统文化中的民本思想，坚持人民主体地位

人民是历史的真正创造者，也是决定党和国家前途命运的根本力量。坚持人民主体地位，是坚持和完善人民当家作主制度体系的核心，也是我们党把增进人民福祉、满足人民对美好生活的向往作为奋斗目标的重要体现。国家治理必然要把最终的落脚点放在人民身上，依靠人民，服务人民，发展人民。习近平总书记明确指出，"一切治理活动，都要尊重人民主体地位"[①]，检验我们制度和治理的成效，一定要看人民是否得到了根本的实惠，人民的生活是否得到了真正的改善，人民的权益是否得到了切实的保障，人民的需要是否得到了全面的满足。坚持人民主体地位不仅是由我国的社会制度决定的，还与传统儒家文化一贯追求的民本思想有着内在的联系。

坚持人民主体地位，是对儒家民本思想的传承和发扬。儒家文化历来信守奉行"民惟邦本，本固邦宁"，人民是国家的根基，只有这个根基牢固了，国家才能安宁。这句话出自《尚书》，被视为古圣先王之道，既是对历史经验教训的总结，也是为政应当遵循的法则。在此基础上，《礼记》记载，孔子认为"民以君为心，君以民为体"，又说"君以民存，亦以民亡"，作为一国之主，在现实的治国理政中，必须充分认识到人民的地位。荀子形象地说："君者，舟也；庶人者，

---

① 中共中央宣传部编：《习近平总书记系列重要讲话读本（2016年版）》，学习出版社、人民出版社2016年版，第172页。

水也。水则载舟，水则覆舟。"孟子从另一个侧面提出了"民为贵，社稷次之，君为轻"的观点，其本质上都是儒家民本思想的反映。儒家民本思想还强调统治者要"大畏民志"，即对人民抱以尊重和敬畏之心，不能忽视和小瞧人民的力量。此外，还要体恤人民之情，关心人民的疾苦，就如孔子说的"节用而爱民，使民以时"，与孟子所说的"乐民之乐者，民亦乐其乐；忧民之忧者，民亦忧其忧"亦相一致，都旨在说明领导者应该与人民同呼吸共命运。

"政之所兴在顺民心，政之所废在逆民心。"我国是工人阶级领导的、以工农联盟为基础的人民民主专政的社会主义国家，国家的一切权力属于人民，我们党全心全意为人民服务的根本宗旨正是对儒家民本思想的忠实继承和弘扬。进入新时代以来，人民生活水平不断提高，人民的获得感显著增强，正是得益于我们坚定人民主体地位不动摇，不断完善民生保障制度。我们党始终把增进人民福祉、促进人的全面发展作为立党为公、执政为民的本质要求，这种信念的渊源即可追溯到儒家的民本思想。秉持儒家民本思想，坚持人民主体地位，不仅要口说，更要实行，这既是我们由古走到今的路，也是我们由今走向未来的路。

2. 借鉴中华优秀传统文化中的德育思想，推动理想信念教育

习近平总书记多次指出，"对马克思主义、共产主义的信仰，对社会主义的信念，是共产党人精神上的'钙'。没有理想信念，理想信念不坚定，精神上就会得'软骨病'，就会在风雨面前东摇西摆"[1]，因

---

[1] 习近平：《在纪念陈云同志诞辰110周年座谈会上的讲话》，人民出版社2015年版，第6页。

此，必须加强思想政治建设，推动理想信念教育，解决好世界观、人生观和价值观这个"总开关"问题。坚定理想信念，坚守共产党人的精神追求，始终是共产党人安身立命的根本。我们党历来强调把理想信念教育作为干部教育培训的首要任务，通过深入广泛开展理想信念教育，引导广大党员干部树立正确的历史观、民族观、国家观和文化观，不断提高马克思主义思想觉悟和理论水平，进而保持对远大理想和奋斗目标的清醒认识和执着追求。

推动理想信念教育，需要重视和借鉴中华优秀传统文化中的德育思想。理想信念教育的核心是道德教育，儒家文化中蕴藏着丰富的德育思想，与新时代的理想信念教育有着内在的契合性。"国无德不兴，人无德不立"，孔子重视仁，强调"不义而富且贵，于我如浮云"，孟子追求"富贵不能淫，威武不能屈，贫贱不能移"的大丈夫人格，范仲淹坚守"先天下之忧而忧，后天下之乐而乐"的情操，林则徐笃守"苟利国家生死以，岂因祸福避趋之"的奉献精神，凡此种种，揭示了儒家德育思想在加强自身道德建设、培育民族精神、激励人们向上向善中发挥的重要的导向和凝聚作用。

中华优秀传统文化中的德育思想有着鲜明的"学以成人"的特色，流传下来的大量乡约、家训、遗规等是对忠君爱国、为民请命、忠厚持家、克己慎独的倡导，能够为理想信念教育提供丰厚的滋养和借鉴。进入新时代以来，习近平总书记多次强调领导干部一定要讲政德，从明大德、守公德、严私德三个方面提出了明确要求。推动理想信念教育，就要拎清抓牢这三个方面，让广大党员干部时刻检查自己是否遵纪守法、忠诚敬业，是否心系群众、为民尽责，是否克己奉公、为国奉献。《中庸》说："道也者，不可须臾离也，可离非道也。"理想信念教育的核心就在于此，它旨在告诫领导干部不能对党的信仰和信念抱以"三天打鱼，两天晒网"的态度，更不能视之为可有可无，而是应该随时随地提醒和检点自己，无论顺境逆境都不改初衷，以免误入歧途悔之不及。

3. 汲取中华优秀传统文化中的礼治思想，创新行政管理服务

国家行政管理承担着按照党和国家决策部署推动经济社会发展、管理社会事务、服务人民群众的重大职责。创新行政管理服务，从根本上而言就是要通过转变政府职能，创造良好发展环境、提供优质公务服务、维护社会公平正义。贯穿其始终的核心是以人为本、执政为民的思想。习近平总书记多次指出，"不论政府职能怎么转，为人民服务的宗旨都不能变"①。这就意味着要在以人民为中心思想的指导下，立足政府职能，不断加强公务员队伍建设和政风建设，切实改变工作作风，纠正行政管理中的老爷作风、衙门习气，提高工作效率和服务水平，办好人民交代的每一件事。

儒家礼治思想对于创新行政管理服务有着积极的镜鉴作用。传统儒家治理思想的本质是礼治。礼作为"天之经、地之义、民之行"，既是人们在社会生活中必须遵守的伦理道德规范，又是维护国家稳定和社会秩序的有效手段。孔子谓："为政先礼，礼其政之本与！"在儒家那里，发挥政府的作用，绝不是简单按照自上而下的行政命令行事就行了，而是要根据礼的本质和要求，合理安排不同阶层切实践行所应该依循的普遍的规范和礼节。儒家文化认为"民之所由生，礼为

---

① 中共中央文献研究室编：《论群众路线：重要论述摘编》，中央文献出版社、党建读物出版社2013年版，第137页。

大"。而礼的价值就体现在《礼记》中所说的,"非礼,无以节事天地之神也;非礼,无以辨君臣、上下、长幼之位也;非礼,无以别男女、父子、兄弟之亲,昏姻疏数之交也"。可见礼在古代修身、齐家、治国、平天下之中所占有的重要地位。荀子就明确提出"人无礼则不生,事无礼则不成,国家无礼则不宁"的观点。从另一个方面而言,"礼者,自卑而尊人",意思是把他者置于更为尊贵的地位。行政管理要切实履行好服务功能的本质就是要摆正自己的位置,坚持人民主体地位,按照礼的要求为人民服务。

中国自古即是礼仪之邦,践行着"为国以礼"的理念。落实到具体的行政管理上则强调要"为政以德",所以礼治和德治在根本上是相通的,都不可或缺。孔子说:"道之以政,齐之以刑,民免而无耻。道之以德,齐之以礼,有耻且格。"意思是,如果一个政府采取强硬的行政权力、政策法令来进行管理,人们就会只求免于犯罪而没有羞耻之心。如果用道德来引导,用礼治来教化,人们就不仅知荣辱,还会做到心悦诚服。习近平总书记指出,"要建立和规范一些礼仪制度,组织开展形式多样的纪念庆典活动,传播主流价值,增强人们的认同感和归属感"[①]。创新行政管理服务不仅要讲法治,铁面无私,也要讲礼治,温文尔雅。按照儒家文化中"礼"的要求,创新行政管理服务,就要做到令行禁止、以上率下,既要在世界上展现我们的大国君子形象,也要在人民面前呈现风清气正的景象,把人民群众的所想、所急、所忧合理地予以解决,实现政通人和。

[①] 《习近平谈治国理政》第一卷,外文出版社2018年版,第165页。

4. 依托中华优秀传统文化中的修身思想，强化权力制约监督

习近平总书记谈到权力时指出，"权力不论大小，只要不受制约和监督，都可能被滥用"①。因此，"要加强对权力运行的制约和监督，让人民监督权力，让权力在阳光下运行，把权力关进制度的笼子"②。不断完善党内监督体系，目的就在于增强党自我净化、自我完善、自我革新、自我提高的能力。这就要求每位领导干部都洁身自好，"勿以恶小而为之，勿以善小而不为"。要在小事小节上严格要求自己，加强自我道德修养，练就良好作风，不把制约和监督视为一种束缚，而视为一种必须。强化权力制约监督不是要在外面设置笼子，而是在每个党员干部心里设置红线。

依托中华优秀传统文化中的修身思想，挖掘其中蕴藏的日新又新的价值，对于新时代强化权力制约监督有着重要的启示。儒家十分重视修身，《大学》说"自天子以至于庶人，壹是皆以修身为本"。只有把修身做好了，才能一步步实现齐家、治国、平天下的目标。所以修身并不是终点，而是不断开始的起点。如何做好修身呢？在儒家看来，首先要诚敬自省，其次要克己慎独。所谓自省，就是多反观自身是否做了不该做的事，有没有按本色做人，按角色办事。无论是曾子说的"吾日三省吾身"，还是孟子说的"反求诸己"，都旨在强调以一种积极有为的方式时常省察自己的言谈举止，尤其要细致辨别其中的善恶是非、黑白对错，择其善者而从之，其不善者则改之。"慎独"一词，出自《中庸》："莫见乎隐，莫显乎微，故君子慎其独也。"大意是一

---

① 《习近平关于全面依法治国论述摘编》，中央文献出版社2015年版，第59页。
② 习近平：《决胜全面建成小康社会 夺取新时代中国特色社会主义伟大胜利——在中国共产党第十九次全国代表大会上的报告》，人民出版社2017年版，第67页。

大道同行
推进马克思主义基本原理同中华优秀传统文化相结合

个人即使在独处无人监督之时也不要做非分之事，不自欺，不悖德。这两者都要求个人自觉克制自己的欲望，按照一定的道德伦理规范自己的行为。正如孔子告诫他的弟子颜渊，"非礼勿视，非礼勿听，非礼勿言，非礼勿动"。

在新时代的背景下，广大领导干部更要严于修身，克制自己对权力的欲望，接受对权力的制约和监督。修身贵在日常，贵在有恒，尤其要防微杜渐，抓早抓小。古人讲礼禁于未然之前，法施于已然之后，两者对于个人的修身都有着重要的意义。就腐败问题而言，依托于儒家修身思想，可以使广大领导干部实现从不敢腐、不能腐到不想腐的转变，从而避免一失足成千古恨。加强对权力的制约和监督要保证权力在阳光下运行，但不能简单地靠外在的法律约束，更需要党员干部自己以高度的道德感和责任心不断增强党性修养，遵守党章党规和宪法法律，不跨线，不越格，做到无论位置高低都不擅权，不管权力大小都不谋私。

中国特色社会主义制度和国家治理体系在中华人民共和国成立以来的七十多年中显示了强大的生命力和巨大的优越性，对中华民族实现从站起来到富起来再到强起来的伟大飞跃发挥了不可估量的作用。在当今大调整大变革的时代，不断推进国家治理体系和治理能力现代化对于持续推动拥有14亿多人口大国的进步和发展意义非凡。儒家文化作为中华优秀传统文化的主干，在数千年的历史演进中凝聚着古人的无穷智慧，在国家治理方面积累了宝贵的财富，使我们在现实中不重蹈覆辙，指引我们日新又新，克服前进道路上的各种风险和挑战，确保拥有五千多年文明史的中华民族实现第二个百年奋斗目标，进而实现中华民族伟大复兴。

（二）胸怀天下：中华优秀传统文化在构建人类命运共同体中的话语表达

当今时代所面临的挑战和风险日益增多，如何让和平发展的薪火代代相传，让不同国家的文明都能够得到弘扬，习近平总书记提出了构建人类命运共同体的中国方案。这个方案是新时代中国对外话语的最佳表达。人类命运共同体理念的提出，汲取了丰厚的儒学滋养。以中华优秀传统文化中的儒学话语为源头活水的创新表达，传递出了作为一个负责任的大国，中国如何努力用自己的话语讲好中国故事，为全球话语体系贡献中国智慧，进而以更加积极的姿态参与到全球治理和世界发展之中。习近平总书记指出，"世界命运应该由各国共同掌握，国际规则应该由各国共同书写，全球事务应该由各国共同治理，发展成果应该由各国共同分享"[①]。这是共商共建共享国际治理观的核心表达，它意味着世界各国都应该发出自己的声音，表达自己的观点，公平地参与到全球治理之中。

1.在国际交往中践行信以守礼，说到做到

儒家学说十分强调"礼以行义，信以守礼"。这不仅是个人层面的一种道德规范，也是国与国之间应该奉行的行为准则。"信以守礼"在儒学经典《左传》中多次出现，如"信以守礼，礼以庇身""乐以安德，义以处之，礼以行之，信以守之"等，都充分显示了"信"对一个国家的稳定和发展所发挥的重要作用。《左传·昭公五年》说"守之以信，行之以礼"，也是综合两者来把握信和礼的内在意义的。对于

---

① 《习近平著作选读》第一卷，人民出版社 2023 年版，第 564 页。

国家间该如何交往与共处，庆郑说："弃信背邻，患孰恤之？无信患作，失援必毙，是则然矣。"很明白地说出了一个国家背信弃义最终必然会孤立无援甚至作法自毙的结果。

从上面的论断可知，中国自古以来作为一个负责任的大国的形象有其充分的历史根据。一旦失去了对信义的坚守和保持，就必然会带来"弃信而坏其主，在国必乱，在家必亡"的可怕下场。孔子鲜明地指出"民无信不立"，他要表明的除了人民要以信立身之外，还包含了一个国家对其人民的政策必须可靠、守信的意思。离开了这一点，就必然会导致"不信，民不从也"的后果。

历史地看，只有讲求信用，才能顺应上天之道，实现王命的有效贯彻以及百姓对君王的顺从，也才能实现国家的安定熙和和国家间的和平共处。习近平总书记在蒙古国访问时指出，"中国说到的话、承诺的事，一定会做到、一定会兑现"[①]。这种讲求信义的思想是对我国传统外交思想的直接继承和发展，为促进世界的多极化发展乃至世界各国的团结合作带来了生机和活力。国与国之间的互信愈深，则互动和交往合作就会愈多，进而对共同发展和进步就愈有作用。从这个层面而言，增进互信可以为世界各国发展和人民安居乐业创造良好条件，是值得坚守和奉行的。

2. 在国际合作中倡导义以建利，共享共赢

习近平总书记在韩国国立首尔大学的演讲中引用儒学格言指出，"'国不以利为利，以义为利也。'在国际合作中，我们要注重利，更

[①] 杜尚泽、杨涛：《习近平在蒙古国国家大呼拉尔发表重要演讲》，《人民日报》2014年8月23日。

要注重义","只有义利兼顾才能义利兼得,只有义利平衡才能义利共赢"。① 这是我国传统义利观在当今国际外交事务中的应用和发展。同时,习近平总书记还多次强调,我国同其他国家的外交政策一贯坚持和奉行正确的义利观,即"不搞我赢你输、我多你少,在一些具体项目上将照顾对方利益"②。这种新型的外交理念已经得到其他国家的高度认可和赞赏。中国在国际事务中展现其领导能力的过程向世界传达出了"有原则、讲情谊、讲道义"的外交理念,对于整个世界的和谐共处有着极为重要的指导和借鉴意义。这正是儒家学说精神在新时代的一种转化和创新。

从儒家学说的立场来说,这里所说的"利"在根本上指的是民之利,即百姓的利益。中国古人说"治国有常,而利民为本""苟利于民,不必法古",明确地把利民视为国家治理中必须坚守的恒常不变的大道,可见求民之利的重要性。《逸周书》中将"民之利"视为"九德"之一,就表明了同样的意思。与"九德"相反的还有"九过"的说法,用来指称那些侵犯百姓利益的恶的德行。无论如何,把利与民联系在一起,是儒家学说坚守奉行的一个历史悠久的传统观点。丕郑曾说,"民之有君,以治义也。义以生利,利以丰民",其意义在于指出义和利之间并不是截然相对的,义的本质就在于为民谋利。有义才能产生长久之利,而有利也才能增益民生。这既是对国家内部义利观的正确诠释,同时也是国家间交往时应当恪守的义利观。

强调"义以建利"的根本意思就是在维护国家正当利益的前提下

---

① 习近平:《共创中韩合作未来 同襄亚洲振兴繁荣——在韩国国立首尔大学的演讲》,《人民日报》2014 年 7 月 5 日。
② 中共中央党史和文献研究院编:《习近平新时代中国特色社会主义思想学习论丛》第四辑,中央文献出版社 2020 年版,第 69 页。

构建和谐共利的国际关系。义是理念，是互利共赢原则的指导思想。所有利益的追求和共享都必须依从义的原则。习近平总书记曾鲜明地指出，中国在展开对外交往的过程中，"决不能放弃我们的正当权益，决不能牺牲国家核心利益。任何外国不要指望我们会拿自己的核心利益做交易，不要指望我们会吞下损害我国主权、安全、发展利益的苦果"[①]。这就是对义、利两者的关系在现实国际交往中的最佳阐释。不过，应该指出的是，在需要的时候，中国还会在特定外交处境中重义让利，甚至舍利取义。可见义、利两者并不是僵硬的关系，而是可以作出适当改变的。当然，义无论如何都是国际交往中不可逾越的价值底线。习近平总书记指出，一定要"把中国发展与世界发展联系起来，把中国人民利益同各国人民共同利益结合起来，不断扩大同各国的互利合作，以更加积极的姿态参与国际事务，共同应对全球性挑战，努力为全球发展作出贡献"[②]。这是习近平总书记对"守望相助、同舟共济、共同发展"外交理念的一贯坚守和拓展，也是对我国古代义利观在当今时代的诠释和发展。

---

① 《习近平关于实现中华民族伟大复兴的中国梦论述摘编》，中央文献出版社2013年版，第66页。
② 《习近平关于全面深化改革论述摘编》，中央文献出版社2014年版，第129页。

第三章 | PART THREE

中华优秀传统文化中的主旨理念

习近平总书记在党的二十大报告中指出："坚持和发展马克思主义，必须同中华优秀传统文化相结合。只有植根本国、本民族历史文化沃土，马克思主义真理之树才能根深叶茂。中华优秀传统文化源远流长、博大精深，是中华文明的智慧结晶，其中蕴含的天下为公、民为邦本、为政以德、革故鼎新、任人唯贤、天人合一、自强不息、厚德载物、讲信修睦、亲仁善邻等，是中国人民在长期生产生活中积累的宇宙观、天下观、社会观、道德观的重要体现，同科学社会主义价值观主张具有高度契合性。"[1]

一、天下为公

党的二十大报告指出，"从现在起，中国共产党的中心任务就是团结带领全国各族人民全面建成社会主义现代化强国、实现第二个百年奋斗目标，以中国式现代化全面推进中华民族伟大复兴"[2]，而"中国式现代化的本质要求是：坚持中国共产党领导，坚持中国特色社会主义，实现高质量发展，发展全过程人民民主，丰富人民精神世界，实现全

---

[1] 习近平：《高举中国特色社会主义伟大旗帜　为全面建设社会主义现代化国家而团结奋斗——在中国共产党第二十次全国代表大会上的报告》，人民出版社2022年版，第18页。
[2] 习近平：《高举中国特色社会主义伟大旗帜　为全面建设社会主义现代化国家而团结奋斗——在中国共产党第二十次全国代表大会上的报告》，人民出版社2022年版，第21页。

大道同行
推进马克思主义基本原理同中华优秀传统文化相结合

体人民共同富裕，促进人与自然和谐共生，推动构建人类命运共同体，创造人类文明新形态"①。中国的强大不是一国独大，中华民族的复兴也不是扩张或侵略，而是以一身之自强厚德带动世界各国、各民族发展，共同守护万物命运、开创世界美好未来。这种眼界与胸怀，正是来源于中华优秀传统文化中"天下为公"的理想追求。

（一）大道之行，天下为公

从字面看，"天下为公"之意显而易见，即天下是天下人所共有的。在《礼记·礼运》中，"天下为公"含义远不止于此，蕴含着丰富且深刻的思想内涵。

孔子在参加鲁国举行的蜡祭后感叹周礼名存实亡。"今大道既隐"，社会已由曾经的"天下为公"变成"天下为家"。为何"家天下"不如"公天下"？"家天下"的时代，人们各自孝敬自己的双亲，各自慈爱自己的子女，货力为己，诸侯世袭相承为礼制，修筑城郭沟池用以防守，将礼义视为纲纪，"以正君臣，以笃父子，以睦兄弟，以和夫妇，以设制度，以立田里"，有勇有谋之人可以得到奖许，人们为得到赏赐和名声去追求功劳。此时，虽然人们各自孝顺父母、爱护子女、保卫国家、遵守礼义，看似祥和安宁、其乐融融，实则失掉公心，代以私心，奸诈谋虑以此而生，兵戎战事因此而起。礼制于是发挥了约束人们行为的重要作用：民有罪则用礼纠正，有功则用礼赏之。"家天下"虽不及"大道之行"的时代，却也尚可"小安"。但在此之后，社会道德进一步倒退，礼坏乐崩。老子将其称为"上礼为之而莫

---

① 习近平：《高举中国特色社会主义伟大旗帜　为全面建设社会主义现代化国家而团结奋斗——在中国共产党第二十次全国代表大会上的报告》，人民出版社2022年版，第23—24页。

之应",礼制徒有其表而难存其实。

老子言:"大道废,有仁义。智慧出,有大伪。""失道而后德,失德而后仁,失仁而后义,失义而后礼。"在大道兴盛的时候,仁义道德本就自在其中,恰无刻意提倡的必要,也无须过分强调礼制的约束作用。于是五帝之时,"天下为公",人们"选贤与能,讲信修睦",不仅敬重自己的亲人、疼爱自己的子女,还能"使老有所终,壮有所用,幼有所长,矜寡孤独废疾者,皆有所养。男有分,女有归"。也正因人们没有私心,品质纯良,阴谋不能兴起,盗窃、作乱不会发生,家家户户也无须闭户,此之谓"大同"。因此,"大道之行也,天下为公"反映出孔子对尧舜时期"公天下"的向往以及对社会道德退步而感到遗憾。

"选贤与能"的选人用人观是实现"天下为公"的基础。郑玄注曰:"公犹共也。禅位授圣,不家之。"《礼记正义》言:"'天下为公',谓天子位也。为公,谓揖让而授圣德,不私传子孙,即废朱(丹朱,尧之子)均(商均,舜之子)而用舜禹是也。"可见,"天下为公"体现于天下共有,在传位的问题上不能以私心处之,天子之位应由禅让而得,传以贤人、能人,惠及百姓,如尧传舜,舜传禹,实现圣贤政治。如己子不才,便舍弃而立他人之子,非只考虑一家之私。

(二)万物一体,天下大同

天下大同是几千年来中国人对美好社会政治的理想愿景,并且在孔子眼中,"大同"也是上古尧舜禹时代的社会现实。"大同"之理想在后人看来似遥不可及,但在实践层面确有努力的方向和可遵循的现实路径。

大道同行
推进马克思主义基本原理同中华优秀传统文化相结合

追寻天下大同对人们提出了心存"一体之仁"的内在要求。"天人合一"的宇宙观是中华文化的核心思想，发始于自然规律，并指导人类行为，有助于消除人们心中对立和自私的观念，达到人与人、人与社会、人与自然和谐共生。故《周易》言："夫'大人'者，与天地合其德，与日月合其明。"王阳明在《大学问》中进一步阐释："大人者，以天地万物为一体者也。其视天下犹一家，中国犹一人焉。"可知"大人"能融天地万物与己为一，无物我分别之心，达到"无我"的境界，因此能做到仁者爱人，己所不欲，勿施于人。与之相对，"若夫间形骸而分尔我者，小人矣"。"小人"则执于利己，分别于你我，心体由妄心主导，真心被私欲遮蔽，终成狭隘卑陋之态，动不离欲。有了一体之仁心，方知自身与父母、兄弟、他人乃至自然万物本不可分割，都是一体的关系，才能做到"老吾老以及人之老，幼吾幼以及人之幼"。对于领导干部而言，心怀一体之仁更是一心向公、心系苍生的前提。

追寻天下大同需要人们做到克己奉公。《周易》曰："益，损上益下，民说无疆。自上下下，其道大光。"居上位者能够惩忿窒欲，增益民众，利益万物，那么就会使万民欢悦，利有攸往。《荀子》把其中的道理具体阐述为："筐箧已富，府库已实，而百姓贫，夫是之谓上溢而下漏。""聚敛者，召寇、肥敌、亡国、危身之道也。"贪欲是阻碍克己奉公的绊脚石，行"损上益下"之道必始于戒贪。令人感官快乐的事物最容易引起贪欲，贪图享乐、贪色、贪物、贪财、贪名、贪利等更是领导干部需要克服的。

追寻天下大同需要发挥"圣贤教育"的重要作用。天下大同并非是由少数人实现的，而是全人类共同的"大同"，需要人人都有极高的道德素质。《盐铁论》说："法能刑人而不能使人廉，能杀人而不能使人仁。"法律虽能产生立竿见影的效果，但对人心的滋养不足。与法律的他律作用不同，"圣贤教育"使人以圣贤为榜样，培养人的自律意识，在追寻"天下大同"的道路上可发挥不可替代的独特优势。

（三）胸怀天下，命运与共

共产主义理想与中国古人"天下大同"的社会理想高度契合。郭沫若在《马克思进文庙》一文中虚构了马克思与孔子对话的场景，当马克思"阐述"了"各尽所能，各取所需"的共产主义社会时，孔子表示："你这个理想社会和我的大同世界竟是不谋而合。"并诵出了《礼记·礼运》篇中描绘"大同"社会的段落。[1]毛泽东在《论人民民主专政》一文中写道："经过人民共和国到达社会主义和共产主义，到达阶级的消灭和世界的大同。"[2]

从对象的角度看，孔子希望实现全天下的大同，马克思希望消灭在阶级分化基础之上的剥削与压迫，建立共产主义社会，实现全人类的彻底解放。从精神内核来看，实现大同理想要求人们有"一体之仁"的高远境界。《共产党宣言》指出，共产党人"没有任何同整个无产阶级的利益不同的利益"[3]。二者都体现出至公无私，才能为人民谋幸福、为人类谋进步、为世界谋大同。从选人用人的角度看，中国共产党的用人方式既不同于血缘世袭的君主制，也不同于资本主义选举制，而是与选贤任能的标准相契合。深究二者能够高度契合的原因，《傅子》言："仁人在位，常为天下所归者，无他也，善为天下兴利而已矣。"能利益天下的人，自然会得到更多人的拥护，因为其善于为天下人谋

---

[1] 参见《郭沫若全集·文学编》第十卷，人民文学出版社1985年版，第161—168页。
[2] 《毛泽东选集》第四卷，人民出版社1991年版，第1471页。
[3] 《马克思恩格斯选集》第一卷，人民出版社2012年版，第413页。

求福利。马克思之所以能领导无产阶级革命，带领广大无产阶级和劳动人民为人类解放而奋斗，也是因为马克思反对资本剥削，以天下为己任，一生践行了"为人类而工作"的伟大理想。

自古至今，中国人一直怀有"四海之内皆兄弟"的胸襟和心量，在这种思想的影响下，中华文明五千多年来形成了独特的统一性特征。党的二十大报告指出："构建人类命运共同体是世界各国人民前途所在。"[①] 随着时代的变化和科技的发展，在21世纪的今天，人类与自然的关系更加密切，国家与国家之间同呼吸、共命运的时代特征愈加突出。近年来随着中国式现代化不断推进，中国的国际地位和国际影响力不断提升，中国在自身发展的道路上永远不称霸、不扩张、不谋求势力范围，不搞军备竞赛，带动世界各国一道进步，并始终做世界和平的建设者、全球发展的贡献者和国际秩序的维护者。中国共产党继承发展了中华文明的天下观，坚持胸怀天下，必将为构建人类命运共同体作出更大的贡献。

二、民为邦本

"民为邦本"原写作"民惟邦本"，出自《尚书·五子之歌》，是中国传统民本精神的集中体现，具体体现为经济上富民利民、政治上重民听民、文化上教民化民的民本思想。

[①] 习近平：《高举中国特色社会主义伟大旗帜　为全面建设社会主义现代化国家而团结奋斗——在中国共产党第二十次全国代表大会上的报告》，人民出版社2022年版，第62页。

第三章 中华优秀传统文化中的主旨理念

（一）"民惟邦本"的出处和历史影响

"民惟邦本"出自《尚书·五子之歌》。书中记载，禹的孙子、启的儿子太康，身居帝位却不务朝政，放纵情欲没有节制，百姓对他非常怨恨，但他却不知反省。有一次他到洛水之南打猎，打了百余天都不回都城，国民怨声载道。有穷国的国王后羿把太康拦在了黄河岸边，不让他回国。太康的五个弟弟埋怨太康不理朝政而使国家陷入困境，分别作了一首诗来劝诫太康。第一个弟弟说："民惟邦本，本固邦宁。予视天下，愚夫愚妇，一能胜予。怨岂在明，不见是图。予临兆民，懔乎若朽索之驭六马。为人上者，奈何弗敬？"意思是：人民是国家的根本，根本牢固了，国家才能够安宁。我看天下的愚夫愚妇，都能够战胜我。对于民怨，岂能只在乎已经显露的？应该在尚未显露时就有所谋划。我管理亿万民众，危惧的心情就像用腐朽的绳索驾驶六匹马拉的马车。作为民众的君主，怎么能够不谨慎恭敬呢？

《尚书》中的这种"民惟邦本"的执政理念贯穿于整个中国历史。《周易》中就已经出现了与此一致的思想。《易·剥》说："《象》曰：山附于地，剥。上以厚下安宅。"山本是高起于地面，却由于下不厚而颓下，附着于地，这是圮剥之象。圮剥必然是从根基开始，下剥则上危。为政者通过圮剥之象反思施政，那么在治理时就应当"厚下"，厚恩加于百姓，以求得"安宅"。《周易禅解》云："山附于地，所谓'得乎丘民而为天子'也。百姓足，君孰与不足？故厚下乃可安宅，此救剥之妙策也。"山附于地，就是孟子所讲的"得乎丘民而为天子"，也就是《论语》中孔子讲的"百姓足，君孰与不足"。民是社会的基石，以民为本则民足，民足则社会的基石就稳固，社会的发展才有了保证。

历史的发展验证了"民惟邦本"的历史规律。例如,《群书治要·魏志下》记载：夏、商、周历经数十世才衰败,而秦朝两世就衰亡了,原因在于夏、商、周三代的大部分君主能够和天下的人民同甘共苦。而秦始皇独裁专制,压迫百姓,所以一旦倾覆、遇到危难,也没有人去拯救他。由此可见："夫与人共其乐者,人必忧其忧；与人同其安者,人必拯其危。"这说明,在位者、执政者对待人民、百姓的态度与其基业的兴衰成败具有密切关系。正如《群书治要·春秋左氏传》中所总结的："国之兴也,视民如伤,是其福也；其亡也,以民为土芥,是其祸也。"

（二）中国传统民本思想的三个层面

中国传统民本思想主要包括三个层面,即经济上富民利民、政治上重民听民、文化上教民化民。

1. 经济上富民利民

关于经济上富民,孔子的"富与贵,是人之所欲也""富而可求,虽执鞭之士,吾亦为之"以及"庶之""富之""教之"的经济发展"三部曲"论述说明,孔子从不否认人们对物质财富的正当追求,并认为一定的物质条件和经济水平是实施良好有效的道德教化的基础。孟子说："今也制民之产,仰不足以事父母,俯不足以畜妻子,乐岁终身苦,凶年不免于死亡。此惟救死而恐不赡,奚暇治礼义哉？"管子明确提出："凡治国之道,必先富民。民富则易治也,民贫则难治。"所以治国首先应该从经济上富民。

第三章
中华优秀传统文化中的主旨理念

同时，古人还认识到，经济的发展并不必然解决贫富悬殊的问题，关键是要实现经济均衡发展。《道德经》第七十七章曰："天之道，损有余而补不足。"有余、不足，皆是不平等。如果放任有余而不损、不足而不补，那么有余和不足之间的差距就会越来越大，必定会因贫富悬殊而导致社会冲突。因此，治国当效法天道，损其当损者，补其当补者。中国古代士、农、工、商的排序，以及经济政策中轻徭薄赋、为民制产、防止兼并等都是调节不均、缩小贫富差距的手段。当然，损益手段必须依循中正之道，才能举国上下贫富贵贱皆得欢喜。《易·益》曰："损上益下，民说无疆。自上下下，其道大光。利有攸往，中正有庆。"损抑于上、增益于下，民众就会喜悦无限；尊贵者礼贤下士、增益民众，其道必能大放光芒。利益有所往，以中正之道让天下人受益，皆能吉祥。

关于如何富民，古人提醒要节制欲望。《群书治要·晏子》中记载，晏子教导齐景公说，"节欲则民富"。在古人看来，富民不是简单地追求经济增长，因为这不能解决贫富差距的问题，不能保证贫富贵贱都能满意。因此，效法天道损有余而补不足，从制度的设计上促使经济均衡发展，倡导富裕的人节制欲望，反对奢靡之风，关心扶助弱势群体，避免财富过分集中在少数人的手里。

在富民方面，古人特别重视对弱势群体的关心和扶持，国家尤其注重设立一些制度，来消除阶层、行业、老弱、疾病、灾难等所导致的贫富差距。《群书治要·礼记》记载，古礼规定，在位者除了不与民争利之外，还要承担慈幼、养老、振穷、恤贫、宽疾等责任。例如，一名女性生三个孩子，国家提供乳母；生两个孩子，提供食粮；不满十四岁的少年不用服徭役。这些都是关爱幼童的具体制度。在养老方面，五十岁以上乡里养老；六十岁以后由国家养老，养于国中的小学；七十岁以上的养于大学。秋天的第二个月，要注意养护衰老的人，授给他们坐几、手杖。在赈济贫穷方面，国家对于鳏寡孤独等困穷之人，要提供谷物粮食；要加赏以身殉国者的后代，对以身殉国者的妻子儿女提供财禄的供给。在宽待残疾人方面，凡是残疾不能做事的，不在征兵作士卒之数。《礼记·月令》对此有详细论述："仲春之月，养幼少，存诸孤""季春之月，天子布德行惠，命有司发仓廪，赐贫穷，振乏绝""仲秋之月，养衰老，授几杖""孟冬之月，赏死事，恤孤寡"。

2. 政治上重民听民

关于从政治上重民，《群书治要·六韬》中记载，善于治理国家的人，对待百姓就像父母关爱自己的儿女、兄长友爱自己的弟弟一样，"见之饥寒，则为之哀；见之劳苦，则为之悲"。这就要求在位者爱民如子，切实关心百姓疾苦，回应群众关切，解决民众困难。

在位者从政治上重民主要表现在必须重视倾听人民的呼声，使下情上传。《群书治要·潜夫论》讲："治国之道，劝之使谏，宣之使言，然后君明察而治情通矣。"为此，古圣先王设立了各种制度，以便听取人民的谏言，了解自己的施政得失。古代圣哲明王所以能明察事理、修政安民，就在于不仅设敢谏之鼓，立诽谤之木，让人们随时可以进谏，甚至对百姓的怨骂都会洗耳恭听，真诚接受，真正地做到了广泛听取百姓的意见、全面细致地体察民情。这些劝谏制度的制定，都是为了使民情上传，民心安定。这样广开言路，才能洞察隐忧，做到兼听则明，不被蒙蔽。

3. 文化上教民化民

关于文化上教民，《群书治要·管子》中曾言："得人之道，莫如利之。利之道，莫如教之。"关于教育的目的和核心，《礼记·学记》中言，"教也者，长善而救其失者也"，人越来越善良，而使人的过失得以挽救。因此，一个好的领导者应同时具备"君""亲""师"三个职能。这意味着在位者不仅要管理率领民众，还要像父母关爱儿女般关爱民众。除此之外，还要教导民众做人的道理。这些才是真正的利人之道。

中国传统道德教育的规范简要明确，易记易传，概括起来就是"四维""八德""五伦""五常"。"四维"即礼、义、廉、耻。《管子》中讲，"四维张，则君令行""四维不张，国乃灭亡"。"八德"即孝、悌、忠、信、礼、义、廉、耻。"五伦"即孟子总结的父子有亲、君臣有义、夫妇有别、长幼有序、朋友有信。"五常"即仁、义、礼、智、信。这些都是千百年来中国人普遍奉行的道德观。

民众跟从的是为政者的行为，而非其言语。正如《礼记·乐记》中所言："君好之，则臣为之；上行之，则民从之。"如果为官者认为需要教化的是百姓，自己却不能身体力行，结果势必会导致"言教者讼"，使民众对为官者生起逆反情绪，达不到教育的效果。

总之，中国在漫长的历史发展中积累了丰富的民本思想，对于我们坚持全心全意为人民服务的根本宗旨，贯彻以人民为中心的发展理念，牢记"江山就是人民，人民就是江山"，建设中国特色民主政治，实现物质文明和精神文明协调发展的中国式现代化等都具有重要的借鉴和启示作用。

三、为政以德

"为政以德"出自《论语·为政》："为政以德，譬如北辰，居其所而众星共之。"在这里，孔子特别强调了为政者的道德对于达至社会大治的重要性。《荀子·君道》指出："法者，治之端也；君子者，法之原也。"说明良好的法律是治理的开端和凭依。如果没有良好的法制，就会使治理无所依循，甚至会出现《墨子》中所说的"一人则一义，二人则二义，十人则十义"的现象。可见，好的法制对于治国理政而言是必需的。但同时也应看到，唯有有道德的领导者才能制定出公正的法律。因此，必须重视为政者的道德品质以及道德教化在治理中的重要性，强化道德对法治的支撑作用。

（一）忽视道德教化导致的社会问题

如果仅仅重视健全法制监督机制，而忽视了道德教育，就不能起到防患于未然的效果，导致出现以下社会问题。

其一，"道之以政，齐之以刑，民免而无耻"。即人们因为惧怕刑法的处罚免于作恶，但是没有羞耻心，甚至还因作恶后想方设法地免于刑法的处罚而沾沾自喜，自以为聪明。这表现为法律管辖之外存在的反社会行为。

其二，"法令滋彰，盗贼多有"。即法律条款越来越严密具体，渗透到生活的方方面面，但是违法乱纪的人却依然众多。在严格的法律和监督机制下，可以把犯罪的人关进监狱，但并不能解决根本问题。如果缺乏伦理道德的教育，犯人在监狱里学到的反而是更加狡诈的作案方式，那么一旦被释放出来，仍然会危害社会。古人认为，如果不能制止人们作恶的心，即使是每一天都以刀锯在外面执行死刑、惩罚犯人，也不能制止作奸犯科的事情发生。

其三，不能培养出品德高尚的圣贤君子。《群书治要·盐铁论》中写道："法能刑人而不能使人廉；能杀人而不能使人仁。"《群书治要·淮南子》说，靠法律和制度建设可以把不孝的人判处死刑，但是不能使人成为孔子、墨子那样有德行、有孝心的人；法律也能对窃贼施以刑法的制裁，但是不能使人成为伯夷那样廉洁、有志气的人。孔子教育的徒弟有三千多人，每一个人在家孝敬父母，出门尊敬长辈，言为世则，行为世法，一言一行，都能成为世间的表率，是依靠教育来成就的。

其四，不能达到"不忍欺"的最高管理境界。通过重视伦理道德的教育所达到的是高于"不能欺"和"不敢欺"的"不忍欺"的管理境界。《群书治要·体论》中说道，用道德教化是第一位的，礼法紧随其后。道德与礼法都是引导人民的工具。首先，远古时代的道德教化，使人民日益转向善良，却不知道自己为什么会转向善良，这是最好的治理；其次，使人民互相礼让，身受劳作之苦而并无埋怨，这是次一等的状况；最后，用法规来纠正，使人民因利益得到保障而喜欢从善，因畏惧刑罚而不敢做非法之事，这是最末一等的治理。孟子也强调："善政不如善教之得民也。善政，民畏之；善教，民爱之。善政得民财，善教得民心。"

法律法规再健全、再完备，最终还是要靠人来执行。如果忽视对司法人员的仁德仁心、正义美德的培养和自我境界的提升，即使有好的法制也难以推行并且达到国家大治的结果。《孟子·离娄上》说："是以惟仁者宜在高位。不仁而在高位，是播其恶于众也。"只有具备仁爱道德的人才适合处于领导地位。如果不仁之人处于领导地位,就会把他的罪恶传播给广大民众。

正是因为孔孟仁者爱人的思想,"仁政"成为中国传统政治的鲜明特征。因此,在以礼、乐、刑、政为核心内容的治理体系之中,中国的领导者特别重视礼乐的教化作用。《孝经》讲"安上治民,莫善于礼;移风易俗,莫善于乐",《礼记》讲"礼乐刑政,其极一也。所以同民心而出治道也"。正是因为重视礼乐教化在国家治理中的作用,中国传统文化也被誉为"礼乐文化"。

(二)道德教化的步骤和方法

《孔子家语》中记载:孔子任鲁国大司寇时,有父子俩前来打官司,孔子把他们关在同一间牢房里,过了三个月也不予审理。后来,父亲请求撤诉,孔子就赦免了他们。季孙听说了这件事很不高兴,对孔子说:"司寇您欺骗了我。您以前告诉我说:'治理国家必须把孝道放在第一位。'现在杀一个不孝之子,来教导百姓尽孝,不是很好吗?可您却将他们父子两人全都赦免了,这是为什么?"

孔子说:居上位者不行正道,在下位的百姓就会犯罪,百姓犯罪就杀掉,这不符合情理。不教导民众培养起孝心,而用"孝"来审判官司,这是杀无辜之人。全军溃败不可斩杀士卒,司法混乱不可处罚百姓。因为上位者不施行道德教化,罪责不在百姓的身上。下达命令松弛迟缓,诛杀却很严厉,这是残害百姓;横征暴敛没有一定的时节,这是暴政;不事先警诫教育就苛求做到,这是虐政。政事杜绝了这三种情形,然后才可用刑。

那么,应该如何实施道德教化呢?这也是有步骤和规律的。首先要对人们宣讲"孝悌忠信，礼义廉耻"的道理，让人们信服。当人们明白了是非善恶美丑的标准时，就不会轻易作恶。宣讲了道德之后，如果还是不行，就要崇尚那些有德行的人，以劝勉人们向善。如果还是不行，就要废黜那些不道德的人，让人们产生畏惧心。这些全都做到了，百姓自然就有道德了。倘若还有奸邪之徒顽固不化，才给予刑罚的制裁。这样人们就能明理知耻而羞于犯罪。于是，就不须使用严厉的政令，而刑罚也可搁置不用。

孔子接着说，然而现在的世间却不是这样，教育混乱，刑罚繁多，使人迷惑从而陷入罪责，之后又用刑罚来制裁百姓。结果，刑罚越来越繁多，但是盗贼却数不胜数。社会风气由盛转衰已经很久了，虽然有刑法，人民怎能不逾越呢？孔子提醒，要先对民众施以道德教化，使他们明确自己在伦理关系中的责任和义务，然后才用刑罚制裁。如果人民没有接受教育做了邪曲不正的事，那是应该考虑给予宽恕的。宽恕之后，一定要对他们进行伦理道德的教育。

（三）德主刑辅，化被四海

《群书治要·汉书》说："今废先王之德教，独用执法之吏治民，而欲德化被四海，故难成也。"古圣先王都是承顺天道来治理百姓。天道都是好生恶杀，所以古圣先王一定是把道德教育作为要务，而刑罚较轻。现在废除了古圣先王的道德教化，单单让执法的官吏制裁人民，还想让道德的教育化被四海，是很难成就的。

《孔子家语》记载，孔子的弟子闵子骞在费地任行政长官时，向孔子请教如何治理政事。孔子说："要用道德和礼法。道德和礼法是管理百姓的工具，它们好比驾驭马要用的嚼子和笼头。如果把国君比作

> **大道同行**
> 推进马克思主义基本原理同中华优秀传统文化相结合

驾驭马的人,那么官吏就是缰绳,刑罚就是马鞭。所以国君管理政事,只是掌握好缰绳和鞭子就可以了。"闵子骞又问:"请问古人是如何执政的?"

孔子说:"古代的天子把内史(协助天子管理爵、禄、废、置、杀、生、予、夺之法的官员)当作自己执政的左右手,把道德和礼法当作嚼子和笼头,把百官当作缰绳,把刑罚当作鞭子,把百姓当作马匹,所以统治天下数百年也不失去江山。善于驾驭马匹的人,为马戴好嚼子和笼头,备齐缰绳和马鞭,均衡地使用马力,平抚马的情绪。所以不用吆喝,马也会响应缰绳而动,不用扬鞭就能使马跑到千里之外。善于治理百姓的君王,统一道德和礼法规范,端正百官的言行,协调均衡地使用民力,使百姓和顺安宁。所以政令不必三令五申,百姓便会顺从;不用刑罚就能教化治理好天下。他的恩德可以感通天地,天下百姓纷纷归附。不会治理百姓的君王,抛弃道德和礼法,专用刑罚惩治,就好比驾驭马时抛弃嚼子和笼头,专用鞭子鞭打一样,这样一来,马车失控就是必然的了。驾驭马匹若没有嚼子和笼头而专用鞭子鞭打,马必然会受伤,车也必然会毁坏;治理百姓不用道德和礼法而专用刑罚,百姓必然流失,国家必然灭亡。治理国家没有道德和礼法规范,百姓就没有效法和学习的依据。百姓没有效法和学习的依据,就会迷惑而偏离正道。古代统治天下的君王,以六官(天官冢宰、地官司徒、春官宗伯、夏官司马、秋官司寇、冬官司空)来统治国家,把六官掌握在手就如同君王握住了总缰绳。所以说,驾驭一辆马车的人要握好六条缰绳,治理天下的人要统领好六官。因此,善于驾驭马的人,必须端正自身,总揽缰绳,使马均匀用力,让马齐心一致,即使道路回旋曲折,也到处随心所欲,这样既可以远行千里,也可以快速奔驰，这也是圣人能处理好天地和人事的法则。天子把内史当作左右手，把六官当作缰绳，再同三公一起管理好六官，普遍推行人与人之间相处的五常之教，落实仁、义、礼、智、信五种做人的常法。所以只要是君王想要引导的，没有不如愿的。"

孔子在这里对刑罚与道德教化之间的关系作了一个形象的比喻：刑罚对于治国而言，就像马鞭对于驾车一样，好的驭手不能没有马鞭就去赶车，而是拿着马鞭却不轻易使用。圣人借助刑罚来实现教化，教化成功了，刑罚就可以搁置不用。为什么要设立刑罚？目的是警戒和震慑，但警戒和震慑的最终目的，是期望人们不要触犯法律，这就是《尚书》中所说的"刑期于无刑"。

孔子说："听讼，吾犹人也。必也使无讼乎！"孔子判案和其他法官的相同之处是都依据案情定罪。但是他和其他法官的不同之处在于，他希望达成的结果是杜绝争讼。人们为什么不去争讼？就是因为兴起了道德教育，人都被教导成好人，明白自己的本分，具有孝悌忠信、礼义廉耻的德行。

四、革故鼎新

"革故鼎新"，源出于儒家经典《周易》的《革卦》与《鼎卦》，彰显了中华文明的独特品质。根据《周易》的记载，《革卦》排在《鼎卦》之前，《井卦》之后，"井道不可不革，故受之以《革》；革物者，莫若鼎，故受之以《鼎》"，可见三个卦之间有着极为密切的内在关系。《周易·杂卦》谓："革，去故也；鼎，取新也。"自其表面观之，革、鼎指的是除旧布新，改革进取；究其本质而言，革、鼎蕴藏着穷则变、变则通的深刻内涵，寓意唯有变通才能日新又新，成就长久之业。

（一）穷则变：上下无常，唯变所适

中华文化源远流长，中华文明博大精深。揆诸华夏五千多年悠久文明史，从远古时期降及明、清，中华文明一直没有间断，有着突出的连续性。维系这一连续性的关键固然是构成中华文明稳定性与恒常性的诸多核心要素，但深层次的原因则在于中华文化所富有的"变易"思想。正是基于这种唯变所适的改革创新精神，中华民族虽经百千挫折与困顿，依然能够创造出辉煌灿烂的文化，并赋予中华文化以一种强大的自我调适与更新的能力。

从历史来看，改革创新是人类进步的助推器，也是社会发展的直接动力。古今中外，古往今来，世界上不同的国家和民族所建立的文明和创造的文化莫不是依靠改革创新取得的。从古希腊的梭伦、伯里克利改革到近代德国宗教改革以及英国的议会改革，从中国先秦之际的管仲改革、商鞅变法等到宋明以来的王安石变法、张居正改革、清末洋务运动再到俄国的农奴制改革、日本明治维新，凡此种种，可以说，整个人类历史就是一部波澜壮阔、色彩纷呈的改革创新史，改革创新精神自始至终都贯穿在人类社会发展的不同阶段，发挥着不可或缺的重要作用，推动着人类不断开辟未来新的辉煌。

与西方自古希腊时期就过分追求自然规律的普适性和永恒性不同，中国古人很早就意识到，宇宙间的万事万物莫不处于流变之中，既没有一种包罗万象的不变图式和描摹宇宙的统一框架，也无法在原则上完全用不变的普遍规律来解释。就中国思想史而言，无论是《周易》

讲的"变",还是《庄子》讲的"化",抑或是孔子讲的"权",都旨在表明上下无常,要唯变所适。这里所说的"无常",既有天命靡常之意,也有人世无常之感,就像汉朝贾谊在其名篇《鵩鸟赋》中慨然说的,"万物变化兮,固无休息。斡流而迁兮,或推而还;形气转续兮,变化而嬗。……千变万化兮,未始有极"。明代的张居正也讲,"天下之事,极则必变,变则反始,此造化自然之理",充盈在其中的正是中国古人极为重视的"变"的思想。如果理解不了这种"变"的思想,就无法把握到中华文化的特质,也就难以领会到中华文化生生不息的魅力与活力所在。

中华文化向来有诸子百家、三教九流的说法,每种流派都有着鲜明的主张与追求。比如儒家讲仁义、道家讲无为、法家讲刑罚等,成为人们理解其学说的简便路径。自其分者言之,每种流派所代表和彰显的不过是思想所具有的特殊性而已;自其合者观之,不同学说背后所呈现出的思想的一般性则更为重要,这就是《周易》中讲的"天下同归而殊途,一致而百虑"。从变与不变的角度来看,诸子百家的诞生与形成,皆是应时而变,务为治者,即扬雄说的"革而化之,与时宜之"。如果不是周朝礼崩乐坏到了极点,势有所不得已,便不会有诸子蜂起、百家争鸣的现象出现。这本身就可以视为穷则变的一种突出表征,对后世的影响极为深远。

(二)变则通:论世之事,观时而动

如果说"穷则变"的思想表达的是一种积极有为的改革创新精神,那么"变则通"所传达的就是这种改革创新精神能够达成的突出效果。两者合而言之,即是变通之意。所谓变通,并不意味着漫无原则,随

大道同行
推进马克思主义基本原理同中华优秀传统文化相结合

心所欲,而是要论世之事,观时而动。这里的"时",即是世运中隐伏的时机、时势。通俗地说,变通所强调的是人们在处世行事之际,要顺随时势变化,有所为有所不为。因为世易时移,世变则事变,不能一味地因循守旧。正如《吕氏春秋·察今》说的,"譬之若良医,病万变,药亦万变"。这也就是《周易》所讲的"变通者,趣时者也"的奥妙所在。

从整个中国历史来看,"变通者,趣时者也"有无数案例可征,最典型的莫过于汤武革命。《周易·革卦》说:"汤武革命,顺乎天而应乎人。"可谓最得变通之宏旨。就《周易》本身而言,变则通,不变则不通。所谓趣时,即趋时的意思。细言之,一爻有一爻之时,一卦有一卦之时,无论是占卜吉凶抑或裁断取舍,失时就不得其正位,难有好结果。俗话说,"机不可失,时不再来",所表明的正是"时"的重要性。反过来看,人们若能顺随一卦一爻之时的机宜而动,才算真正符合变通之道,也才能够因事而成之。

寻常人如此,圣人亦复如是。《管子·霸言》说,"圣人能辅时,不能违时。知者善谋,不如当时",足以说明"时"对于任何人而言都具有不可移易的尺度性意义,只能顺随而不可违逆。孟子推尊古之圣人,谓"伯夷,圣之清者也;伊尹,圣之任者也;柳下惠,圣之和者也;孔子,圣之时者也",用独特的"圣之时者"来描述他愿意私淑的孔夫子,其意就在于说明唯有孔子能够依循"时"的原则行事,用《中庸》的话来讲,就是"君子而时中"。

被尊为儒家元圣的周公,先后侍奉文王、武王,辅佐成王,功勋卓著,以非常之人行非常之事,后世祭之以天子之礼,《淮南子》称其"一人之身而三变者,所以应时矣"。另据《尚书大传》所载,"周公摄政,一年救乱,二年克殷,三年践奄,四年建侯卫,五年营成周,六年制礼作乐,七年致政成王"。可以说,周公之所以能够取得不世的成就,其根本就在于他论世之事,应时而为。后世变法改革代有迭兴,也莫不与《管子》说的"与时变、与俗化"相契合。

(三)通则久:治与世宜则有功

中华文明有着突出的创新性,从根本上决定了中华民族守正不守旧、尊古不复古的进取精神,决定了中华民族不惧新挑战、勇于接受新事物的无畏品格。无论是《周易·革卦》中"天地革而四时成"的说法,抑或是《周易·鼎卦》提出的"君子以正位凝命",都旨在强调要顺天应人,讲求变通,而非因循守旧,故步自封。自兹以来,这种"革故鼎新"的精神便融入了中华民族的血脉,成为中华民族共同坚守的理想信念,既在现实中取得了恢宏的治世之功,也为中华文化的发展和中华文明的兴盛提供了长久的动力支持。

穷则变,变则通,通则久,蕴含着变与常的辩证关系。从"革故鼎新"的角度来说,既要看到改革创新作为变的一面,有其存在的合理性和必要性;更要看到支撑改革创新背后的不变的东西,也即维系人类社会稳定和有序的大道至理,而不是一谈到改革创新,就盲目认定是对旧有事物的全面排斥和否定,以及对新鲜事物不加拣择的依从和顺随。简言之,改革是有方向、有立场、有原则的,只有沿着正确方向和正确道路前进,自觉担负起时代重任,守正创新,才能取得良好的治世效果。既不能刻舟求剑、封闭僵化,也不能照抄照搬、食洋不化。中华民族在近代历经磨难和艰辛,之所以能一次又一次战胜挫折,摆脱压迫,重新屹立于世界民族之林,进而在国际社会中发挥不

大道同行
推进马克思主义基本原理同中华优秀传统文化相结合

可替代的作用，不可不说是沿着正确的方向和道路，勇于坚定不移地改革进取、创新进步的结果。

历史地看，人民的创造性实践没有止境，发展也没有止境，改革创新同样没有止境，所以必须有咬定青山不放松的勇气和斗志，坚持和高扬斗争精神。正是在这种敢于啃硬骨头、敢于涉险滩的改革创新精神的鼓舞下，涌现出了许多可歌可泣的改革变法的人物与事迹，每一位站立在时代潮头、与时偕行的人物都誓将改革创新进行到底，取得了一个又一个足以彪炳千秋的成就，解决了现实发展中面临的一个又一个矛盾和难题。这不仅是值得我们引以为傲和自豪的，更是我们应该予以警惕和谨慎的。旧的问题虽然一时解决了，但新的问题又会不断产生，所以改革创新不仅不可能一蹴而就，更不会一劳永逸。概言之，改革是循序渐进的工作，既要敢于突破，又要一步一个脚印，稳扎稳打向前走，确保完成改革的目标任务。

纵观当今世界，改革创新是大势所趋、人心所向，是浩浩荡荡的历史潮流，顺之则昌、逆之则亡，要想实现中华民族伟大复兴的中国梦、全面建设社会主义现代化国家，必须一往无前地继续推进改革创新之路。这就需要我们不忘本来，了解和继承中华民族在漫长的历史发展进程中形成的优良传统，从中汲取思想精华，结合新的实践不断发扬光大。党的二十大报告鲜明指出，"中华优秀传统文化源远流长、博大精深，是中华文明的智慧结晶……。我们必须坚定历史自信、文化自信，坚持古为今用、推陈出新，把马克思主义思想精髓同中华优秀传统文化精华贯通起来、同人民群众日用而不觉的共同价值观念融通起来"[1]，以满腔热忱对待一切新生事物，顺应实践发展，不断拓展认识的深度和广度，既要敢于说前人没有说过的话，也要敢于干前人没有干过的事情，将理论创新和实践创新推向一个新的高度，顺利实现党的中心任务。

古人说，以史为鉴，可以知兴替。中国历史上的改革创新精神不仅源远流长，而且历久不衰。客观地看，历朝历代的改革创新既有成功的，也有失败的；既有全面推进的，也有局部进行的；既有影响一时的，也有影响数百代的；既有中原文化向游牧民族学习的，也有少数民族渴慕而追求汉化的。一言以蔽之，只要改革创新能够保生存、促发展，对国家和民族有利，可以更好地破解人类社会进步过程中的难题，就没有理由拒绝，就必须去践行。"革故鼎新"所蕴含的改革创新理念积淀着中华民族最深沉的精神追求，涵养着我们立足当下、开辟未来的历史眼光和思维，这既是中国由古走到今的路，也是中国由今走向未来的路。

五、任人唯贤

中国古人从治国理念的高度，总结历史实践中的经验教训，对任人唯贤的重要性以及如何任人等问题，论述信实精要，至今仍可为落实"以德为先，德才兼备"的任人原则提供宝贵借鉴。

---

[1] 习近平：《高举中国特色社会主义伟大旗帜　为全面建设社会主义现代化国家而团结奋斗——在中国共产党第二十次全国代表大会上的报告》，人民出版社2022年版，第18页。

（一）任贤的重要性

关于任贤的重要性，古人从以下三个方面进行了阐述。

1. 能否任贤关系国家的治乱安危

《群书治要·毛诗》云，"任贤使能，周室中兴焉"。《汉书》云，"任贤必治，任不肖必乱，必然之道也"。《群书治要·典语》云，"夫世之治乱，国之安危，非由他也。俊乂在官，则治道清；奸佞干政，则祸乱作"。任贤远佞，不仅是周宣王承厉王衰乱之政使周朝王化复行的重要原因，也是总结历史发展得出的必然规律，一国或盛或衰，或治或乱，关键在于用人。"国之所以存者，治也；其所以亡者，乱也。……何以知国之将乱？以其不嗜贤也。"

然而现实中，正如墨子所指出的，王公贵族虽然皆希望国富民安、政事修明，但常常出现的现象却是王公贵族对于身边的微小财物尚且知道爱护，懂得修理补缮，要"尚贤而使能"，当真正治理起国家政务时却不加思索地任人唯亲，举荐徒有其表而无真才实德之人，"明于小而不明于大也"。

领导者不任用贤才，一个重要的原因是其贪爱财货。君主贪爱财货，群下则喜欢谋取私利，而贤德之人由于不被重用，便会隐居起来。如此一来，国家便不会兴起好的风尚，尤其是缺乏伦理道德的教育，以致国之上下私欲膨胀，交相争利，离国家祸乱也就不远了。《盐铁论》指出，随侯之珠与和氏之璧虽为世间名宝，却无益于国家的安危存亡。"喻德示威，唯贤臣良相，不在戎马珍怪也。是以圣王以贤为宝，不以珠玉为宝。"

任用贤臣，是国家安定昌盛的前提。《说苑》中说："无常安之国，无恒治之民。得贤者则安昌，失之者则危亡。自古及今，未有不然者也。"《新序》中记载魏文侯重用贤才，每次路经段干木居住的闾巷，他都会从车上起身伏轼致敬，并给予百万俸禄，时常向其请教治国之方。在魏文侯看来，段干木，"贤者也"，且"段干木光于德，寡人光于地。段干木富乎义，寡人富乎财。地不如德，财不如义"，因而理应对他礼敬有加并予以重用。魏文侯此举得到了国人的交口称赞。

《孟子》云："人必自侮，然后人侮之；家必自毁，而后人毁之；国必自伐，而后人伐之。"一个国家能够选贤与能，使上下都有公心而不自私自利，则其力量就会非常强大，不仅对外可以抵御强敌入侵，对内也可起到化民成俗的作用。

2. 能否任贤关系社会风气的善恶

《后汉书》中言："务进仁贤，以任时政，不过数人，则风俗自化矣。"在我国历史上，许多有道德有学问的皇帝都把儒、释、道三家的圣人奉为国师，随时咨询请益，并对国师备加尊崇。皇帝恳切恭敬的态度，会感召整个社会普遍兴起追求道德、爱好仁义之风。而且，由于任用了德才兼备之人，通过他们的言传身教，民众得以培养起孝悌忠信、礼义廉耻的美德，树立起是非善恶的正确观念，从而达到扬善抑恶、一正压百邪的效果。可见，社会风气的好坏，很大程度上取决于所任用之人是否贤德。

领导者因多欲多求而不能用贤，结果"上多欲即下多诈，上烦扰即下不定，上多求即下交争"，如果不能从源头上加以治理，就会头痛医头，脚痛医脚，停留在末梢上处理问题，这种情景，"无以异于凿渠而止水，抱薪而救火也"，不仅于事无补，还会雪上加霜。而要贤德之人得到重用，首先需要君主自身的德行作为保障。《文子》中接着提到，"圣王在上，明好恶以示人经，非誉以导之，亲贤而进之，贱不肖而退之，刑措而不用，礼义修而任贤德也"。有贤明的君主出现，并能够重用贤德之人，兴起伦理教化之风，社会风气的改善并不难以达到。

3. 能否任贤关系君主的荣辱祸福

能否任贤关系到君主的荣辱祸福。《群书治要·蒋子万机论》讲道："夫君王之治，必须贤佐，然后为泰。故君称元首，臣为股肱，譬之一体，相须而行也。"可见，领导者所用之人直接关涉他自身的德行。"是以为政者，必慎择其左右，左右正则人主正矣。"

古圣先王所使用的侍御仆从（如同当今的秘书、司机、保姆等），正如《尚书》中所记载，"罔匪正人"，没有一个不是正直高尚的人。这些人伴随在君主身边，君主才能受到正人的监督，从而端正自己的行为。君主不仅对于侍御仆从严格选用，还专门设立被称作"大仆正"的官员，以专心教导这些侍从，使其不敢奸佞诈伪，而要其勉励君主修德，帮助君主指正过失。"仆臣正，厥后克正；仆臣谀，厥后自圣"，仆从近臣都是中正之士，他们的君主也会保持中正；仆从近臣是阿谀逢迎之人，君主就会自以为圣明。为此，古人特别强调，不能让邪曲之人留在身边充当自己的耳目之官。

管仲在齐桓公向他请教治国之患时说"患夫社鼠"，以"社鼠"（即寄身于土地神像中的老鼠）比喻人主之左右，"内则蔽善恶于君上，外则卖权重于百姓。不诛之则为乱，诛之则为人主所案据腹有之，此亦国之社鼠也"。清朝时，有用人"莫用三爷"的说法，就是这个道理。"三爷"指的是少爷、姑爷、舅爷，都是为政者身边关系亲近的人，任用这些人需要格外地小心谨慎。

《群书治要·时务论》中说，"故淮圣主明君，莫不皆有献可退否纳忠之臣也"。之所以能够成为圣主明君，正是因为身边有这些可以犯颜直谏、忠诚不二的臣子不断给他提醒，矫正他的过失。如《群书治要·吴子》中记载楚庄王与群臣谋事，因"群臣莫能及，罢朝而有忧色"，以得不到贤才辅佐、群臣不如自己而忧虑，相反，那些好大喜功、追名逐利之人，却以群臣才能不如自己为好事，这就是庄王何以成为圣主，而后者却如"武大郎开店"愈趋愈下的原因所在。

能否任贤关系到君主的安逸与否。《群书治要·尸子》言："夫用贤，身乐而名附，事少而功多，国治而能逸。"善于任贤的人，不仅能身享安乐，而且声名也会随之而来，事务虽少却功绩可观，可以达到国治身逸、一举多得的效果。

《群书治要·说苑》中讲，孔子弟子宓子贱治理单父时，"弹鸣琴，身不下堂而单父治"；而孔子的另一弟子巫马期治理单父，虽然"亦治"，却"以星出以星入"，事必躬亲，日夜不得安居。原因就在于，宓子贱善于用人，所以能四体安逸，耳目不劳，平心静气，而百官自治。而巫马期由于只知用力，故所付出者多，"弊性事情，劳烦教诏"，虽然也使单父得到了治理，但还没有达到最高的境界。

治理的最高境界是无为而治。无为而治的根本即在于领导者自身有厚德，并能依托贤德之人，对他们委以重任。《群书治要·淮南子》中写道："古者法设而不犯，刑措而不用，非可刑而不刑也。百工维时，庶绩咸熙，礼义修而任贤得也。"当其时，对官员的选拔是将天下、一国、一县、一乡之中最有贤德的人举荐出来，分别任为三公、

091

大道同行
推进马克思主义基本原理同中华优秀传统文化相结合

九卿、二十七大夫和八十一元士,"各以小大之材,处其位得其宜。由本流末,以重制轻。上唱而民和,上动而下随。四海之内,一心同归,背贪鄙而向义理"。如此来教化民众,自然会如风吹草木,而草木没有不随风倒伏的。

所以,正如《群书治要·袁子正书》中所言,君主以一人之才智统理政务,日理万机,难免会疏忽遗漏,这就需要"假人之目以视""假人之耳以听""假人之智以虑"。"故夫处天下之大道而智不穷,兴天下之大业而虑不竭,统齐群言之类而口不劳,兼听古今之辨而志不倦者,其唯用贤乎?"

能否任贤关系到君主治国的成败。《群书治要·昌言》中说,若"王者所官者,非亲属则宠幸也;所爱者,非美色则巧佞也。以同异为善恶,以喜怒为赏罚。取乎丽女,怠乎万机,黎民冤枉类残贼",那么,即使各方祭坛四季按时敬祭,判案的政事严格限定在冬季执行,用于占卜的蓍草龟甲堆于庙门之中,祭祀用的纯色牲畜成对地系在竖石之上,占星之人在观星台上久坐不下,执掌祭祀的祝史在祭坛前长跪不离,也无益于挽救国家的败亡。

扭转残局,唯有从根本上寻找国家治乱的成因,而非依赖占卜或为求福所举行的形式上的祭祀,所谓"祸福无门,惟人自召",归根结底还是要从为政者自身做起以积德尚贤。《说苑》中云:"人君之欲平治天下而垂荣名者,必尊贤而下士。……非其人而欲有功,若夏至之日而欲夜之长也,射鱼指天而欲发之当也。虽舜禹犹亦困,而又况乎俗主哉?"不能任人唯贤,却期望成就功业,即便像大舜、夏禹那样的帝王也会陷入困境,更何况是一般的君主呢?

齐景公曾问晏子:"昔吾先君桓公,从车三百乘,九合诸侯,一匡天下。今吾从车千乘，可以逮先君桓公之后乎？"晏子回答说：桓公所以能一匡天下者，并不在于兵力的多寡，而是由于他左有鲍叔牙、右有仲父的辅佐，有任人唯贤的智慧和识见。"今君左为倡，右为优，谗人在前，谀人在后。"纵然有兵车千辆，焉能赶上先君桓公而成就霸业呢？由此可见，能否任贤关系到君主的成败。

能否任贤关系到君主的存亡。《群书治要·体论》中说道："夫人生莫不欲安存而恶危亡，莫不欲荣乐而恶劳辱也。终恒不得其所欲，而不免乎所恶者何？诚失道也。"君主不能安存的原因，是在于没有顺道而行，任用真正的贤德之人。

《韩诗外传》认为，辅佐之才有四个等级："智如原泉，行可以为表仪者，人师也。智可以砥砺，行可以为辅檠者，人友也。据法守职而不敢为非者，人吏也。当前快意，一呼再诺者，人隶也。故上主以师为佐，中主以友为佐，下主以吏为佐，危亡之主以隶为佐。"而看一个君主是否会败亡，必先观其下属，因为"同明者相见，同听者相闻，同志者相从，非贤者莫能用贤"。君主对于左右臣子的委用，"有存亡之机、得失之要也，可无慎乎"！

在《群书治要·贾子》篇中，贾谊称知"道"者为"先醒"。他指出，一般的君主由于未学治国大道，茫然不明得失，不知治乱存亡的根源，因此每日匆匆忙忙就像喝醉了酒一样。而贤明的君主，"学问不倦，好道不厌，慧然先达于道理矣。故未治也知所以治，未乱也知所以乱，未安也知所以安，未危也知所以危。故昭然先窹乎所以存亡矣，故曰先醒，譬犹俱醉而独先发也"。先醒者如楚庄王，居安思危，很早就清醒地认识到求贤的重要性；后醒者如宋昭公，待有了沉痛的教训才发现用人的失误；而不醒者则如虢君，自欺欺人，国家已经灭亡了还不听谏言、不知悔悟。因此，只有贤君方能任人唯贤，而君主的用人态度也直接关系到自身的存亡。

（二）任贤的原则和标准

关于任贤的原则和标准，古人也有比较详细而具体的阐述。

1. 任贤的原则

《说苑》中记载，周成王将行冠礼时，周公命祝雍为成王致祝辞，祝雍曰："使王近于仁，远于佞，啬于时，惠于财，任贤使能。"亲仁远佞，任贤使能，不仅是他对周成王的告诫，也是为政者用人所须遵从的总原则。

《孔子家语》说："士必悫而后求智能焉。不悫而多能，譬之豺狼，不可迩也。"读书人必先具备诚敬之德，然后才可去追求才能。没有德行而又非常聪明能干，这样的人就像豺狼一样不可接近。当今社会上也有"有德有才是正品，有德无才是次品，有才无德是毒品，无才无德是废品"的说法，强调的都是用人要坚持"以德为先，德才兼备"。

据《韩诗外传》记载，孔子将士人分为五类："势尊贵者""家富厚者""资勇悍者""心智慧者"和"貌美好者"。孔子认为，"势尊贵，不以爱民行义理，而反以暴傲；家富厚，不以振穷救不足，而反以侈靡无度；资勇悍，不以卫上攻战，而反以侵凌私斗；心智慧，不以端计数，而反以事奸饰诈；貌美好，不以统朝莅民，而反以蛊女从欲，此五者，所谓士失其美质也"。如果士人没有将各自独具的优势运用到有利于他人的事业上，发挥出他应有的价值，可以说这样的士人就在一定程度上丧失了其美好的禀赋。

2.任贤的标准

具体落实"德才兼备、以德为先"的用人原则,要求领导者应选用孝廉之人、贤德之人、直谏之人、进贤之人与扬善之人。

其一,孝廉之人。

自古我国就把"孝廉"作为人才选拔的根本标准,将"孝"置于首位。《孝经》云,"不爱其亲而爱他人者,谓之悖德;不敬其亲而敬他人者,谓之悖礼"。一个人不知报答父母的养育之恩,没有爱敬之心,他对领导的忠心便无从谈起,因为对父母的态度会直接影响到他对领导、同事和工作的态度。"少成若天性,习惯成自然",一旦做事以自我为中心,随心所欲,对父母轻慢无礼,表现到工作上,势必会出现同样的问题。所以,求忠臣于孝子之门,在工作、社交上展现出的良好教养,其实都是来自对父母的孝敬之心。

"廉"首先意味着不贪。《大学》讲,修身要从格物开始。"格物",根本上指的是格除物欲,正确看待财色名利等诱惑的实质,不被干扰,保持心目的清明。《论语·颜渊》记载,颜回问仁于孔子,孔子曰:"克己复礼为仁。一日克己复礼,天下归仁焉。"在我国传统文化儒、释、道的伦理思想中,最基本的礼指的就是《弟子规》《太上感应篇》和《十善业道经》中的内容。按照礼的精神勤于俭省,克除私欲,方可达于仁。而一日克己复礼,对于人君,则可使天下之民归于仁政。如文王为西伯时,虞芮争田,归周者四十余国。对于个人,克己不贪也是让人们心甘情愿追随的人格感召力。如杨震不受"四知财",其清廉作风影响后代,他的子孙特以"四知堂"为其房屋取名,作为警励。

"廉"更有廉正之意。《潜夫论》中说,贤能之人作为臣子,不以

大道同行
推进马克思主义基本原理同中华优秀传统文化相结合

谄佞损害君主威德,不为迎合众人而苟且偷安,不损害公家利益任凭私意行事,不歪曲法律而畏惧权贵。其贤明能明察奸邪,其道义使他不结党营私。《孙卿子》中说:"从命而利君谓之顺;从命而不利君谓之谄;逆命而利君谓之忠;逆命而不利君谓之篡;不恤君之荣辱,不恤国之臧否,偷合苟容,以持禄养交而已,谓之国贼。"因此,对于人君而言,应重用那些忠顺廉正之士,罢黜那些谄佞篡贼之人。

其二,贤德之人。

《吕氏春秋》中指出,忠孝显荣四者,皆为人所欲求,然而不得其所愿,推究根源,在于其"不知理义"。不知理义则源于不学;理义不学,则为君不仁、为父不慈、为臣不忠、为子不孝,"是故古之圣王,未有不尊师也。尊师则不论贫富贵贱矣"。

《韩诗外传》中提到,鸿鹄所以能一举千里,所依靠的是它羽翼上的六根强劲有力的茎羽罢了,而背上的粗毛、腹下的细毛,"益一把,飞不为加高,损一把,飞不为加下"。对君主来说,贤德之人就好比鸿鹄之六翮,而庸碌之人则如鸿鹄"背上之毛,腹下之毳",纵然有上千之人,于兴举大业也并无太大助益。

《说苑》记载,晋文公行赏,先德后力,即将德行摆在首位,而将勇力放在其后。他认为,"耽我以道,说我以仁,昭明我名,使我为成人者,吾以为上赏。防我以礼,谏我以义,使不得为非者,吾以为次赏。勇壮强御,难在前则居前,难在后则居后,免我于患难中者,吾复以为次赏。……死人者不如存人之身,亡人者不如存人之国。三行赏之后,而劳苦之士次之"。对于晋文公来说,能够昭人以道、教人以德、普利群氓的圣贤之人,应受到国家最高的重视和封赏,因为他既能全君之德,又能成君之业,真正使国家得到善治。《群书治要·尸子》云,"圣人治于神",圣人是从治理人心入手,于润物无声中使天下得到治理。而贤德之士,"教之以仁义慈悌",虽然不能如救人于水火那样取得立竿见影的效果,但是立足长远,小可使个人趋吉避凶,终身无患,大可使天下归宁,免于兵乱,所以应当奉之为珍宝。

《群书治要·孙卿子》在谈及用人时说道:"口能言之,身能行之,国宝也。口不能言,身能行之,国器也。口能言之,身不能行,国用也。口言善,身行恶,国妖也。故治国者敬其宝,爱其器,任其用,除其妖。""国妖"并不仅指国家的臣子,但凡言善行恶、巧于诡辩、善于惑众之人都会对社会风气造成不良影响,使人对伦理道德丧失信心,所以为害甚大。而"除其妖"也并非仅指戕其性命,根本上还是要从任用贤德之人、净化人心、扭转人心治起。

其三,直谏之人。

昔晋平公请教叔向:"国家之患孰为大?"叔向回答说:"大臣重禄而不极谏,近臣畏罪而不敢言,下情不上通,此患之大者也。"臣子不能犯颜进谏,很大程度上是与君主欠缺雅量有关,不敢直谏。

《吕氏春秋》中说:"贤主所贵莫如士。所以贵士,直言也。言直则枉者见矣。人主之患,欲闻枉而恶直言,是障其原而欲其水也,水奚自至?是贱其所欲,而贵其所恶也,所欲奚自来?"贤士言语正直,君主方能认识到自己的过错。然而,君主的通病在于既想听到自己的不足,却又厌恶贤士的直言,这就如同将水源阻塞却想得到水一样,水从哪里来呢?为政之人,往往越是位高权重,越不易听到直言,久而久之便易滋长骄满情绪,危及前途事业。所以,要达到"长善救失"的目的,就要敢于任用直谏之士。

古之贤主因为深明此理,常会主动引导属下犯颜直谏。如《吕氏春秋》中记载，赵简子"能以理督责于其臣"。"以理督责于其臣，则人主可与为善，而不可与为非；可与为直，而不可与为枉。"尹铎"恐君之不变"，所以"质君于人中"而不顾其丑，此正"简子之贤也"。"人主贤，则人臣之言刻。"另如太保申冒死对楚文王施以鞭刑，使其痛改前非、励精图治；乐师经持琴身撞魏文侯使之闻错即改；等等，都是犯颜直谏的典范。《易·蹇卦》言，"王臣蹇蹇，匪躬之故"。人臣忠直，并非为了自身之安全，而是为了匡正君主的过失。而好直不阿之士，"此贤主之所求，而不肖主之所恶也"。

其四，进贤之人。

《韩诗外传》中记载，楚庄王以沈令尹为忠贤之士，听其言而"不知饥倦"，但在夫人樊姬看来，"沈令尹相楚数年矣，未尝见进贤而退不肖也，又焉得为忠贤乎？"于是，"庄王以樊姬之言告沈令尹，令尹进孙叔敖，叔敖治楚三年而楚国霸。樊姬之力也"。可见，看一个人是否贤德，要看他是否具有进贤让贤的品质。

在《孔子家语》中也有一个典故。孔子以齐国鲍叔牙与郑国子皮为贤，而子贡以为齐国管仲和郑国子产似乎更为贤能，因为二人协助国君把国家治理得井井有条。孔子却说："我听说鲍叔牙力荐管仲，子皮举荐子产，却没有听说过管仲和子产推荐比自己更为贤能的人才。"在夫子眼中，能够举荐贤才的人比自己是贤才的人更应受到敬重。

古人说："观德于忍，观福于量。"一个人身居要位而不嫉贤妒能，是出于对国家社稷的考虑，敢于举荐才德高于自己的人，并希望对方受到重用，更是没有私心的表现，从中即可看出此人的品行与心地。反之，那些在君主身边把持权位而嫉贤妒能的人，对待贤士则会百般阻挠，唯恐贤士更受国君器重而危及自己的地位，这些人被管仲称为"治国之所患"。古人也正是深刻地认识到荐贤不易,因此特别在制度上规定,"进贤者必有赏,进不肖者必有罪,无敢进也者为无能之人",把能否为国家推荐德才兼备的人才作为评价官员政绩的一个重要标准,从而使臣子进贤退不肖的良好政治风气得到了有效的制度保障。

其五,扬善之人。

"君子掩人之过以长善,小人毁人之善以为功。"君子是把别人的过恶加以掩饰,以此来长养自己的厚道善良;而小人却是以毁谤别人的善行为能事,以此夸耀自己的功劳。区别君子与小人的一个重要方法,就是看他是经常欣赏赞叹他人,还是经常毁谤挑剔他人。

《格言别录》中说:"德盛者,其心和平,见人皆可取,故口中所许可者多。"德行深厚的人,心平气和,见每一人都有可取之处,所以口中所赞许的人很多。相反,"德薄者,其心刻傲,见人皆可憎,故目中所鄙弃者众"。而德行浅薄的人,心地刻薄傲慢,见到每一人都有可憎恶之处,所以眼中鄙视的人就很多。

能经常看到别人的优点,分享别人的善举,是一种很高的修养。《弟子规》上说:"道人善,即是善;人知之,愈思勉。"当人得知自己的点滴善行受到了称赞时,就会受到鼓励,更加勤勉地多做善事。"扬人恶,即是恶;疾之甚,祸且作。"而到处宣扬别人的过恶,本身就是一种恶,不仅于对方改过无益,也会使自己招致怨恨,无形中为自己埋下祸根。有德之士,必然慈心于物,悯人之恶,乐人之善,不彰人短,不炫己长。因此,对于为政者而言,还应善于辨言,任用能隐恶扬善之人。

六、天人合一

《周易》记载，古圣先贤"观乎天文，以察时变；观乎人文，以化成天下"。正是在观察天地自然、社会人文之道（规律）的基础上，圣人提出了促进身心和乐、家庭和睦、社会和谐、天下和平的常道。这说明，顺着自然天道来修身治国，才能达到预期的理想效果，否则必然败亡。而"天下无二道，圣人无两心"。这种"天不变，道亦不变"的常理、规律，古今适用、历久弥新。至于体现和落实这些常道的方法和形式，则可随时代发展而加以适当取舍。

（一）天人合一：正确认识人与自然关系的哲理依据

"天人合一"是古圣先贤仰观天文、俯察地理、中观人世而发展出的关于天人关系的重要思想。《庄子》云："天地与我并生，而万物与我为一。"董仲舒则明确提出："天人之际，合而为一。""天人合一"的境界被表述为"与天地参""民胞物与""以天地万物为一体"等。《中庸》云："唯天下至诚，为能尽其性；能尽其性，则能尽人之性；能尽人之性，则能尽物之性；能尽物之性，则可以赞天地之化育；可以赞天地之化育，则可以与天地参矣。"《西铭》云："乾称父，坤称母；予兹藐焉，乃混然中处。故天地之塞，吾其体；天地之帅，吾其性。民吾同胞；物吾与也。"王阳明在《大学问》中对"天人合一"理念有深刻的阐述，并引申出了"一体之仁"，"大人者，以天地万物为一体者也。其视天下犹一家，中国犹一人焉""大人之能以天地万物为一体也，非意之也，其心之仁本若是，其与天地万物而为一也""是故见孺子之入井，而必有怵惕恻隐之心焉，是其仁之与孺子而为一体也。

孺子犹同类者也,见鸟兽之哀鸣觳觫,而必有不忍之心,是其仁之与鸟兽而为一体也。鸟兽犹有知觉者也,见草木之摧折而必有悯恤之心焉,是其仁之与草木而为一体也。草木犹有生意者也,见瓦石之毁坏而必有顾惜之心焉,是其仁之与瓦石而为一体也"。

可见,中国古人很早就形成了"以天地万物为一体"的宇宙观,在这种"一体之仁"的观念之下,人与自然,父与子、夫与妇,乃至兄弟、朋友、君臣、国家之间都是和谐一体的关系,因而一荣俱荣、一损俱损。在这种整体的思维方式下,中国虽经历了漫长的历史发展过程,但仍保持了人与人、人与自然、人与社会乃至国与国之间的和谐相处,从而使中华文明作为历史上唯一没有中断的文明得以延续。

深受"道法自然""天人合一""一体之仁"等思想的影响,在中国漫长的历史中,形成了人与自然和谐一体的关系。始建于战国时期的都江堰,是根据岷江的洪涝规律和成都平原悬江的地势特点,因势利导建设的大型生态水利工程,不仅造福当世,而且泽被后世。两千多年来,都江堰作为全世界的生态典范,仍诉说着中国人道法自然的生态智慧。

(二)依时而动:促进人与自然和谐共生的实践路径

中国古人从"天人合一"的理念出发,通过不断探索,走出了一条人与自然和谐共生的实践道路,实现了社会与自然双双可持续发展。"依时而动"是中国古人在人与自然和谐共生方面的重要实践。《礼记·月令》记载了一年十二个月分别要做的政事。"月"即天文,"令"即政事。古圣先王"上察天时,下授民事,承天以治人",制定了一套依据天文、阴阳五行来施行政事的纲领,按照天道、天时来治民。

大道同行
推进马克思主义基本原理同中华优秀传统文化相结合

例如，孟春，即春季第一个月，在立春之日，天子亲自率领三公九卿诸侯大夫到东郊举行迎春之礼，命令三公颁布德教，宣布禁令，褒扬善行，周济贫困之人，将恩德施以广大的民众。迎春之礼后祭祀上天，并选择吉日，天子亲自率领三公九卿诸侯大夫在籍田（天子的责任田）耕种，率先垂范，注重农业这个本业。

孟夏，即夏季第一个月，不可大兴土木，不可大量征发民众。因为此时正值农忙，随顺天时的一个重要方面就是"不误农时"。而由于夏季的第二个月阳气盛而且经常干旱，因此要举行祈雨的祭礼。而夏季的最后一个月，由于雨水多，便不可大兴徭役，否则会有天殃。

孟秋，即秋天的第一个月，要命令将帅挑选武士，磨砺兵器；命令治狱官慎重判刑；命令百官修缮堤坝，谨防堵塞，以防止水涝灾害。因为秋天主金、主肃杀之气。这也是依据天文五行来执政。而秋天的第二个月，则要注意保护衰老的人，授给他们坐几、手杖；司农之官则催促人民收藏谷物；务必积蓄干菜，多积聚粮食，以为过冬作准备；并劝勉民众种麦子，不要错过农时。

孟冬，即冬天的第一个月，要加赏以身殉国者的后代，抚恤以身殉国者的妻子儿女；命令百官谨慎保管府库、谷仓的粮食、财物；巩固封疆，防备边境，完善要塞，紧守关口桥梁，举行大饮烝之礼。大饮烝礼后来演变成燕礼和乡饮酒礼，是一种尊老敬老的礼，提倡不忘本、知恩报恩、饮水思源的社会风气，也提倡长幼有序，这样就不会恃强凌弱。而到了季冬，也就是冬天的最后一个月，则命令田官告诉民众取出五谷的种子，说明大寒气节已过，农事即将开始，命令农民计划耕种的事宜，修理翻土的耒耜，备办耕田的农具；天子与公卿大夫共同修订完善国家的法典，按照四季的时令，以确定哪些适合来年运用。

《礼记·月令》不仅关注农业生产，还涉及国家祭祀、徭役、军事、社会保障、生态保护、文教等各个领域。古人能够做到随顺天时，依时而动，是因为古人敬畏自然规律，顺应自然规律治国理政。祭祀中的祭天和祭神之礼，都是古人敬畏自然规律的重要体现。天地祖先、天子百官、黎民百姓、山林鸟兽共同构成了一个息息相关的生命共同体。在中国式现代化进程中，人作为核心，仍然需要发挥维护"一体"的作用，践行天地厚德，随顺天时，生养万物，依循天道自然规律，科学合理地安排生产生活等，才能保持人与自然万物和谐一体的关系。

（三）生态保护：中华文明永续传承的根本大计

在"天人合一"思想的指引下，古人"依时而动"，构建了人与自然和谐共生的生态文明。"生态兴则文明兴，生态衰则文明衰。"中华文明能够成为世界唯一不间断承传发展的文明，与古人极为重视环境保护密不可分。

《礼记·月令》中的很多规定就体现了生态环境保护的思想。春天是万物萌发的季节，因此要禁止杀伐，保护幼小，不可逆生气而行。《礼记·月令》规定：

孟春，"禁止伐木，毋覆巢，毋杀孩虫、胎夭、飞鸟，毋麑毋卵"。禁止砍伐树木，不要毁鸟巢，不要杀害幼虫、已怀胎的母畜、刚出母体的小兽、刚会飞的小鸟，不要伤害小兽及各种鸟蛋。

仲春，"毋竭川泽，毋漉陂池，毋焚山林"。不要将河泽中的水放完，不要让蓄水池干涸，不要焚烧山林。

季春，"田猎罝罘、罗罔、毕翳、餧兽之药，毋出九门"。打猎用的捕兽的网、捕鸟的网、长柄的网和射猎用的隐蔽工具,毒害野兽的毒药,一概不能出各个城门。

夏季是万物生长的季节。"(孟夏)继长增高,毋有坏堕,毋起土功,毋发大众,毋伐大树。"在孟夏,要促进草木茁壮生长,不要进行毁坏和糟蹋。不要大兴土木,不要征发人民大众,不要砍伐大树。

"(季夏)树木方盛,乃命虞人入山行木,毋有斩伐,不可以兴土功。"季夏,树木才刚开始变得茂盛。这时让掌管山泽苑囿的官员进入山林巡查树木,但是不可以有斩伐,不可以兴土工。

秋天才是收获的季节。"(季秋)草木黄落,乃伐薪为炭。"到了季秋,草木开始变得枯黄,这时才可以伐薪烧炭。

更可贵的是,《礼记·月令》不仅规定了什么季节应怎样做,还说明了如果反季而行会导致怎样的后果。例如:"(仲春)行夏令,则国乃大旱,暖气早来,虫螟为害。""(仲夏)行秋令,则草木零落,果实早成,民殃于疫。""(仲秋)行冬令,则风灾数起,收雷先行,草木蚤死。""(仲冬)行春令,则蝗虫为败,水泉咸竭,民多疥疠。"

古人不仅从制度上对环境保护作出具体规定,还以此教导民众,在人的心灵深处筑牢环保根基,培养人的仁心、仁德。《群书治要·淮南子》中记载,巫马期前往单父察访宓子贱教化百姓的成效。巫马期见到有人在夜间捕鱼,捕得之后又将鱼放了,便询问渔夫原因。渔夫说:"长官子贱不愿让人捕捞正在成长的小鱼。我刚捕到的是小鱼,就把它们放了。"巫马期便感叹:"子贱实行德政的效果,简直是好到了极点!他能使人在暗夜做事时也像严刑峻法就在身边一样。"不捕捞尚在生长的小鱼,不仅是环保的规定,更是仁心的体现。单父百姓耻于作恶,不忍心欺骗自己的内心。《史记》称赞子贱达到了"不忍欺"的最高治理境界。唯有如此（即不依赖严刑峻法），才能真正保护环境。

生态环境是人类生存和发展的根基，生态环境变化直接影响着文明兴衰演替。生态环境保护是功在当代、利在千秋的事业。建设人与自然和谐共生的现代化，实现中华民族永续发展，是我们心中的梦想和力量之源。这力量，根植于生生不息的中华文明。

建设人与自然和谐共生的现代化，实现中华民族永续发展的智慧根植于生生不息、历久弥新的中华优秀传统文化。党的十八大以来，以习近平同志为核心的党中央站在全局和战略的高度，对生态文明建设提出一系列新思想新论断新要求，形成了习近平生态文明思想，为我国社会主义生态文明建设指明了科学方向，这些都离不开对中华优秀传统文化中"天人合一"等理念的借鉴和发扬。

七、自强不息

纵观中华民族五千多年光辉灿烂、历久弥新的文明史，中国人民近代以来百折不挠、荡气回肠的斗争史，中国共产党百余年艰苦卓绝、披荆斩棘的奋斗史，中华人民共和国波澜壮阔、开拓创新的发展史，所依靠的就是自强不息的奋斗精神。

（一）天行健，君子以自强不息

《周易》云："天行健，君子以自强不息。"古圣先贤观察天地自然的运行规律，感悟出"天行健"的道理，不仅亲自实践，而且以自强不息的天道精神勉励世人。

《中庸》云："不息则久，久则征，征则悠远，悠远则博厚，博厚

大道同行
推进马克思主义基本原理同中华优秀传统文化相结合

则高明。博厚,所以载物也;高明,所以覆物也;悠久,所以成物也。博厚配地,高明配天,悠久无疆。如此者,不见而章,不动而变,无为而成。"无有止息就能长久。长久专注一事就能出现效验或征候,这就犹如航标,指示着方向。向着航标,久而久之,就能达到博厚。心胸见识广博,德行学养深厚,如此便能含容承载。博厚进一步是高明。高是看待问题有高度,预见事物有远度,明是本性智慧显现彰明。能高能明,就能保护他人。一门深入,长久专于一事,就能取得成功。所以博厚、高明、悠久的作用是载物、覆物、成物。博厚之至,就只有大地与之相配,因为大地对万物平等承载,这种平等之德是广博深厚达到了极致。高明之至,唯有上天与之相配,因为天至高无上,大放光明,能覆盖万物,保护万物。悠久之至,则是无有止期,无有穷尽,便是无疆。能如地之博厚、天之高明,且悠久无疆,效果便是"不见而章,不动而变,无为而成"。"不见而章"如天之破晓,未见红日东方初升,却早有鱼肚白泛于天边。"不动而变"如地之自转,无从感受,但昼夜交替不辍。"无为而成"如天之生物。子曰:"天何言哉?四时行焉,百物生焉,天何言哉?"天无言语,无所作为,但就在这无为之中,四时运行,万物化生,各得其所,这就是天的不息之功。可见,"天行健"之关键在"不息",因为从"不息"可以达到无为而成的境界,无为而无不为。

万物即使再强壮,也有衰怠之时,唯天不同。天自体刚健,一日一夜过周一度,从不止息,从无偏差,故曰"自强不息"。可见,"自强不息"之"自",非简单指"我",而是指自我之本性。因此,自强不息是人之本性本然。但由于世人迷惑于声色虚妄之相,忘失自己本性如是,因此需要修治习性的浸染,以自强不息的精神砥砺前行。

砥砺前行即在磨炼中奋勇前进，对内磨除习性的浸染，对外克服困苦与艰难。艰难困苦，玉汝于成。古人认为，虽然人人皆可为尧舜，但人之天赋气质不等，习性浸染有差，圣人恐不能人人依道而行，因此亲自示范以教民，作为天下的法则，令世人效法，并以"君子以自强不息"勉励世人。《周易集解》云："尧舜一日万机，文王日昃不暇食，仲尼终夜不寝，颜子欲罢不能，自此以下，莫敢淫心舍力。"尧舜日理万机；周文王勤于政事，忙碌到日已偏西仍无暇吃饭；孔子终夜思考不眠；颜回学习夫子的教诲，欲罢不能。精神的力量是无穷的，榜样的力量也是无穷的，正因有了古圣先贤率先垂范，后世学人才有了效法的榜样。

自强不息不仅是人自性之德的内在要求，也是恢复人之本性、开启智慧明德的必由之路。古圣先王通过"亲民"以教民，使众人皆能"明明德"。在自强不息奋斗精神的支撑下，明明德、亲民都达到"止于至善"的境界，这正是起于修身、齐家，达于治国、平天下。因此，自强不息、砥砺前行不仅是人生成长之必然，亦是社会发展的必然要求。

（二）中华文明史是一部中华民族自强不息的奋斗史

中华民族五千多年灿烂的文明，是中华儿女集体创造出来的。自强不息就是中华民族不断创造历史的精神动力。中国上古时代三个著名的神话故事，夸父追日、精卫填海、愚公移山，所展现出的就是自强不息的民族精神。

黄河是中华民族的母亲河。尧帝之时，黄河流域曾洪水肆虐。尧命鲧治水，九年不成。舜起用鲧之子禹。禹吸取父亲"水来土堰"而

大道同行
推进马克思主义基本原理同中华优秀传统文化相结合

治水失败的教训，因势利导，疏通河道，十三年治水，三过家门而不入，终克水患，立下千秋功绩，造福万代人民。大禹治水的精神，包含了自强不息的奋斗精神、无私忘我的奉献精神和勇于开拓的创新精神。一部治河史，就是一部中华儿女自强不息的奋斗史。黄河以百折不挠的磅礴气势，塑造了中华民族自强不息的民族品格，是中华民族坚定文化自信的重要根基。千百年来，中华儿女革故鼎新、艰苦奋斗，开发山川、开垦粮田、治理江河、建设家园，描绘了一幅幅多姿多彩的生活画卷，依靠的就是自强不息的精神。

孔子的一生是自强不息的一生。孔子生于社会动荡的春秋末期，年幼丧父，年少丧母，但始终孜孜以求，一生学而不厌，诲人不倦，发愤忘食，乐以忘忧，晚年精心读《易》，以至韦编三绝。孔子曾说，"我非生而知之者，好古，敏以求之者也"。孔子一生周游列国，推行仁政，为恢复周礼而奔走，陈蔡绝粮，匡地被围，屡陷绝境却依旧奋勇前行。这就是孔子，明知"道之不行"，却仍然"知其不可而为之"。孔子认为，自强不息是君子当有的品德。"所谓君子者，言必忠信而心不怨，仁义在身而色无伐，思虑通明而辞不专。笃行信道，自强不息。油然若将可越而终不可及者，此君子也。"孔子删《诗》《书》，定《礼》《乐》，赞《易》道，作《春秋》，是中华文化承上启下的人物。"自孔子以前数千年之文化，赖孔子而传；自孔子以后数千年之文化，赖孔子而开。"孔子以自强不息的精神，一生践行"明明德""亲民"，并将二者做到了极致。

孔子对中国乃至对世界的影响，一直持续到今天。正如习近平主席所强调的："孔子创立的儒家学说以及在此基础上发展起来的儒家思想，对中华文明产生了深刻影响，是中国传统文化的重要组成部分。

儒家思想同中华民族形成和发展过程中所产生的其他思想文化一道，记载了中华民族自古以来在建设家园的奋斗中开展的精神活动、进行的理性思维、创造的文化成果，反映了中华民族的精神追求，是中华民族生生不息、发展壮大的重要滋养。中华文明，不仅对中国发展产生了深刻影响，而且对人类文明进步作出了重大贡献。""世界上一些有识之士认为，包括儒家思想在内的中国优秀传统文化中蕴藏着解决当代人类面临的难题的重要启示。"[①]

（三）自强不息的奋斗精神是中国共产党再创辉煌的精神动力

自1840年鸦片战争之后，中华民族经历了长达一个世纪的磨难，社会动荡、外族侵略，但中国人民始终自强不息、顽强斗争。中华民族是历经磨难、不屈不挠的伟大民族，中国人民是勤劳勇敢、自强不息的伟大人民，中国共产党是敢于斗争、敢于胜利的伟大政党。正如习近平总书记在纪念辛亥革命110周年大会上的讲话中指出的："1840年鸦片战争以后，西方列强在中华大地上恣意妄为，封建统治者孱弱无能，中国逐步成为半殖民地半封建社会，国家蒙辱、人民蒙难、文明蒙尘，中国人民和中华民族遭受了前所未有的劫难。英雄的中国人民始终没有屈服，在救亡图存的道路上一次次抗争、一次次求索，展现了不畏强暴、自强不息的顽强意志。"[②]

无论是革命战争时期，还是社会主义建设时期、改革开放时期，自强不息始终是中国共产党人的精神品格。革命战争时期有井冈山精

---

① 习近平：《在纪念孔子诞辰2565周年国际学术研讨会暨国际儒学联合会第五届会员大会开幕会上的讲话》，人民出版社2014年版，第4、6页。
② 习近平：《在纪念辛亥革命110周年大会上的讲话》，人民出版社2021年版，第2页。

大道同行
推进马克思主义基本原理同中华优秀传统文化相结合

神、长征精神、抗战精神、苏区精神、南泥湾精神、沂蒙精神;社会主义建设时期有北大荒精神、大寨精神、铁人精神、红旗渠精神、"两弹一星"精神;改革开放时期有抗洪抢险精神、抗震救灾精神、劳模精神、载人航天精神、抗疫精神;等等。这些精神,无不包含了中国共产党人对自强不息、艰苦奋斗这一民族精神的传承。

中华人民共和国成立前夕,面对美国的封锁,毛泽东写道:"封锁吧,封锁十年八年,中国的一切问题都解决了。中国人死都不怕,还怕困难吗?"[①] 这就是中国共产党人自强不息、誓不低头的豪迈气概。在西方国家技术封锁的艰难条件下,"两弹一星"、核潜艇等成功研制;进入新时代,更有了北斗、载人航天、特高压输电等全部自主知识产权的技术和大国重器。在几代人的不懈努力之下,中国成为全世界唯一拥有联合国产业分类中所列全部工业门类的国家。

中华人民共和国成立之初,国家一穷二白,人民生活极端贫困。在党的坚强领导下,中国人民奋发图强,从救济式扶贫到开发式扶贫再到精准扶贫,走出了一条中国特色的扶贫之路。中华人民共和国成立以来,特别是党的十八大以来,中国对全球减贫贡献率超过70%,创造了人类有史以来规模最大、持续时间最长、惠及人口最多的减贫奇迹。中国成为全世界最早实现联合国千年发展目标的发展中国家。成绩的背后是艰辛的付出,1800多名同志将生命定格在了脱贫攻坚征程上。他们燃烧了自己,照亮了贫困群众的致富之路。

中国共产党的百年历史,就是筚路蓝缕、励精图治,砥砺奋进、自强不息的历史。一代代顽强拼搏的建设者,一批批感天动地的共产

[①] 《毛泽东选集》第四卷,人民出版社1991年版,第1496页。

党员和英雄模范，用智慧和汗水甚至鲜血和生命，使国家和民族一步步从积贫积弱走向繁荣富强，为国家富强、人民幸福书写了可歌可泣的壮丽诗篇。

习近平总书记曾特别勉励年轻一代要矢志艰苦奋斗："人类的美好理想，都不可能唾手可得，都离不开筚路蓝缕、手胼足胝的艰苦奋斗。我们的国家，我们的民族，从积贫积弱一步一步走到今天的发展繁荣，靠的就是一代又一代人的顽强拼搏，靠的就是中华民族自强不息的奋斗精神。当前，我们既面临着重要发展机遇，也面临着前所未有的困难和挑战。梦在前方，路在脚下。自胜者强，自强者胜。实现我们的发展目标，需要广大青年锲而不舍、驰而不息的奋斗。"[①] 习近平总书记的谆谆教导，满含对年轻一代的期许和厚望，因为实现中华民族伟大复兴中国梦的接力棒，终将交到青年人的手上。因此，青年一代要努力以自强不息的奋斗精神，谱写自己的人生乐章，将自己的人生梦融入实现民族复兴的中国梦之中。

八、厚德载物

"地势坤，君子以厚德载物"出自《周易·坤卦》的《象传》，意思是坤卦象征大地的气势宽厚和顺，君子应当取法于大地，以深厚的德行容载万物。这也说明，一个人具有深厚的德行，才能承载外在显赫的名声、盈裕的财富、高贵的地位而没有祸患。这就如植物根深才能叶茂的道理。这个道理无论对于个人、家族还是对于团体、国家都同样适用，就是"国无德不兴，人无德不立"。

---

① 《十八大以来重要文献选编》（上），中央文献出版社2014年版，第280页。

大道同行
推进马克思主义基本原理同中华优秀传统文化相结合

（一）国无德不兴

《群书治要·文子》中说："乱国之主，务于广地，而不务于仁义；务于高位，而不务于道德。是舍其所以存，而造其所以亡也。"即给国家造成动乱的领导人，只注重扩大势力范围，而不重视施行仁义；只致力于追求高位、权力，而不注重修养道德。

"务于广地，而不务于仁义；务于高位，而不务于道德"这句话，道出国家盛衰的根本原因。《弟子规》中说："势服人，心不然；理服人，方无言。"这个"势"不仅包括政治上的权势，也包括经济上的优势、军事上的威势等。古人从童蒙时代就学习这一道理，并把它视为常理常法。

《淮南子》中记载，赵襄子指挥军队攻打敌国大获全胜，但在吃饭时却面露忧色。他身边的人大感不解，问道："一天就攻下了两座城池，这是一件值得高兴的事，现在您却面有忧色，为什么？"赵襄子说："江河发大水，不过三天就会退去；飓风暴雨，在一天中也不过是一会儿的事。如今我们赵家的德行积累得不够深厚，又一天攻下两座城池，恐怕衰亡会接踵而至！"孔子听说此事后评价说："赵家要昌盛了啊！"因为赵襄子能够居安思危，认识到积累道德这个根本的问题，这样能使国家昌盛；如果他获得了小小的胜利和成就便沾沾自喜，骄傲自满，就很容易失败。可见，打胜仗并不难，难的是保持胜利成果。在历史上，齐、楚、吴、越四国都曾经是战胜国，然而最终都衰亡了，原因就是它们不懂得如何保持胜利成果。唯有有道德的君主，才能保持住胜利成果。

因此，中国自古以来就倡导"王天下"，而不是"霸天下"。"王天下"就是《大学》开篇所说:"古之欲明明德于天下者,先治其国;欲治其国者,先齐其家;欲齐其家者,先修其身……。自天子以至于庶人,壹是皆以修身为本。"君主能够率先垂范,以修身为本,百姓也能够效法修身,结果必然是人心和善,家庭和睦,社会和谐。当别国的使臣来访时,就自然生起羡慕效法之心,主动学习中国的礼乐文化,这就是"王天下",即为天下人做出榜样示范。

从历史上看,"汤以七十里之地王天下,文王以百里之壤而臣诸侯"。商汤的地盘方圆七十里,但他能够成为天下诸侯国效仿的榜样。西伯昌(即后来的周文王)所统辖的地区不过百里之地,但他却使所有的诸侯国都臣服,就是因为他的厚德。在周文王还是诸侯时,虞、芮两国的国君因为田畔产生争执。他们听说西伯昌德行高尚,于是就前来请求他评判是非。但是他们一进入西伯昌治理的国境,就看到全国上下和谐安宁的景象,不仅没有人争吵,还彼此谦让,他们惭愧得无地自容,不需评判就回去了,彼此还互相推让田畔。天下人听说这件事后,归附周的有四十多个诸侯国。这些诸侯国臣服于周的原因,就是为周文王的厚德所折服,愿意主动向周学习以道德仁义为核心的文化。

历史上,无论是汉、唐时期,还是明朝时期,中华文化之所以能对世界各国产生深远影响,一个重要原因在于,当外国人来到中国时,看到人与人之间交往彬彬有礼,关系和谐,社会安定,国家治理得井井有条,于是把中国誉为"华夏之族""礼仪之邦",把当时的皇帝尊称为"天可汗",都以能够到中国学习、朝拜、接受中华文化的熏陶为荣,这就是"中心悦而诚服"。明朝郑和下西洋时率领着当时世界上最强大的舰队,每到一个地方,带给那里人民的是茶叶、丝绸、瓷器、先进的造纸术和造船术，没有侵占别国一寸一尺的土地。所以，直至今日，郑和仍然受到东南亚人民乃至世界各国人民的崇敬和纪念。中国提出"一带一路"倡议，从根本上说，就是这种仁义精神的延续。

英国著名历史哲学家汤因比在系统研究了各个国家文明发展史的基础上，从文化学的角度提出，能够真正解决21世纪社会问题的，只有中国的传统文化。在《未来，属于中国——汤因比论中国传统文化》这本书中，他认为，要避免世界动乱、拯救人类文明，未来的世界必须走向统一，因此，建立大一统国家是必要的。但这个统一绝非依靠军事、强权的统一，而是依靠文化的统一。特别是生物圈的环境污染、资源枯竭等危机，依靠狭隘的政治国家是无法应对的，应该以整个地球的视野去应对。[①]

（二）人无德不立

《群书治要·新语》说："治以道德为上，行以仁义为本。故尊于位而无德者绌，富于财而无义者刑；贱而好道者尊，贫而有义者荣。"意思是：治理国家要以道德为上，处理事情要以仁义为根本。地位高贵但缺乏德行的人会被贬黜，财产富有但不讲道义的人会被处刑；地位低下但珍爱德操的人会受尊崇，贫寒但讲求仁义的人会荣耀。商纣王的酒池可以用来划船，糟丘可以用以登高望远，这难道还能算是贫困吗？拥有统领四海的权柄，主宰着九州的百姓，这难道能说是武力弱小吗？然而论其功业却不能够保全自身，论其威势却不能守住社稷，这绝对不是由于贫穷弱小，而恰恰是由于自身缺乏道德，对百姓不够

[①] 参见［日］山本新、［日］秀村欣二编：《未来，属于中国——汤因比论中国传统文化》，杨栋梁、赵德宇译，陕西人民出版社1989年版，第3—21页。

仁义！所以，懂得如何谋利却不明白大道的人，必然是众人所谋取的目标；敢于使用武力却缺少仁义的人，必定是战争攻伐的对象。

《史记》记载，商纣王天资聪颖，口才很好，力气超过常人，能空手和猛兽搏斗。他的智慧足以应对臣下的劝告，言辞也足以掩饰自己的错误，但他骄奢淫逸，不听忠言劝谏，和妲己过着花天酒地的生活，还制造残酷的炮烙之刑残害百姓，使百姓处在水深火热之中。后来周武王吊民伐罪，纣王兵败而亡。身为一国之君，纣王拥有广大的地盘、强大的军队，却因没有道德、不讲仁义，最终逃不过灭亡的命运。

《群书治要·抱朴子》中讲："不修善事，即为恶人；无事于大，则为小人。纣为无道，见称独夫；仲尼陪臣，谓为素王。即君子不在乎富贵矣。"意思是：不行善事的，就是恶人；不侍奉尊长的，就是小人。商纣王为君无道，所以被称为独夫；孔子身为诸侯的大夫，却被推许为素王（即有王者之德而未居王者之位的人）。这说明是否为君子并不在于是否有权势和财富。

"不修善事"，就是不积德行善。人有行善之心，就能够看到别人的需要而去帮助他，而见义不为就对自己的良知有损。对良知有损，心性就在堕落。古人云："学如逆水行舟，不进则退。"这句话在人的心性修养上也是适用的，它提醒人，一个人如果不修善事，不能热心帮助别人，甚至见死不救，那么德行每一天都在退步，自私自利的心就在增长。所以有人提倡要"日行一善"，目的就是把行善变成自然而然的习惯。如果人做了善事放在心上，就如布施还做不到"内不见己，外不见人，中不见所施之物"，心地就不能保持清净。所以人做善事要心无挂碍，欢欢喜喜地做。善事做好之后，欢欢喜喜地走，潇洒、自在，心里连痕迹都不留。

大道同行
推进马克思主义基本原理同中华优秀传统文化相结合

"无事于大，则为小人"，不能够侍奉尊长，就是小人的行为。孝亲尊师是中华文化的大根大本，由此培养了一个人知恩报恩、饮水思源的意识和恭敬心。如果一个人连对父母的孝、对老师的恭敬都没有，就会堕落到小人的行径，走到社会上也很难不和别人产生对立和冲突。

纣荒淫无道，虽然是一国之君，却被孟子称为"独夫残贼"，被认为是非常残暴的人。孔子当过鲁国的大夫，是一个辅助国家的大臣，但是后人都称他为"素王"，受到百姓的推崇，活在代代百姓的心中。孔子在历代都备受尊崇。唐朝开元二十七年（739年），唐玄宗封孔子为"文宣王"。宋真宗时期，封孔子为"至圣文宣王"。元朝元武宗封孔子为"大成至圣文宣王"，并言："先孔子而圣者，非孔子无以明。"在孔子之前出世的圣人，如果没有孔子把他们的教诲承传下来，后代根本就不知道有这样的古圣先贤。"后孔子而圣者，非孔子无以法。"在孔子之后两千多年成圣贤的人，很多都是以孔子为榜样的。孔子是一位承前启后的大圣人，所以百姓尊崇他，称他为"素王"。后人也应当效法孔子，在承传文化，促进民族、国家、社会乃至世界和平方面，能够有所建树。"即君子不在乎富贵矣"。人一生对世界、民族、人民能够作出多大的贡献，不在于他的财富、权位，而在于他的智慧、德行。

纣王等的许多历史故事，都验证了《周易》中"厚德载物""积善之家，必有余庆；积不善之家，必有余殃""善不积不足以成名，恶不积不足以灭身"，《尚书》中"作善，降之百祥；作不善，降之百殃""惠迪吉，从逆凶，惟影响"，《大学》中"德者，本也；财者，末也""货悖而入者，亦悖而出"，以及《春秋左氏传》中"多行不义必自毙"的道理。

总之,"得道者多助,失道者寡助""顺天者昌,逆天者亡"。唯有按照天道自然的规律行事,才能昌达兴盛,历久弥新。因此,要使国家经久不衰,个人基业长青,必须顺应道德、讲求仁义。正如《群书治要·六韬》所讲:"天下非一人之天下,乃天下之天下也。同天下之利者,则得天下。擅天下之利者,则失天下。天有时,地有财,能与人共之者,仁也。仁之所在,天下归之。免人之死,解人之难,救人之患,济人之急者,德也。德之所在,天下归之。与人同忧同乐,同好同恶者,义也。义之所在,天下赴之。凡人恶死而乐生,好德而归利,能生利者,道也。道之所在,天下归之。"

九、讲信修睦

《礼记》中记载:"大道之行也,天下为公,选贤与能,讲信修睦。故人不独亲其亲,不独子其子。""讲信修睦"强调人与人之间、国与国之间相处讲究信用,睦邻友好。《礼记》中将"讲信修睦"视为大同世界的理想境界。而要达到亲密和睦这一境界,关键就在于以"信"为前提。何谓"信"?据《说文解字注》:"信,诚也。""人言则无不信者,故从人言。""信"是一个会意字,其本义是以言语取信于人。正所谓"志以发言,言以出信,信以立志"。由"信"之本义引申,"信"意味着诚实无欺,恪守信用。

(一)民无信不立

《论语·颜渊》记载,子贡来问孔子政治,孔子说,"足食,足兵,民信之矣。"这句话强调治理好国家必须做好三件事:粮食要充足,兵

大道同行
推进马克思主义基本原理同中华优秀传统文化相结合

力要充足,要取信于民。在这三者之中,孔子还特别强调了"民信之矣",即必须能够使百姓信任政府,国家政治才能成功。孔子说:"自古皆有死,民无信不立。"只要百姓信赖国家,虽无足食,但仍可与国家共患难。如果失去了百姓的信任,纵无外患,也有内乱,则国家不能安立。可见,"信"对于国家的建立至关重要,政府必须取信于民。如果人民不信任政府,政府颁布的政策得不到拥护、配合,就很难实行并取得良好效果。

《论语》中记载:"君子信而后劳其民,未信则以为厉己也。"为政者先要取得民众的信任,然后才能劳役民众。如果尚未取得民众的信任就劳役民众,就会被民众认为是在虐待他们。如果民众对为政者没有信任,一旦下令让民众贡献劳力,不仅不会得到民众的支持,还会引起民众的反抗。所以,历史上曾使秦国强大的商鞅变法,为了得到民众的支持,首先做的就是"立木取信"。

《群书治要·春秋左氏传》讲:"信不可知,义无所立。"如果为政者的信用不能够得到彰显,为民众所知晓,道义就无法建立。那么,为政者怎样才能让民众信任自己呢?《群书治要·中论》讲:"欲人之信己,则微言而笃行之;笃行之,则用日久;用日久,则事著明;事著明,则有目者莫不见也,有耳者莫不闻也,其可诬乎?"如果为政者想让民众信任自己,那么即使许下一个小小的承诺,也要尽力实现;真正兑现自己的承诺,效果才会越来越长久;效果日益长久,事情会更加清晰;事情清晰则有目共睹、有耳皆闻,谁还能够歪曲事实呢?可见,为政者要取信于民就要做到"微言而笃行之",并且久久为功,持之以恒,不仅要有言辞的承诺,更要依靠自己的实际行动来信守承诺。

东汉郭伋亭候的故事，就是一个"微言而笃行之"的经典案例。郭伋在做地方官时，一次外出巡行路过美稷，看到几百个孩童骑着竹马在道路上迎拜。原来孩子们听说他要来，特地从很远的地方赶来欢迎。郭伋向孩子们道谢并约定回来时再与他们见面，于是就把归期告诉孩子们。但是他回来时，比约定的日子早了一天。郭伋怕失信于孩子们，于是就在野外的亭栈住下，等了一天才进入美稷。郭伋对孩子们信守承诺，做到了一诺千金。因此，他深得百姓的信任与爱戴。

为政者能够率先做到诚信，会带动整个社会风气朝着良善的方向发展。《群书治要·傅子》说："夫信由上而结者也。"所以，君主以诚信的言行、态度来教导臣子，臣子就会以诚信忠于君主；父母以诚信的身教来教诲子女，子女就会以诚信孝顺父母；丈夫以诚信来对待妻子，妻子就会以诚信顺承丈夫。在上位者如果能依循伦常大道来教化在下位者，在下位者自然会服从常道而顺应在上位者，如此上行下效，不被教化的人，一百个里面也找不到一个。可见，"上好信，则民莫敢不用情"。上行下效的效果，就如影之随形、响之应声一样迅速有效。这正如《群书治要·文子》所说："信，君子之言也；忠，君子之意也。忠信形于内，感动应乎外，贤圣之化也。"

古人很早就明白这个道理，《史记》中记载，叔虞是周成王的弟弟，有一次周成王跟叔虞开玩笑，把桐叶削成珪的样子赠给叔虞。珪是古代诸侯朝见天子的信物。周成王说："我以此物封你为唐国之侯。"史佚就请周成王选择一个良辰吉日，封叔虞为诸侯。周成王说："我只是跟他开玩笑罢了。"史佚说："天子无戏言。"天子不说开玩笑的话，话一说出口，史官就会记录下来，就要用礼仪来完成，用乐音来歌颂。于是，周成王就封叔虞为唐国之侯。"君无戏言"的典故就出自这里。

（二）讲信是修睦的前提

对一个国家的领导者来说，讲求信用无论对于自身的发展强大还是对于保持睦邻友好的关系都至关重要。《群书治要·孙卿子》说："齐桓、晋文、楚庄、吴阖闾、越勾践，是皆僻陋之国也，威动天下，强殆中国，无他故焉，信也。"齐桓公、晋文公、楚庄王、吴王阖闾、越王勾践，原本都是身处偏僻狭小之地的国君，但是后来能够威震天下，使中原诸国都感受到其强大，是因为他们讲信用。"是所谓信立而霸也"，这就是所谓的建立了信用，就会称霸于诸侯。

反之，"不务张其义，齐其信，唯利之求，内则不惮诈其民而求小利焉，外则不惮诈其与而求大利焉，内不修正其所以有，然常欲人之有"。不致力于伸张其道义，成就他的诚信，唯利是图，在内不顾后果地欺诈人民，追求小利，对外不顾一切地欺诈与他结盟的国家，追求大利。在内不好好地治理自己已经拥有的（国家），而常常想侵占别人所有的（国家）。"如是，则臣下百姓莫不以诈心待其上矣。上诈其下，下诈其上，则是上下析也。"如果这样，他的臣民就没有不以欺骗之心来对待君主的。君主欺骗臣民，臣民也欺骗君主，就必然导致国家分崩离析。"如是，则敌国轻之，与国疑之，权谋日行，而国不免危削。"这样一来，敌国就会轻视他，与他结交的国家也会怀疑他，权术阴谋日渐猖獗，以致国家不可避免地出现危机甚至灭亡。可见，导致一个国家衰亡的原因就在于"多行不义必自毙"。如果一国的领导者不遵行仁、义、礼、智、信这些治国的常理常法，而是专门靠玩弄权术阴谋来治国，必然害人害己。因此，中国古人特别强调这个"信"字，因为"信立而霸也"。《群书治要·傅子》中援引周幽王烽火戏诸侯、齐襄公失信于同诸侯的"瓜熟之约"的故事,总结道:"王者体信,而万国以安;诸侯秉信,而境内以和。"

不仅如此,讲求信用还是国与国之间和睦相处的前提和基础。《尚书》中记载的尧、舜等古圣先王在处理外交关系上就秉持"远人不服,则修文德以来之"的原则。春秋战国时期,也有"君以礼与信属诸侯"的记载。可见,"讲信修睦"重点落在对道德主体讲信义、守信用的修养自持上。

(三)学而优则仕:讲信修睦的制度保证

中国古人认识到取信于民对于国家治理的重要性,从制度上保证为政者做到取信于民、睦邻修好。中国传统社会所采取的主要措施就是施政必须任用读书人,从人才选拔制度上落实"学而优则仕"。当然,需要强调的是,中国古代的读书人所读之书皆为圣贤书,所以从小耳濡目染的是圣贤教诲。例如,《论语》中多次强调"讲信修睦"的重要性。"子以四教:文、行、忠、信。""主忠信,无友不如己者。""与朋友交而不信乎?""言忠信,行笃敬,虽蛮貊之邦,行矣。"《孟子》强调:"言必信,行必果。"这些都为读书人从政做到取信于民奠定了基础。无论是汉朝的举孝廉或举贤良方正,还是隋唐以后的科举考试制度,都把德行的考察作为选拔人才的前提,保证了唯有德行无缺者才能出仕为官。

特别是自隋唐至清朝,中国的人才选拔实行科举制。科举考试诸科并存,有明经科,即对经典的考察。此外,还有策问、算术、地理、法律等科目,选拔各个领域的人才。相比之前的选人方式,科举制从人的主观判断转向通过考试进行客观评判,更为公正公开,真正为中下层的读书人拓开了仕途。特别是科举考试所考的内容以儒家经典为主，所强调的是"明明德""亲民""止于至善"的智慧，记载的是尧、舜、周、孔的治国之道，彰显的是修身、齐家、治国、平天下的经验和教训。以此为学习和考试内容，形成了中国古代士人"四海之内，皆兄弟也""亲亲而仁民，仁民而爱物""老吾老以及人之老，幼吾幼以及人之幼""己所不欲，勿施于人""仁者爱人""推己及人"的道德品质，使得"以力服人者霸，以德服人者王""强不执弱，富不侮贫""化干戈为玉帛""亲仁善邻，国之宝也""国虽大，好战必亡""以和为贵""与人为善""和而不同""协和万邦"等理念深入人心。因此历史上涌现了一大批具有"天下兴亡，匹夫有责"意识的优秀人才，保证了"讲信修睦"思想的传承以及国家的长治久安。

总之，"讲信修睦"是具有鲜明中国特色的传统价值观、道德观，使得中华民族成为爱好和平、与人为善的民族，也使中华文明成为历史上唯一没有中断而一直发展至今的文明，仍是当今时代化解冲突、促进和平的重要思想理念。

十、亲仁善邻

党的二十大报告指出："我们完善外交总体布局，积极建设覆盖全球的伙伴关系网络，推动构建新型国际关系。我们展现负责任大国担当，积极参与全球治理体系改革和建设，全面开展抗击新冠肺炎疫情国际合作，赢得广泛国际赞誉，我国国际影响力、感召力、塑造力显著提升。"① 这是全面推进中国特色大国外交的成果，中国特色大国外交的思想是对传统外交思想中"亲仁善邻"思想的继承、发展，是中国传统外交思想的集中体现与历史性延伸。当代中国外交以中华优秀传统外交文化为根基，立足国际国内两个大局，以和平发展为外交底色，以"亲仁善邻"为外交文化，以"和合共生""世界大同"为价值追求，形成了具有鲜明中国特色的外交之道。

"亲仁善邻"出自《左传·隐公六年》："亲仁善邻，国之宝也。""亲仁善邻"一般是指亲近仁义而与邻国友好。以仁爱友善的原则与邻国相处，是国与国之间和谐相处的前提条件。关于"仁"，孔子说："夫仁者，己欲立而立人，己欲达而达人。""己所不欲，勿施于人。"仁者自己想立身于世，也要使别人立身于世，自己想做事通达，也要使别人做事通达。自己都不喜欢做的事情，不要强加于别人。关于"邻"，古人解释为两个维度：一方面指地缘上的邻居、邻里，包含亲密、亲近、亲善之意。中国古语说"远亲不如近邻"。可见中国古人对邻里关系的深刻认识。邻里、邻国不是相互对立、矛盾冲突的关系，而是唇亡齿寒，相互依存，团结互助的亲人伙伴关系，这种理念一直延续至今。另一方面，"邻"亦指道义上相近、相通的国家。《论语》有言，"德不孤，必有邻"。有道义的国家，一定不会孤立于世，会吸引志同道合的国家与之相交，形成"万邦汇聚，共商大计"的世界图景。中国古人把"亲仁善邻"视为中国追求天下太平的一种重要国家战略。其中，"以和为贵"的思想一直贯穿始终，与强调"博弈""竞争"的西方典型地缘政治思想不同，中国的主流政治一直是以

---

① 习近平：《高举中国特色社会主义伟大旗帜　为全面建设社会主义现代化国家而团结奋斗——在中国共产党第二十次全国代表大会上的报告》，人民出版社 2022 年版，第 13 页。

大道同行
推进马克思主义基本原理同中华优秀传统文化相结合

和平主义为其内核并实行防御性国防政策。

中国古人提倡"睦乃四邻""富以其邻"的外交理念。早在战国时期,齐宣王问孟子:"交邻国有道乎?"孟子曰,"惟仁者为能以大事小","惟智者为能以小事大","以大事小者,乐天者也;以小事大者,畏天者也。乐天者保天下,畏天者保其国",体现了邻里、邻国的良性相处方式。《孟子·告子下》中就讲到这样一则故事。白圭认为自己的治水功绩比禹还大,在孟子面前得意地炫耀,孟子曰:"禹之治水,水之道也,是故禹以四海为壑。今吾子以邻国为壑。水逆行,谓之洚水。洚水者,洪水也,仁人之所恶也。吾子过矣。"大禹治水遵循水的道路,是以四海为蓄水的沟壑,所以造福了九州的百姓。而你却把邻国当作蓄水的沟壑,这种做法是典型的自私自利的行为,是"不仁"的行为,把本国利益凌驾于邻国之上,转嫁国内危机,失去了道义,以为这样可以解决自己国家的水患问题,结果水逆向而行,就变成了洪水,损人亦不利己。古人主张以邻为伴,反对以邻为壑、嫁祸于邻,追求"讲信修睦""聘交邻好"的外交格局。

中国古人早已认识到了"天人合一"是宇宙人生的规律。这种"天人合一"的理念在治国理政中表现为君臣一体、君民一体、家国一体、天下一体。世界是联系的、发展的,在世界的海洋中,每个国家都像一朵浪花,都属于海洋的一部分,没有谁超脱于大海之外。所以孟子主张"老吾老以及人之老,幼吾幼以及人之幼"。

彼此尊重、和而不同是亲仁善邻的重要前提。中国古人认为每一个国家都扎根于自己的生存土壤,都有着本民族的非凡智慧和精神追求,所以要尊重其他民族和国家的主权、文化、历史、现状等。人们只有肤色、语言之别,绝无高低优劣之分,每个国家都有权独立自主地处理本国的内政外交,这是作为主权国家最基本的尊严。《中庸》云:"施诸己而不愿,亦勿施于人。"国与国相交亦是如此,每个国家都想在国际社会上获得尊重,希望他国尊重自己的主权,所以更不能以任何理由与借口干涉别国内政,因为国情不同、历史文化不同,所选择的发展道路也一定会有所不同。《群书治要·周礼》中载有大国"比小","以和邦国"。老子谈到国家之间关系时,亦曰:"大邦以下小邦,则取小邦;小邦以下大邦,则取大邦。"墨家亦主张"大不攻小也,强不侮弱也,众不贼寡也",即国家之间应做到不以大压小,不以强凌弱。因此中国人强调"和而不同"。"和而不同"是指尊重不同,不同而和,和而平等。何谓平等?平等不是强国一家之言的平等,平等是道义的平等,即公平对待一切国家,不因国家大小、强弱、贫富而立场偏颇,寻求契合点,包容差异性,求同存异、聚同化异是"亲仁善邻"的必要前提。

贵信重义,合作共赢是"亲仁善邻"的题中应有之义。信,诚也。古人云:"学贵信,信在诚。诚则信矣,信则诚矣。不信不立,不诚不行。"中国人自古就对"诚信"非常看重,把诚信作为人生而为人、立身处世的德行之一。失德失信就是失义。古人提出"利者,义之和也",意思是若想追求利益,必须与道义相统一。如果为了追求本国利益而不择手段,罔顾国际道义,最终一定会自食恶果。所以中国人主张在互尊互信、求同存异的基础上,展开坦诚深入的对话沟通,减少相互猜疑,坚持正确义利观,义利兼顾,以义为先。中国古人千年前已然明白,只有以道义相交的国家,才能天长地久;只有出于道义去帮助他国,才是真正的团结互助。国与国相交不是零和博弈、你死我活的关系,而是合作共赢的伙伴关系,人类应该同舟共济,共促世

大道同行
推进马克思主义基本原理同中华优秀传统文化相结合

界繁荣稳定,推动构建人类命运共同体,让每个人都能享受到世界发展的成果。

构建人类命运共同体,促进世界和平与发展。国与国相交,由于历史、国情差异巨大,难免会出现问题和纷争,而只有和平与发展才是解决问题的钥匙。正如孟子说:"天时不如地利,地利不如人和。"以"人和"促发展,以发展保障"人和"。"和"是天下一切事物最普遍的规律。"和"才能交流互鉴、共同发展、国泰民安。此处的发展不仅是某个国家或个人的发展,更是全世界、全人类的共同发展。因为个别国家的发展只是世界的"盆景",所有国家共同发展才是世界的"风景"。这与中国古人一直追求"大道之行也,天下为公"的大同社会理想不谋而合。《群书治要·六韬》曰:"故利天下者,天下启之;害天下者,天下闭之。生天下者,天下德之;杀天下者,天下贼之。彻天下者,天下通之;穷天下者,天下仇之。安天下者,天下恃之;危天下者,天下灾之。天下者非一人之天下,唯有道者得天下也。"意思是:为天下人谋利益的,天下人就拥护他;使天下人受祸害的,天下人就反对他;使天下人得以生养的,天下人都感激他;杀戮天下人的,天下人都毁害他;顺应天下人意愿的,天下人就归顺他;使天下人穷困的,天下人都仇视他;使天下人安居乐业的,天下人都依靠他;给天下人带来危难的,天下人就共同危害他。天下不是一个人的天下,天下是天下人的天下,只有有道之人,才能得到天下人的拥戴。

党的二十大报告明确提出,"必须坚持胸怀天下","我们要拓展世界眼光,深刻洞察人类发展进步潮流,积极回应各国人民普遍关切,为解决人类面临的共同问题作出贡献,以海纳百川的宽阔胸襟借鉴吸收人类一切优秀文明成果,推动建设更加美好的世界"。① 中国共产党过去、现在、未来都以实际行动为世界发展、世界人民贡献中国力量与中国智慧。

---

① 习近平:《高举中国特色社会主义伟大旗帜　为全面建设社会主义现代化国家而团结奋斗——在中国共产党第二十次全国代表大会上的报告》,人民出版社2022年版,第21页。

第四章 PART FOUR

中华优秀传统文化与马克思主义精髓高度契合

在庆祝中国共产党成立 100 周年大会上，习近平总书记提出了把马克思主义基本原理同中华优秀传统文化相结合的重大论断。党的二十大报告特别强调了"坚持和发展马克思主义，必须同中华优秀传统文化相结合"。2023 年 6 月 2 日，习近平总书记在文化传承发展座谈会上再次说明"第二个结合"是在五千多年中华文明深厚基础上开辟和发展中国特色社会主义的必由之路，这是我们在探索中国特色社会主义道路中得出的规律性的认识，是我们取得成功的最大法宝。[1] 明确指出"第二个结合"表明了三个新高度，即"表明我们党对中国道路、理论、制度的认识达到了新高度，表明我们党的历史自信、文化自信达到了新高度，表明我们党在传承中华优秀传统文化中推进文化创新的自觉性达到了新高度"[2]。以上重要论述都凸显了中华优秀传统文化在担负起新的文化使命、努力建设中华民族现代文明的过程中占据着不可或缺的重要地位。从学理视角挖掘好马克思主义基本原理同中华优秀传统文化相结合为什么能，解释好两者在结合过程中怎么办行，展示好两者结合后怎么样好，是对"第二个结合"的原因、内涵、外延三重向度的直接回应，也是一次用道理总结经验、把经验提升为理论的实践尝试。

---

[1] 参见《习近平在文化传承发展座谈会上强调 担负起新的文化使命 努力建设中华民族现代文明》，《人民日报》2023 年 6 月 3 日。
[2] 《习近平在文化传承发展座谈会上强调 担负起新的文化使命 努力建设中华民族现代文明》，《人民日报》2023 年 6 月 3 日。

大道同行
推进马克思主义基本原理同中华优秀传统文化相结合

一、"第二个结合"为什么能

关于马克思主义与中华传统文化的关系的探讨不仅是学术界的热点论题，还直接关涉以马克思主义为指导的意识形态领导权、管理权以及话语权。以往有观点立足于激进变革论，认为中华传统文化产生于中国古代封建社会，主张全盘否定，直接切断了"第二个结合"的可能性；也有观点出于反复古主义思潮的立场，忽略了上层建筑具有相对独立性，强调新文化建设，同样认为马克思主义与中华传统文化不相融。基于价值、理论、经验的维度回应"第二个结合"的历史争论，阐明"第二个结合"的应然性、必然性与实然性，解答"第二个结合"的成因，能够直接展示"第二个结合"为什么能。

（一）"第二个结合"的经验依据

从实证主义视角而言，马克思主义基本原理同中华优秀传统文化相结合具有百年以上的历史经验，两者能够结合的结论毋庸置疑。自19世纪末20世纪初起，马克思主义基本原理同中华优秀传统文化就开启了结合之路。我国早期的马克思主义代表李大钊与陈独秀，在新文化运动与五四运动中虽然举起"反传统"的旗帜，但他们身上展现出来的精神形式恰恰是"自强不息""以天下为己任""知行合一"等与生俱来、割舍不断的中华优秀传统文化的基因。因此，即使他们要求的精神内容是批判与扬弃，也无法完全与传统文化决裂，只是采取了由破到立，以决裂实现超越的方式，恰恰展示了马克思主义基本原理同中华优秀传统文化相结合产生了"形斥而神交"的化学反应。

在之后的具体工作中，党内对于中华文化与马克思主义关系的认识、本来与外来的融合问题进行了一系列实践探索。在土地革命时期，马克思主义与中国实际相结合的过程渗透着思想文化的结合。1927年8月21日，《中央通告第四号——关于宣传鼓动工作》明确要求，用"种种方法"发展社会主义文化。1929年6月25日，中共中央通过的《宣传工作决议案》更是明确提出了"扩大马克思列宁主义的宣传并且要普遍这种宣传到工人群众中去"[①]的马克思主义大众化的要求。到了1938年10月，马克思主义基本原理与中华优秀传统文化的关系在党内基本得到定论，毛泽东在《中国共产党在民族战争中的地位》中提到"马克思主义必须和我国的具体特点相结合并通过一定的民族形式才能实现"[②]，而且明确表态："我们是马克思主义的历史主义者，我们不应当割断历史。从孔夫子到孙中山，我们应当给以总结，承继这一份珍贵的遗产。"[③]毛泽东思想作为马克思主义中国化的第一次历史性飞跃的成果也处处闪耀着中华优秀传统文化的光辉。

毛泽东思想中有关马克思主义基本原理与中华优秀传统文化相结合的理念并非一蹴而就，而是源于铢积寸累的理论积淀及实践经验，这在新民主主义革命的不同阶段都得到了验证及展现。早在大革命时期，毛泽东对中华传统文化就表露出了肯定的态度："世界文明分东西两流，东方文明在世界文明内，要占个半壁的地位。然东方文明可以说就是中国文明。吾人似应先研究过吾国古今学说制度的大要，再到西洋留学才有可资比较的东西。"[④]在中西文化对勘的视域下肯定中华文化的民族性，为后来的马克思主义中国化提供了基本前提。

---

① 中央档案馆编：《中共中央文件选集》第五册，中共中央党校出版社1990年版，第255页。
② 《毛泽东选集》第二卷，人民出版社1991年版，第534页。
③ 《毛泽东选集》第二卷，人民出版社1991年版，第534页。
④ 《毛泽东早期文稿（1912.6—1920.11）》，湖南出版社1990年版，第474页。

大道同行
推进马克思主义基本原理同中华优秀传统文化相结合

毛泽东在《湖南农民运动考察报告》中专门探讨了农民文化。同时，毛泽东还吸收中华传统兵法文化，对中国革命进行指导。如《中国革命战争的战略问题》明确指出："一切带原则性的军事规律，或军事理论，都是前人或今人做的关于过去战争经验的总结。这些过去的战争所留给我们的血的教训，应该着重地学习它。"[1] 此外，还运用"敌进我退，敌驻我扰，敌疲我打，敌退我追"[2]"将欲取之必先与之"[3]"避其锐气，击其惰归"[4] 等大量具有传统文化风格的语言建构了游击战略。抗日战争时期，毛泽东除了坚持"农村包围城市"等极具中华传统文化特色的战略之外，还将马克思主义唯物辩证法原理与中华传统文化相结合，创作了《矛盾论》《实践论》。"两论"作为马克思主义中国化的重要理论成果，包含了大量中华传统文化的因素，比如通过援引并分析《水浒传》中宋江三打祝家庄为何前两次败而第三次胜的生动案例，明确解释了形而上学思维片面性的危害；形象地用《西游记》中孙悟空七十二变以及《聊斋志异》中由鬼变人的情节来说明人们对矛盾运动变化的朴素想象和运用；通过"不入虎穴，焉得虎子"[5]"秀才不出门，全知天下事"[6] 等中华箴言说明实践与认识的关系。到了1938年10月，毛泽东在党的六届六中全会上作了著名的《论新阶段》的政治报告，第一次正式提出了"马克思主义的中国化"的重大命题，并指出"共产党员是国际主义的马克思主义者，但马克思主义必须通过民族形式才能实现。没有抽象的马克思主义，只有具体的

---

[1] 《毛泽东选集》第一卷，人民出版社1991年版，第181页。
[2] 《毛泽东选集》第一卷，人民出版社1991年版，第204页。
[3] 《毛泽东选集》第一卷，人民出版社1991年版，第211页。
[4] 《毛泽东选集》第一卷，人民出版社1991年版，第209页。
[5] 《毛泽东选集》第一卷，人民出版社1991年版，第288页。
[6] 《毛泽东选集》第一卷，人民出版社1991年版，第287页。

第四章 中华优秀传统文化与马克思主义精髓高度契合

马克思主义。所谓具体的马克思主义，就是通过民族形式的马克思主义，就是把马克思主义应用到中国具体环境的具体斗争中去，而不是抽象地应用它"①。同时，他坚决反对教条式地运用马克思主义基本原理，强调要突出深具中华民族特点的"中国作风和中国气派"②，并且表示："学习我们的历史遗产，用马克思主义的方法给以批判的总结，是我们学习的另一任务。我们这个民族有数千年的历史，有它的特点，有它的许多珍贵品。对于这些，我们还是小学生。"③说明马克思主义中国化的内涵中已然嵌合着中华传统文化的内核，而且"第二个结合"与"第一个结合"在马克思主义中国化视域中实则相互统一、密可不分。1945年5月，党的七大将毛泽东思想定义为"马克思主义民族化的优秀典型"④，并写入党章。因此，毛泽东思想作为马克思主义中国化第一次历史性飞跃的理论成果，同时也代表了马克思主义基本原理同中国具体实际相结合、同中华优秀传统文化相结合的具体实践。

中国特色社会主义理论体系，继续坚持把马克思主义基本原理同中国具体实际相结合，同时也积极从传统文化中汲取养分，是"马克思主义中国化新的飞跃"⑤。在推进改革开放和实现社会主义现代化的进程中，邓小平用传统文化里人们耳熟能详的"小康"来解释"四个现代化"，他说："我们要实现的四个现代化，是中国式的四个现代化。我们的四个现代化的概念，不是像你们那样的现代化的概念，而

---

① 中央档案馆编：《中共中央文件选集》第十一册，中共中央党校出版社1991年版，第658页。
② 《毛泽东选集》第二卷，人民出版社1991年版，第534页。
③ 《毛泽东选集》第二卷，人民出版社1991年版，第533—534页。
④ 《刘少奇选集》上卷，人民出版社1981年版，第333页。
⑤ 《中共中央关于党的百年奋斗重大成就和历史经验的决议》，人民出版社2021年版，第18页。

大道同行
推进马克思主义基本原理同中华优秀传统文化相结合

是'小康之家'。"[①]并进一步对"小康"进行解释:"第一步,本世纪末,达到小康水平,就是不穷不富,日子比较好过的水平。"[②]此后,他又多次提及"小康",并将"小康社会"纳入党的十二大明确提出的目标,党的十三大还将"小康社会"目标写入"三步走"战略。因此,将中华传统文化中的小康社会作为中国共产党的执政目标是邓小平思想对马克思主义中国化民族化的重要理论创新和实践探索。此后的理论体系也一以贯之地实践马克思主义基本原理同中华优秀传统文化相结合的中国化路径,使中华文化在中国特色社会主义理论体系中的主体地位愈加凸显。2002年11月,江泽民在党的十六大报告中号召"发扬民族文化的优秀传统"[③]。2007年10月,胡锦涛在党的十七大报告中提出"弘扬中华文化,建设中华民族共有精神家园"[④],并在党的十七届六中全会上明确强调,中国共产党"既是中华优秀传统文化的忠实传承者和弘扬者,又是中国先进文化的积极倡导者和发展者"[⑤],2012年11月在党的十八大报告中进一步提出"建设优秀传统文化传承体系,弘扬中华优秀传统文化",要求"树立高度的文化自觉和文化自信"。[⑥]概言之,经以邓小平同志、江泽民同志、胡锦涛同志为主要代表的中国共产党人不断探索而形成的中国特色社会主义理论体系,以"科学原理+民族语言"的形式生动诠释了在改革开放和社会主义现代化建设新时期马克思主义中国化的意涵,不仅符合中国发展实际,也更容易得到中华儿女的理解与支持,是马克思主义中国化的经验总

[①] 《邓小平文选》第二卷,人民出版社1994年版,第237页。
[②] 《邓小平文选》第三卷,人民出版社1993年版,第109页。
[③] 《十六大以来重要文献选编》(上),中央文献出版社2011年版,第29—30页。
[④] 《十七大以来重要文献选编》(上),中央文献出版社2009年版,第27页。
[⑤] 《十七大以来重要文献选编》(下),中央文献出版社2013年版,第558页。
[⑥] 《十八大以来重要文献选编》(上),中央文献出版社2014年版,第25—26页。

结，更是马克思主义基本原理同中华优秀传统文化相结合的实践成果。

党的十八大以来，以习近平同志为核心的党中央坚持把马克思主义基本原理同中国具体实际相结合、同中华优秀传统文化相结合，不断推进马克思主义中国化时代化，创立了习近平新时代中国特色社会主义思想，"实现了马克思主义中国化新的飞跃"[①]。在新时代发展中国特色社会主义的探索实践中，习近平总书记高度重视传统文化的继承发展，不仅确立了"双创"的文化观，还在建党百年之际首次明确提出了"第二个结合"，2021年11月将"两个结合"写入党的第三个历史决议，随后在党的二十大报告中重申"第二个结合"，并于2023年6月召开了文化传承发展座谈会，进一步指出中华文明具有连续性、创新性、统一性、包容性、和平性五大突出特性，同时明确"两个结合"的重要意义，以"第二个结合"为突破点又一次推动了思想解放。这次思想解放破解了古今之辩、中西之争的难题，宣告了中华优秀传统文化与马克思主义基本原理因彼此契合而相互结合、因相互结合而互相成就，这样不仅能使马克思主义中国化，而且也能使中华传统文化现代化，有力地回应并驳斥了两者不能结合、传统无法更新、外来难以立足的说法。只有将马克思主义基本原理同中华优秀传统文化相结合形成新的文化形态，才真正具有中国特色、中国风格、中国气派。10年来，习近平总书记展示出了中国共产党人高度的文化自觉和坚定的文化自信，对中华优秀传统文化的论述不绝于耳、不胜枚举。谈到"四个自信"时，习近平总书记指出："文化自信是更基本、更深沉、

---

① 《中共中央关于党的百年奋斗重大成就和历史经验的决议》，人民出版社2021年版，第26页。

更持久的力量。"①提到传统文化时，习近平总书记提出"根魂论"②，指出中华优秀传统文化是"中华民族的精神命脉"③。提及文化继承时，习近平总书记主张"双创"论，即"在去粗取精、去伪存真的基础上，坚持古为今用、推陈出新，努力实现中华传统美德的创造性转化、创新性发展"④。此外，习近平总书记还身体力行地做中华优秀传统文化的忠实继承者和弘扬者，不仅亲自到孔府、朱熹园、三苏祠、殷墟等深具传统文化资源的地区考察调研，还注重在治国理政中用典，不断使中华优秀传统文化与马克思主义基本原理在治国理政的实践中相嵌合，使两者的结合为国家治理现代化赋能。总之，习近平新时代中国特色社会主义思想作为当代中国马克思主义、二十一世纪马克思主义，担负着指导中国式现代化的重任，而只有使马克思主义与中华优秀传统文化深度融合，才能进一步焕发出中国特色、激发出中国优势，同时为人类文明新形态提供中国方案。

（二）"第二个结合"的理论依据

"第二个结合"除了能够以客观经验与事实的形式在实证主义层面得到验证，其生成还具有深厚的理论渊源。只有找到理论依据，说明马克思主义适合中国，并能指导中国、中华优秀传统文化适应现代并可赋能现代，才能使外来与本来、传统与现代相结合问题实现逻辑层面的自洽。

马克思主义作为科学理论，其中蕴含的科学原理本就涵盖了"第

---

① 习近平：《在哲学社会科学工作座谈会上的讲话》，人民出版社2016年版，第17页。
② 参见《把中国文明历史研究引向深入 推动增强历史自觉坚定文化自信》，《人民日报》2022年5月29日。
③ 习近平：《在文艺工作座谈会上的讲话》，人民出版社2015年版，第25页。
④ 《习近平关于社会主义文化建设论述摘编》，中央文献出版社2017年版，第138页。

第四章 中华优秀传统文化与马克思主义精髓高度契合

二个结合"的理论依据。马克思主义唯物史观创造性地揭示了人类社会发展的一般规律，极大地推动了人类文明进程，是早期中国共产党党员学习和宣传马克思主义理论的主要内容。早在1919年，李大钊就通过《我的马克思主义观》一文介绍了唯物史观，而在1921年1月，中国共产党未成立之时，毛泽东在与蔡和森的通信中就直言，"唯物史观是吾党哲学的根据"[1]。社会存在决定社会意识与经济基础决定上层建筑作为唯物史观的两大基本原理直接关联中华传统文化。根据原理内容，文化属于社会意识、上层建筑领域，因此，在马克思主义唯物史观视域下，中华优秀传统文化是建基于封建经济之上的上层建筑，由经济基础决定，随着经济基础变化。值得注意的是，在肯定唯物史观一元决定论的同时也必须注意到上层建筑的多维影响，即社会存在与经济基础虽然对社会意识与上层建筑具有决定作用，但不能忽视社会意识、上层建筑具有相对独立性并对社会存在以及经济基础具有反作用，如果唯物史观不被全面了解掌握，就容易在实践中出现片面且机械的后果，这也是我国早期一些共产党人误读唯物史观进而对中华传统文化进行全面否定的重要原因。我国先进的知识分子和早期的一些中国共产党人囿于特定的历史背景，加之将唯物史观误读为激进的变革论，纷纷打出了旗帜鲜明的"反传统"口号，一度称儒家思想是"数千年前之残骸枯骨""历代帝王专制之护符"[2]以及"失灵之偶像""过去之化石"[3]。这种否定中华传统文化的现象在新文化运动与五四运动中非常普遍。当时的有识之士将近代中国陷入半殖民地半封

---

[1] 《毛泽东文集》第一卷，人民出版社1993年版，第4页。
[2] 《李大钊全集》第一卷，人民出版社2013年版，第423页。
[3] 《陈独秀文集》第一卷，人民出版社2013年版，第177页。

大道同行
推进马克思主义基本原理同中华优秀传统文化相结合

建社会的罪魁祸首归结于主导清政府治国理政的传统文化,在"师夷长技以制夷"的方法论屡次失效的情况下,认为文化差异才是我国与西方强国的本质区别。在当时的历史背景下,出现传统与现代必须割裂、本来与外来水火不容的现象。

其实马克思主义唯物史观并没有否定传统文化对人类社会发展的重要作用,马克思与恩格斯也从未否定过作为上层建筑的传统文化对人类社会发展的重要影响。马克思曾明确指出:"人们自己创造自己的历史,但是他们并不是随心所欲地创造,并不是在他们自己选定的条件下创造,而是在直接碰到的、既定的、从过去承继下来的条件下创造。"[①]恩格斯表明上层建筑中各种要素在很大程度上对历史进程发生了作用,他认为"甚至那些萦回于人们头脑中的传统,也起着一定的作用"[②]。这都表明马克思主义唯物史观的全貌是一元多维,政治、文化、道德等都是影响经济社会发展的多维要素,因此那些认为中华传统文化在马克思主义视域下完全没有意义的观点,在马克思主义科学原理面前不攻自破。不仅如此,恩格斯还提出了经济文化发展的不平衡规律:"每一个时代的哲学作为分工的一个特定的领域,都具有由它的先驱传给它而它便由此出发的特定的思想材料作为前提。因此,经济上落后的国家在哲学上仍然能够演奏第一小提琴:18世纪的法国对英国来说是如此(法国人是以英国哲学为依据的),后来的德国对英法两国来说也是如此。"[③]恩格斯提出了经济与文化发展存在不平衡性,说明了文化发展具有相对独立性,从而证明了文化继承具有合理性。

---

① 《马克思恩格斯选集》第一卷,人民出版社2012年版,第669页。
② 《马克思恩格斯选集》第四卷,人民出版社2012年版,第605页。
③ 《马克思恩格斯选集》第四卷,人民出版社2012年版,第612页。

第四章
中华优秀传统文化与马克思主义精髓高度契合

反观中华传统文化,其虽然来源于传统社会的实践,但并没有因为与社会存在、经济基础格格不入而出现断流,反而随着时间的积累不断彰显着连续性和生命力。列宁更是直接提出无产阶级的文化观应该建立在继承人类一切优秀的传统文化之上,他说:"马克思主义这一革命无产阶级的意识形态赢得了世界历史性的意义,是因为它并没有抛弃资产阶级时代最宝贵的成就,相反却吸收和改造了两千多年来人类思想和文化发展中一切有价值的东西。"① 提到建设"无产阶级文化"时,他也强调:"无产阶级文化并不是从天上掉下来的,也不是那些自命为无产阶级文化专家的人杜撰出来的。如果硬说是这样,那完全是一派胡言。无产阶级文化应当是人类在资本主义社会、地主社会和官僚社会压迫下创造出来的全部知识合乎规律的发展。"② 因此,对待传统文化特别是历史悠久的中华传统文化不能简单地套用经济基础一元论公式,而是要将其带入唯物史观整体立场,充分肯定包括文化在内的其他多维因素自身的独立性,并挖掘它们对经济基础的反作用,展示出一元多维的唯物史观全貌。马克思、恩格斯、列宁对包括传统文化在内的上层建筑独立性及反作用的论述是中国共产党人传承中华优秀传统文化的直接理论依据。

除了马克思主义唯物史观能够作为"第二个结合"的理论依据,马克思主义辩证法更是进一步证明了"第二个结合"的理论合理性。中国共产党通过用马克思主义理论指导中国、融入中国,开启了马克思主义中国化道路。而马克思主义辩证法作为证明马克思主义基本原理能同中国具体实际和中华优秀传统文化相结合的原理也不断被挖掘、

---

① 《列宁选集》第四卷,人民出版社 2012 年版,第 299 页。
② 《列宁全集》第三十九卷,人民出版社 2017 年版,第 334 页。

大道同行
推进马克思主义基本原理同中华优秀传统文化相结合

传播与应用,并指导中国共产党建立了辩证的文化观。

关于辩证法,马克思解释为:"对现存事物的肯定的理解中同时包含对现存事物的否定的理解。"[①]恩格斯以"最好的工具和最锐利的武器"[②]形容辩证法。马克思与恩格斯将辩证法作为认识的主要工具,其中就包括辩证分析历史上的传统文化。在提及希腊传统文化的遗产时,马克思就用"剥取"表明了批判继承的态度,提出:"对于那个时代和发展过程本身来说是不可避免的唯心主义的形式内获得的成果,从这种暂时的形式中剥取出来。"[③]恩格斯在谈到黑格尔哲学的继承问题时也表明了辩证的立场:"必须从它的本来意义上'扬弃'它,就是说,要批判地消灭它的形式,但是要救出通过这个形式获得的新内容。"[④]中国共产党以马克思主义为指导,在成立之初,中国共产党人已经开始运用辩证法分析中国形势,其中就包括辩证分析中国的文化建设。瞿秋白是较早运用辩证思维重视中华优秀传统文化、肯定其重要价值的中国共产党领导人。他提出:"历史上相对待的而现今时代之初又相补助的两种文化:东方与西方。"[⑤]不仅辩证地看待中西文化的特点,而且肯定了中华文化与西方文化具有互相补益的作用。在马克思主义辩证思维的影响下,党内对传统文化的态度由一元否定论向既肯定又否定的唯物辩证观转变。

党内知识分子张岱年在 20 世纪 30 年代初期就明确提出要辩证看待中华传统文化的观点:"中国人如果不能认识出自己旧文化中的不好

[①] 《马克思恩格斯文集》第五卷,人民出版社 2009 年版,第 22 页。
[②] 《马克思恩格斯文集》第四卷,人民出版社 2009 年版,第 298 页。
[③] 《马克思恩格斯文集》第九卷,人民出版社 2009 年版,第 458 页。
[④] 《马克思恩格斯文集》第四卷,人民出版社 2009 年版,第 276 页。
[⑤] 《瞿秋白游记》,东方出版社 2007 年版,第 217 页。

的病态部分，或不能认识出自己旧文化中的良好的健康的部分，那就会造成对待文化问题的盲目性。中国人如果守旧不改，则无异于等着毁灭；如果妄自菲薄，以为百不如人，则难免有被外来侵略者征服的危险。"① 为了在抗战时期宣扬爱国主义，艾思奇对中华传统文华的辩证态度更加明确，他提道："我们不需要'五四'时代那样对旧戏持完全排斥的态度，我们还需要现在被禁上演的那一些东西。我们要排斥和忠君同类的盲目服征的思想，但如果有人讲民族气节，我们仍可以接受它。"② 他还提出了"中国历史上的新东西，是从旧东西里产生出来的"③的观点。贺麟则进一步强调中华传统文化的主体性，提出了"如果中华民族不能以儒家思想或民族精神为主体去儒化或华化西洋文化，则中国将失掉文化上的自主权，而陷于文化上的殖民地"④的观点。党内知识分子对传统文化的发声，表明中国共产党对新文化运动、五四运动以来全面否定传统文化的现象开始再审视和再反思，不仅体现了否定之否定的辩证思维，而且也呈现了对传统文化批判继承的辩证观点。

除了运用马克思主义辩证法确立对传统文化进行扬弃的思想之外，党内知识分子也注重用中华传统文化中的辩证思维解释辩证法，寻找马克思主义基本原理同中华优秀传统文化的契合点。1929年，艾思奇在《大众哲学》中明确推荐了辩证法，还将其类比为中华传统的老子思想，之后在《哲学"研究提纲"》一文中明确地将辩证法与中华传统文化相联系："自然发生的辩证法唯物论是人类哲学史上最初的派别，

---

① 《张岱年全集》第一卷，河北人民出版社1996年版，第164页。
② 《艾思奇全书》第一卷，人民出版社2006年版，第746页。
③ 《艾思奇全书》第一卷，人民出版社2006年版，第369页。
④ 贺麟：《文化与人生》，商务印书馆1947年版，第3页。

如希腊的初期哲学，中国的老子、墨子等。"[1]1936年，陈唯实在《关于〈易经〉和老庄的辩证观》一文中挖掘出了《易经》中的辩证思想：关于事物变化发展原理，他选取"《易》之为书也，不可远，为道也屡迁，变动不居，周流六虚，上下无常，刚柔相易，不可为典要，唯变所适"[2]与之佐证；对于事物内部的矛盾运动，他选取"是故《易》有太极，是生两仪，两仪生四象，四象生八卦"[3]进行关联；对于量变质变原理，他选取"履霜坚冰，阴始凝也，驯致其道，至坚冰也"[4]进行对比。他以此说明唯物辩证法与中华传统文化具有相通性，被国人认可与接受的结果是必然的。

随着马克思主义辩证法在党内的不断传播与应用，中国共产党确立了批判继承中华传统文化的原则，1940年1月，毛泽东在《新民主主义论》（原题为《新民主主义的政治与新民主主义的文化》）中提出了要"建立中华民族的新文化"[5]，之后还对如何对待中华传统文化作了重要指示："中国的长期封建社会中，创造了灿烂的古代文化。清理古代文化的发展过程，剔除其封建性的糟粕，吸收其民主性的精华，是发展民族新文化提高民族自信心的必要条件；但是决不能无批判地兼收并蓄。必须将古代封建统治阶级的一切腐朽的东西和古代优秀的人民文化即多少带有民主性和革命性的东西区别开来。"[6]辩证地采用二分法明确肯定中华传统文化具有优秀、积极的元素，标志着中国共产党人建立了以批判继承为原则的科学文化观。概言之，以马克思主义

---

[1] 《艾思奇全书》第二卷，人民出版社2006年版，第552页。
[2] 《陈唯实文选》，广东人民出版社1986年版，第2页。
[3] 《陈唯实文选》，广东人民出版社1986年版，第2页。
[4] 《陈唯实文选》，广东人民出版社1986年版，第3页。
[5] 《毛泽东选集》第二卷，人民出版社1991年版，第663页。
[6] 《毛泽东选集》第二卷，人民出版社1991年版，第707—708页。

辩证法为指导的文化观在认识中华传统文化的过程中兼顾了文化的主体性、民族性、独立性及反作用力，扭转了早期共产党人激烈批判传统文化的局面，为中国共产党人传承中华优秀传统文化提供了合理性。

（三）"第二个结合"的价值依据

"第二个结合"不仅具备经验范畴"合事实"的实然性、理论视域"合规律"的必然性，还具备价值层面"合目的"的应然性。具体表现为马克思主义需要中华优秀传统文化，而中华优秀传统文化也需要马克思主义，前者需要后者实现其中国化民族化，后者需要前者实现其创造性转化与创新性发展。

将理论有效地转化为实践，从而在世界各国发挥效用是马克思主义科学理论的目的与旨趣。恩格斯认为：每个国家运用马克思主义，都必须穿起本民族的服装。毛泽东也提出"离开中国特点来谈马克思主义，只是抽象的空洞的马克思主义。"[①] 说明了马克思主义不是包治百病的灵丹妙药，更不是有问必答的万能机器，单一的马克思主义教科书解决不了当今中国与世界面临的具体问题。20世纪末苏联、东欧社会主义事业宣告失败已经说明了马克思主义不是一成不变的教条。在中国，教条地使用马克思主义也造成了严重危害。幼年时期，蹒跚学步的中国共产党在共产国际的领导下一度把马克思主义当作胶柱鼓瑟的金科玉律，把苏联模式视为原封不动的实践样板。如陈独秀完全照抄马克思主义教科书上的社会发展规律，照搬共产国际的指示，在国共合作的过程中，接受了首先协助国民党在中国取得资产阶级革命

[①] 《毛泽东选集》第二卷，人民出版社1991年版，第534页。

大道同行
推进马克思主义基本原理同中华优秀传统文化相结合

成功,而后再领导中国工人阶级发动无产阶级革命、取得无产阶级专政的僵化指令,全力配合资产阶级革命取得民族独立,放弃对中国民主革命的领导权。然而,四一二反革命政变与七一五反革命政变的残酷事实使年幼的中国共产党认识到,没有革命的武装就无法战胜武装的反革命,就无法夺取中国革命胜利,就无法改变中国人民和中华民族的命运。又如八七会议之后在争取领导权的过程中,李立三坚持以城市为中心,忽视中国千百年来的农业属性以及农民阶级在革命中的力量,原封不动地按照教科书中描述的,对统治阶级的反抗要以工人阶级的罢工、游行、武装等形式开展,把主要力量用于攻打大城市和中心城市,结果是一些起义失败了。还如在反"围剿"时期,博古、李德没有结合根据地的实际情况展开游击战,反而按照苏联伏龙芝军事学院堡垒对堡垒、攻坚对攻坚的老战法,导致广昌保卫战失败,红军损失惨重,被迫西征……以上教训说明,教条主义、本本主义都阻碍了中国革命与建设的发展,马克思主义不是有问必答的万能机器。如今我们正在经历第四次工业革命,由信息化跃升到了人工智能。在信息化阶段,由于破除了信息交换的壁垒,出现了人类社会创造的知识数量比过去 3000 年的总和还要多的情况,而知识爆炸的速度和数量在人工智能时代只会更甚而不会降低。在这种情况下,让诞生于第二次工业革命时期、距今近 200 年的理论对当下所有具体的知识和现象进行预测并解释,无疑是天方夜谭。然而,不针对这个问题解读马克思主义、宣传马克思主义,容易给攻击马克思主义的某些思潮学说提供口实。因此,针对上述问题,需要从马克思主义的立场方法进行解答,这就涉及马克思主义理论中真理的绝对性与相对性辩证统一原理。

第四章　中华优秀传统文化与马克思主义精髓高度契合

恩格斯提出,"我们没有最终目标。我们是不断发展论者"①。他基于真理绝对性与相对性辩证统一的视域再次强调了"我们的理论是发展着的理论,而不是必须背得烂熟并机械地加以重复的教条"②。理论的形成要么是假设演绎,要么是归纳总结,目的都是从杂乱无章的现象中抽象出普遍、一般、不变的规律,寻求康德所谓的"普遍必然性"。从实践的立场看,真理是经过实践、认识、再实践、再认识这样循环往复的过程而形成的,而人是实践与认识的主体,只要具有主观能动性的人生生不息地进行着认识与实践活动,那么真理就是可追可及的。"授人以鱼,不如授人以渔",马克思主义是哲学和智慧,而不是知识与观点,教给我们的是思维和方法,而不是教条与纲常。正是因为马克思主义不是教条,所以马克思与恩格斯才会不断修正之前的手稿,使理论随着实践的变化而变化,这再次说明了马克思主义的一些结论、观点,虽然在当时条件下是正确的,但随着历史条件的变化,会发生变化。正如邓小平批判"两个凡是"时就曾引用毛泽东说过的话:"马恩列斯都犯过错误,如果不犯错误,为什么他们的手稿常常改了又改呢?改了又改就是因为原来有些观点不完全正确,不那么完备、准确嘛。"③如果不像邓小平这样实事求是地看问题,就不是彻底的马克思主义者。概言之,诞生于19世纪欧洲的马克思主义传入地处亚洲的中国指导其20世纪以后甚至新时代的实践,就必须"完全脱下它的外国服装"④,学习中国语言、适应中国风俗、融入中华文化。同时,马克思主义的真理性永远体现在不断的实践过程之中,只有通过实践、认

---

① 《马克思恩格斯文集》第四卷,人民出版社2009年版,第561页。
② 《马克思恩格斯选集》第四卷,人民出版社2012年版,第588页。
③ 《邓小平文选》第二卷,人民出版社1994年版,第38页。
④ 《马克思恩格斯选集》第四卷,人民出版社2012年版,第276页。

大道同行
推进马克思主义基本原理同中华优秀传统文化相结合

识、再实践、再认识……循环往复以至于无穷，才能使马克思主义在实践论的演绎中迈入真理的进程。因此，同中华优秀传统文化相结合是马克思主义中国化的具体实践，源于马克思主义理论内生性的目的与要求。

中华传统文化需要马克思主义的立场观点方法实现创造性转化与创新性发展。中华传统文化绵延了数千年之久，内容之庞大、思想之丰富，难以量化，亦难以概括，如一部《二十四史》就囊括了3000多万字，初步计算，如果每天读3000字，需要35年左右才能读完。面对浩如烟海、卷帙浩繁的典籍文献，我们需要从中甄选出优秀的思想理念进行继承发展，要采用辩证而全面的观点看待中华传统文化，避免对中华传统文化形成片面误读的观点。如有些人只看到杨朱之学中的极端利己主义，却没有全面解读其中的"全性保真，不以物累形"的乐观人生态度。对待后期道教神仙方术，不能仅停留在批判其虚无性的层面，还要发现、发觉其中修身养性的积极意义。对待历史上的帝王心术，不单要觉察其中的诡诈成分，还要觉察对帝王自律的要求以及识人用人的积极成分。总体辩证地看，传统文化中那些在当今社会被认为是糟粕的思想和观点，也是基于不同视角对事物进行的思考，与其他思想观点一道，共同架构了系统全面、有血有肉的中华文化体系，能够为后来的思想者提供启发，不断推动思想史向前发展。运用马克思主义唯物史观，既要看到经济基础对上层建筑的决定作用，即根据新时代的需要对传统文化进行扬弃、发展、创新、改造，又要清楚上层建筑对经济基础具有反作用，具有相对独立性，即传统文化自身具有一定的规律，对新时代各方面发展都会产生影响。如恩格斯所言："历史方面的意识形态家（历史在这里应当是政治、法律、哲学、神学，总之，一切属于社会而不是单纯属于自然界的领域的简单概括）在每一科学领域中都有一定的材料，这些材料是从以前的各代人的思维中独立形成的，并且在这些世代相继的人们的头脑中经过了自己的独立的发展道路。"[1]

所以，在马克思主义历史唯物主义的视域下，要根据时代发展对中华传统文化的思想观点进行甄选，这样才能在"志于道"的前提下损益盈虚，与时偕行，增强文化软实力，促进新时代中国特色社会主义事业的发展。

二、"第二个结合"怎么办行

关于怎么看马克思主义基本原理同中华优秀传统文化相结合，需要在明确两者能结合的基础上讲清楚两者结合的意蕴与内涵。目前，有观点执着于传统和现代两分的思维方式，认为传统象征落后，而现代则代表先进，两者之间存在质的对立区别。传统与现代之间不是非此即彼、泾渭分明的对立面，而是一脉相承、守正创新的统一体。正如习近平总书记所言："中华文明延续着我们国家和民族的精神血脉，既需要薪火相传、代代守护，也需要与时俱进、推陈出新。"[2] 因此，"第二个结合"的前提是马克思主义基本原理同中华优秀传统文化能结合，中华优秀传统文化能实现创造性转化和创新性发展。具言之，即不忘本来——中华传统文化"根脉"不能断，巩固中华传统文化的主体性，吸收外来——马克思主义"真经"不能丢，筑牢中国特色社会

---

[1]《马克思恩格斯文集》第十卷，人民出版社2009年版，第658页。
[2]《习近平著作选读》第一卷，人民出版社2023年版，第480页。

主义的道路根基。

（一）不忘本来：中华传统文化"根脉"不能断

从"一个相结合"到"两个相结合"再到明确要求"坚持和发展马克思主义，必须同中华优秀传统文化相结合"以及"第二个结合"所实现的三个新高度，都侧重强调了中华优秀传统文化的价值导向，这不仅解答了近代中国一百多年来困扰我们的中西方文明交锋问题，还明确了中华优秀传统文化在意识形态领域的重要地位。

守住根才能知道我们从哪里来。迄今为止，中华文明是唯一没有断流的文明，在以时间为轴的历史星空中照亮人类走过的路。关于源远流长的中华文明，除了卷帙浩繁的文献典籍使三千多年的文明史信而有证，2019年良渚古城的申遗成功将中华文明的历史明确向前延伸了一千多年，使"中华文明五千年"的科学定论一锤定音。而且继周口店北京人遗址被发现后，元谋人的发现和研究成果更是将古人类在中国生存的时间向前推移了一百多万年。此外，二里头遗址使夏王朝重现"浮光掠影"，安阳殷墟则为商朝牢牢贴实了"殷商"标签，考古调查的成果有力地填补了夏、商、周的断代空缺。基于此，习近平总书记强调，中华文明探源工程等重大工程的研究成果，实证了我国"百万年的人类史、一万年的文化史、五千多年的文明史"[①]。任何民族的发展都不是扶摇直上，而是起起伏伏，时而高峰，时而低谷。

鸦片战争后，中华民族经历了半殖民地半封建社会，国家蒙辱、人民蒙难、文明蒙尘，中华传统文化由以前的身居高位、东学西传沦

---

① 习近平：《在文化传承发展座谈会上的讲话》，《求是》2023年第17期。

第四章 中华优秀传统文化与马克思主义精髓高度契合

落为自愧不如、西学东渐,甚至在全盘西化的声浪中,出现断流的苗头和危险。"万物有所生,而独知守其根",接续传统、守根护魂才能保存中华民族赓续不断的共同体意识,产生共识、共鸣、共振、共情。把准脉才会知道我们是谁。

中华传统文化博大精深、包罗万象,既能从地区角度划分为黄河文化、巴蜀文化、湘楚文化、齐鲁文化、岭南文化等地域文化,又能从思想史层面划分为先秦子学、两汉经学、魏晋玄学、隋唐佛学、宋明理学、阳明心学、清代朴学和新学等不同发展阶段,还能从学术流派视域辨别为儒家、墨家、道家、法家、佛家、阴阳家、兵家、名家、杂家等诸子百家。以上还只是精神文化成果,更别说物质层面所涉及的精美文物和卓越的工艺品等物质文化遗产,甚至在制度风俗层面衍生的仪式、节庆活动等非物质文化遗产,都属于中华传统文化的范畴。

面对无所不包的中华传统文化,提炼概括出中华民族最显著的标识才是把脉问诊的关键。张岱年曾总结道:"中华文化的优秀传统有丰富内容,其中最主要的两个基本思想观点一是人际和谐,二是天人协调。"[1]他萃取出了中华传统文化"和为贵"的优秀精华。

党的二十大报告中的十大理念都包含着"和"的内涵,如"天人合一、自强不息"是基于自然规律的层面展现了万物生生不息、欣欣向荣的和谐发展状态;"厚德载物、讲信修睦、亲仁善邻"则以人与人的社会相处为着眼点表达了并行而不相悖、并育而不相害的和谐共生理想。"人事有代谢,往来成古今",慎终追远、寻根问祖才能认清中华民族自己的特点,焕发出蓬勃的生命力。

---

[1] 张岱年:《传统文化的发展与转变》,《光明日报》1996年5月4日。

大道同行
推进马克思主义基本原理同中华优秀传统文化相结合

　　1840年爆发的鸦片战争是中华文明由强势到弱势、由自信到怀疑的分水岭。由于经历近代侵略战争的不断冲击，出现了国家受辱、人民蒙难、文明蒙尘的局面，中华文明也因战败受到了强烈质疑。"睁眼看世界""师夷长技""反传统"等口号在国人中不胫而走，中华文化在中国人自己眼中一落千丈，甚至一文不值。"西化派"提倡全盘接受西方文明，认为与西洋文明比较起来，中国文化"也只有愧色"[①]，坚信改变近代中国的落后局面只能全盘西化。纵观中华文明的转折点，我们不妨分析一下：西方国家对中国的侵略称得上西方文化对中国文化的碾压吗？

　　答案当然是否定的。从客观层面而言，战争失败的原因是多方面的，首先是武器的落后，其次可以归结为体制。我们拆分一下问题会更一目了然。是武器等于文化，还是清朝的体制等于文化？如果承认武器等于文化，实在荒天下之大谬，有史以来，无论东方还是西方，文明与武力都是对立存在的，所以绝不能说一个国家的科技、武装力量能够代表这个国家的文化底蕴。那体制等于文化吗？不得不说体制是文化在某个时期一定程度上某个方面的反映。那么清朝的体制等同于中国文化吗？答案也是否定的。

　　钱穆在《中国历史精神》中就驳斥了以清代论中国古代的观点。他认为，西洋人来中国，只看见清代，今天的中国人不读历史，也不知道清代故事，只随着西洋人说话，这样就容易把中国历史当作清代历史，把中国文化当作清代文化。为什么说清代的制度给世人留下了封建专制的印象呢？"封建专制"四个字能概括中国传统的政治文化

[①] 陈序经：《中国文化的出路》，中国人民大学出版社2004年版，第123页。

吗？这就需要了解什么叫专制。

按照孟德斯鸠对国家体制的划分，国体可分为民主国家（没有君主的）和君主国家（有君主的）。政体也分为两种：立宪政体（有宪法）和专制政体（无宪法）。故而政治形态可分为三种：君主立宪、君主专制、民主立宪。为什么说清朝实行的是封建君主专制呢？因为用来限制皇帝的相权、谏权、封驳权等都不存在了。纵观中国历史，选举制度和监察制度作为习惯法自古有之，钱穆认为，具备这两种制度的政权不应该被称为专制。关于选举制，从秦汉开始，中国就有选举制度了。汉代时，人才在太学（国立大学）毕业后，需回到地方政府为吏，经地方长官考察后，才会进行拔擢，而拔擢的前提并非仅得到地方长官的认可，还必须统一参加一次大考，成绩合格后才能成为正式官员。

这种拔擢模式是为官者成长的重要渠道，所以尽管在秦汉，官吏大多也是从平民中选拔的。虽然察举制、九品中正制的初衷是好的，但在推举拔擢的实操过程中却形成了官僚集团、门阀士族。为了打破氏族官僚体系，将名副其实的人才网罗于官僚体制之下，隋朝开创了开科取士制度。自此，以公考为主要形式的公开竞选官制延续了一千多年。因此，钱穆认为中国自秦以后，政府就由平民组成，如果大部分公权力都掌握在出身平民的人才手中，基本相当于现代人所谓的直接民权，故而不能将中国传统政治一概而论地定义为封建贵族统治。

从监察制度上看，在中国传统社会，皇帝虽然是世袭的，但权力并没有想象的那么大，会受到监督和制约，其中相权就是与皇权对立统一的存在。以唐代为例，唐代就设置了三省六部制进行权力制衡与监督。中书省负责发布命令，门下省负责审核命令，尚书省负责执行命令，皇帝只在圣旨发出前画敕盖印。宋代的模式也基本相同，命令由宰相拟意见，经皇帝同意，再正式拟敕。这样相比而言，唐朝皇帝对于指令只有同意权，宋朝皇帝在掌权方面略强一些，有事前参加意见权。明朝虽然没有宰相，但有内阁大学士、六部尚书。

此外，中国古代还有更直接的检察权。汉代有御史和谏官，前者监察发布命令是否有错，后者监察执行命令是否有错。前者的官职有御史大夫、御史丞和御史中丞。御史大夫相当于副宰相，其下有御史丞，监督政府各级官吏。御史中丞有别于御史丞的工作职责，主要监督皇室与内廷。

谏官分为台官和谏官，台官和御史丞一样，监督百官。谏官与御史中丞类似，监督天子。古代的谏官属于宰相条线，所以宰相面见皇帝会带谏官，谏官虽然职位低，但以直谏为职，在一定程度上可以缓冲宰相与皇帝的冲突。宋代时，谏官发生了变化，不属于宰相条线，而属皇帝条线，与皇帝一起评论宰相是非。宋神宗以后，谏官的作用逐渐减弱。明朝时，谏官被废，宰相也处于空位，皇权实现了前所未有的集中，但即便在宰相与谏官都缺位的情况下，明朝还独立出了事中的职位对皇权进行监督。事中在唐朝属于门下省，负责审核政令，认为敕旨不当可封还要求重拟，即所谓的"封驳"。

因此，中国传统社会的政治生活并非一些人认知中的那么无法无天，而是具有切实可行的官员选拔机制与权力运行监督机制，更不能用"封建专制"四个字进行扁平化、单线条的描述与评价，所以简单地判断中国的制度都是专制的、封建的，是武断的。

如前文所述，难道科技与军事实力能决定文化的优劣吗？英国著名历史学家汤因比在《展望21世纪——汤因比与池田大作对话录》这

第四章 中华优秀传统文化与马克思主义精髓高度契合

本书中明确表示:"中华民族的美德,就是在那屈辱的世纪里,也仍在继续发挥作用。……未来统一世界的大概不是西欧国家,也不是西欧化的国家,而是中国。"[①]1988年,75位诺贝尔奖获得者在巴黎发表共同宣言:如果人类要在21世纪继续下去,就必须吸取2500年前孔子的智慧。

以上都说明,自然科学和社会科学是两个完全不同的领域,需要不同的思维模式。自然科学面对的是物,需要运用大脑那一套精准的推理、运算法则。而社会科学面对的是鲜活的人,不能机械地按照探索自然规律去总结普遍性法则,而要立足于生活,用心尊重、对待、包容每一个不同的个体。汤因比和诺贝尔奖获得者们认为,在个人身心发展的领域,中国传统文化才是最适合的。在不同思维模式的影响下,加之掌握着自然科学的优势,西方文明呈现出霸道特质,中华文明因纤细敏感的思维焕发出王道特质,甚至在被西方压迫、饱受屈辱的环境下凸显出了隐忍、包容的气质。

正如孙中山在题为《大亚洲主义》的演讲中如是说:"东洋向来轻视霸道的文化。还有一种文化,好过霸道的文化,这种文化的本质,是仁义道德。用这种仁义道德的文化,是感化人,不是压迫人。是要人怀德,不是要人畏威。这种要人怀德的文化,我们中国的古话就说是'行王道'。所以亚洲的文化,就是王道的文化。"[②]所以,在文明视域下,绝不可能得出道德文化劣于霸道文化、强权即真理、口径即正义的结论,军事上与政治上的弱势绝不等同于文明的弱势,至多从文

[①] [英]汤因比、[日]池田大作:《展望21世纪——汤因比与池田大作对话录》,荀春生等译,国际文化出版公司1997年版,第276—278页。
[②] 《孙中山全集》第十一卷,中华书局1986年版,第405页。

155

化发生学的角度客观描述中西方文明的差异源于文化本质的区别，而不能认为西方近代文明优于中华传统文化。

（二）吸收外来：马克思主义"真经"不能丢

马克思主义诞生于19世纪40年代的西欧，是在融汇德国古典哲学、英国古典政治经济学、法国空想社会主义科学三大思潮的基础上，由马克思主义哲学、马克思主义政治经济学、科学社会主义三大部分构成的科学理论。对于中国革命、建设、改革的实践而言，马克思主义是为我们传道授业解惑的"真经"。

"真经"不怕火炼，在马克思主义指导下，"第一国际"等国际工人组织相继创立和发展，共产主义者同盟等马克思主义政党建立和发展起来。俄国十月革命的胜利，使社会主义从理论变为现实，打破了资本主义一统天下的世界格局。第二次世界大战结束后，一大批社会主义国家如雨后春笋般诞生。社会主义事业不是一帆风顺的，马克思主义的传播与发展也经历了跌宕起伏。苏联解体、东欧剧变，一批社会主义国家纷纷改旗易帜，取消了马克思主义的指导地位。同时，西方敌对势力大肆宣扬"马克思主义过时论""历史终结论"。面对这种局面，国内也出现了一些质疑马克思主义的声音，质疑"马克思主义还灵不灵"，特别是改革开放之后，经济取得飞速发展，同时"市场经济万能论"的观点也日渐凸显，一向被认为是社会主义、共产主义重要标志的计划经济向市场经济转移后，姓"资"还是姓"社"，姓"马"还是姓"西"的争论随之愈演愈烈。这种认为马克思主义已经不起作用的论调，企图用自由主义改造、同化马克思主义。

对此，改革开放总设计师邓小平明确作出回应："我们搞改革开

第四章 中华优秀传统文化与马克思主义精髓高度契合

放,把工作重心放在经济建设上,没有丢马克思,没有丢列宁,也没有丢毛泽东。老祖宗不能丢啊!"① 所以,中国特色社会主义不仅不与马克思主义基本原理相违背,反而是实践着的、发展着的马克思主义,正如习近平总书记所言:"中国特色社会主义理论体系归根到底是以马克思主义基本理论为指导的,是把这些基本理论同中国具体实际相结合的结果。马克思主义就是我们共产党人的'真经','真经'没念好,总想着'西天取经',就要贻误大事!"②

马克思主义批判地吸取前人的优秀思想成果,形成了系统的世界观、认识论、方法论、唯物史观以及科学社会主义,创造性地揭示了人类社会发展规律,为人类指明了从必然王国向自由王国飞跃的根本途径,是经过实践检验的科学理论,其中包含辩证唯物主义、历史唯物主义、剩余价值学说等,涵盖了本体论、认识论、方法论、价值论等维度。

在马克思提出科学社会主义之前,空想社会主义者早已存在,他们怀着悲天悯人的情感,对理想社会有很多美好的设想,但由于没有揭示社会发展规律,没有找到实现理想的有效途径,也就难以真正对社会发展发生作用。马克思主义以实现人的自由而全面发展为奋斗目标,创立了人民实现自身解放的思想体系,最集中地反映了人类进入阶级社会以来的最美好的社会理想和世界上绝大多数人的利益和愿望。在马克思主义出现之前,社会上占统治地位的理论都是为统治阶级服务的。马克思主义第一次站在人民的立场探求人类自由解放的道路,以科学的理论为最终建立一个没有压迫、没有剥削、人人平等、人人

---

① 《邓小平文选》第三卷,人民出版社1993年版,第369页。
② 习近平:《在全国党校工作会议上的讲话》,人民出版社2016年版,第15页。

大道同行
推进马克思主义基本原理同中华优秀传统文化相结合

自由的理想社会指明了方向。马克思主义之所以具有跨越国度、跨越时代的影响力,就是因为它植根人民之中,指明了依靠人民推动历史前进的人间正道。

马克思主义是实践而开放的理论,"社会生活在本质上是实践的"①,"哲学家们只是用不同的方式解释世界,而问题在于改变世界"②。实践的观点、生活的观点是马克思主义认识论的基本观点,实践性是马克思主义理论区别于其他理论的显著特征。马克思主义不是书斋里的学问,而是为了改变人民历史命运而创立的,是在人民求解放的实践中形成的,也是在人民求解放的实践中丰富和发展的。邓小平说:"马克思主义理论从来不是教条,而是行动的指南。"③ 马克思早在1843年就说过:"新思潮的优点又恰恰在于我们不想教条地预期未来,而只是想通过批判旧世界发现新世界。"④ 恩格斯也告诫人们:"我们的理论是发展着的理论,而不是必须背得烂熟并机械地加以重复的教条。"⑤ 马克思主义是不断发展的开放的理论,始终站在时代前沿,马克思主义发展史就是马克思、恩格斯以及他们的后继者不断根据时代、实践、认识发展而发展的历史,是不断吸收人类历史上一切优秀思想文化成果丰富自己的历史。这是马克思主义能够永葆生机活力、不断回答时代发展提出的新课题、直面人类社会面临的新挑战的法宝。

马克思主义的科学性、实践性与开放性,决定了马克思主义是管用的理论,是中国革命和事业必须长期坚持的"真经",这是从我国

---

① 《马克思恩格斯选集》第一卷,人民出版社2012年版,第139页。
② 《马克思恩格斯选集》第一卷,人民出版社2012年版,第140页。
③ 《邓小平文选》第三卷,人民出版社1993年版,第146页。
④ 《马克思恩格斯文集》第十卷,人民出版社2009年版,第7页。
⑤ 《马克思恩格斯选集》第四卷,人民出版社2012年版,第588页。

第四章
中华优秀传统文化与马克思主义精髓高度契合

长期历史经验中得出的基本结论。鸦片战争以后,国家受难,人民受辱,各种主义悉数登场,都没有解决近代中国的救亡和发展问题。十月革命一声炮响,给中国送来了马克思列宁主义。中国的先进知识分子被马克思追求的大无畏全人类解放精神感染,以马克思主义为指导思想组建了自己的政党,为中国的革命解放事业、改革发展事业带来了希望。无论是新民主主义革命时期,还是社会主义革命和建设时期,无论是改革开放和社会主义现代化建设新时期,还是中国特色社会主义新时代,百余年的历史事实告诉我们,在马克思主义理论的指导下,我们走过的路既信得过又立得稳,证明了马克思主义继续行,是管用的理论。

新民主主义革命时期,中国共产党开启了将马克思主义基本原理同中国具体实际相结合、同中华优秀传统文化相结合的道路。中国共产党经过反复实践,开辟了"农村包围城市,武装夺取政权"的正确革命道路,还不断进行自我革命,破除了王明"左"倾教条主义的束缚,运用马克思列宁主义基本原理解决自己的路线、方针和政策。1938年召开党的六届六中全会,毛泽东首次明确提出"马克思主义中国化"的重大命题,之后通过延安整风运动确立了实事求是的思想路线。1945年召开党的七大,为建立新民主主义的新中国制定了正确的路线方针政策。在探索自己道路的过程中,年幼的中国共产党虽然付出了惨重代价,但显现出了百折不挠的斗争精神和担当勇气。

社会主义革命和建设时期,中国共产党下定决心不仅要独立自主地走好革命路,还要走好建设路,毛泽东提出把马克思列宁主义基本原理同中国具体实际进行"第二次结合"。在美、苏联合抵制的18年时间里,中国共产党结合新的实际,带领中国人民进行社会主义革命,

大道同行
推进马克思主义基本原理同中华优秀传统文化相结合

推进社会主义建设,提出了过渡时期的总路线,通过了《中华人民共和国宪法》,建立了社会主义经济制度、人民代表大会制度、中国共产党领导的多党合作和政治协商制度、民族区域自治制度,奉行了独立自主的和平外交政策,实行了"百花齐放、百家争鸣"的文化方针等。

改革开放和社会主义现代化建设新时期,以邓小平同志为主要代表的中国共产党人作出把党和国家工作中心转移到经济建设上来、实行改革开放的历史性决策,带领中国人民大步流星地实现了从站起来到富起来的伟大飞跃。党的十一届三中全会后,邓小平提出"把马克思主义的普遍真理同我国的具体实际结合起来,走自己的道路,建设有中国特色的社会主义"[①]的号召。党的十二大至十七大都一以贯之推进改革和建设,坚持以经济建设为中心,提出科学技术是第一生产力,实施科教兴国、可持续发展、人才强国等重大战略,促进城乡、区域协调发展,推进国企改革,鼓励支持非公有制经济,坚持党的领导、人民当家作主、依法治国有机统一,坚持依法治国和以德治国相结合,巩固和发展最广泛的爱国统一战线,建设社会主义精神文明,加快推进以改善民生为重点的社会建设,走中国特色精兵之路。逐渐成熟的中国共产党健步如飞地走在自己的道路上。

党的十八大以来,中国特色社会主义进入了新时代。以习近平同志为核心的党中央带领中国人民实现了世所罕见的经济快速发展、社会长期稳定这两大奇迹,蹄疾步稳地迈向全面建设社会主义现代化国家新征程,向第二个百年奋斗目标进军。

[①] 《邓小平文选》第三卷,人民出版社1993年版,第3页。

经济上,新时代的"体重"不断增加。经济总量从2012年的53.9万亿元跃升到2021年的114.4万亿元,占世界经济比重从11.3%上升到超过18%,稳居全球第二大经济体;人均国内生产总值从6300美元上升到超过1.2万美元,已接近世界银行给出的高收入国家的门槛标准。粮食产量增加了近7000万吨,总产量已连续7年保持在6.5亿吨以上。

政治上,新时代的"体力"持续增强。全面加强党的领导,确保党发挥总揽全局、协调各方的领导核心作用,党员增加到9800多万人。人民当家作主全面凸显,保证全面发展全过程人民民主,全面依法治国总体格局基本形成。领导能力的跃升,见证着祖国"体力"持续变强。

文化上,新时代的"体智"更加成熟。确立和坚持马克思主义在意识形态领域指导地位的根本制度,社会主义核心价值观广泛传播,全媒体传播体系建设日益加强,意识形态工作领导权、责任制全面落实。社会主义先进文化、中华优秀传统文化、革命文化融合发展,标志着祖国的"体智"更加成熟。

社会上,新时代的"体魄"倍加健壮。打赢了人类历史上规模最大的脱贫攻坚战,实现了中华民族千年以来的小康梦想。此外,建成世界上规模最大的教育体系、社会保障体系、医疗卫生体系。补短板、强弱项的破局行动,宣告着祖国的"体魄"倍加健壮。

生态上,新时代的"体态"越发优美。深入推进环境污染防治,持续深入打好蓝天、碧水、净土保卫战,实施重要生态系统保护和修复、生物多样性保护等重大工程,推行草原森林河流湖泊湿地休养生息,稳妥推进碳达峰碳中和。绿水青山的画卷,表明了祖国的"体态"

越发优美。

中国共产党人以马克思主义为指导,不仅改变了中国,而且影响着世界。至今马克思主义依然是推进人类文明进程、具有重大国际影响的思想体系和话语体系,马克思也依然被公认为"千年第一思想家"。

三、"第二个结合"什么样好

通过回答"第二个结合"为什么能,从经验实然性、理论必然性、价值应然性三个维度证明了"第二个结合"的成立依据;通过分析"第二个结合"怎样行,得出了"根脉"不能断、"真经"不能丢的原则要求。那么如何体现文化与原理携手、传统与现代并进?需要从宇宙观、天下观、社会观、道德观四个视角联系传统文化"天人合一""天下为公""民为邦本""亲仁善邻""讲信修睦""任人唯贤""革故鼎新""厚德载物""为政以德""自强不息"等理念进行结合,呈现出"第二个结合"什么样好。

(一)宇宙观

党的二十大报告指出,坚持和发展马克思主义,必须同中华优秀传统文化相结合。只有植根本国、本民族历史文化沃土,马克思主义真理之树才能根深叶茂。中华优秀传统文化源远流长、博大精深,是中华文明的智慧结晶。"天人合一"作为报告明确提出的十大理念之一,是贯通中国传统哲学的根本思想,也是中西方文化差异的本本水源。从宇宙观视角解读"天人合一",不仅能挖掘其与绿色发展、马

第四章
中华优秀传统文化与马克思主义精髓高度契合

克思主义理论、社会文明以及中国式现代化的密切关系，还能读懂中国哲学所特有的一体化、整体性思维范式，从而坚定历史自信、文化自信，实现古为今用、推陈出新。

从春耕、夏长、秋收、冬藏"不违农时"的日常劳作，到修齐治平、"以德配天"的治国理政，"天人合一"都悄无声息地影响着中国人的日用伦常。同时，天人是否合一也是中西方哲学差异化的逻辑起点。西方哲学的底色充斥着"人是万物的尺度""人为自然立法""主客二分"等天人对立的观念，而中国哲学的本色散发着"道法自然""性天相通""辅相参赞"等"天人合一"的理念，甚至中西方文化的其他区别都是由此衍化而来的。要讲清楚植根国人内心又显著区别于西方思想的"天人合一"，首先要明确"天"和"人"的含义。在中国传统思想史上"天"和"人"的意蕴都十分丰富，"天"既指自然世界，也指伦常义理，"人"对"天"的主动性既指自然主动，也指道德主动，这也说明在中国传统文化中，自然界与人类社会是关联的，宇宙论与伦理学是相互贯通的。

第一，"天人合一"与绿色发展遥相呼应。"自然之天"视角下的天人关系属于宇宙论范畴，主要探讨人与自然如何相处，是绿色发展、促进人与自然和谐共生等的思想来源。无论是老子所言的"人法地，地法天，天法道，道法自然"，还是孔子所说的"天何言哉？四时行焉，百物生焉，天何言哉？"或是庄子提出的"天地与我并生，而万物与我为一"，都是指人与天地万物是相互联系的、始于同一宇宙本源的有机整体，倡导顺应自然、清静无为、人合于天的"天人合一"理念。这些保护自然的理念在传统社会中也都得到了实践。我国早在尧舜时代就设有管理山林川泽、草木鸟兽的环保及管制机构，商周时

大道同行
推进马克思主义基本原理同中华优秀传统文化相结合

期"网开一面""里革断罟"等著名典故就是环境保护、绿色发展的雏形。孟子与梁惠王论政时就明确提出了生态系统保护与修复的理论:"不违农时,谷不可胜食也;数罟不入洿池,鱼鳖不可胜食也;斧斤以时入山林,材木不可胜用也。谷与鱼鳖不可胜食,材木不可胜用,是使民养生丧死无憾也。养生丧死无憾,王道之始也。"秦代还颁布了农业生态环境保护法《田律》。此外,《管子》《礼记》《吕氏春秋》《淮南子》等文献典籍也都明确规定了对自然开采的程度与时间,这说明在自然宇宙视域下的"天人合一"不仅是当代绿色协调可持续发展的思想渊源,而且已经转化为具体实践,成为党的二十大报告中出现的"推行草原森林河流湖泊湿地休养生息,实施好长江十年禁渔,健全耕地休耕轮作制度"等具体要求的直接经验来源。

第二,"天人合一"和马克思主义自然观不谋而合。一般而言,环保是伴随着近代工业革命、自然环境遭到破坏之后才产生的相应理念。诞生于近代的马克思主义理论就工业对环境的破坏形成了特有的环保观。恩格斯明确提出:"我们不要过分陶醉于我们人类对自然界的胜利。对于每一次这样的胜利,自然界都对我们进行报复。每一次胜利,起初确实取得了我们预期的结果,但是往后和再往后却发生完全不同的、出乎预料的影响,常常把最初的结果又消除了。"[1]这在一定程度上与已经在中国存在了数千年的"天人合一"理念不谋而合。马克思更是认为,只有摆脱私有制的束缚,在共产主义社会,人才能第一次成为自然界的自觉的主人。这里私有制的束缚贴切说明,人们所执着的对自然的私人占有和索取,恰恰是与"天人合一"背道而驰的"天

---

[1] 《马克思恩格斯选集》第三卷,人民出版社 2012 年版,第 998 页。

人两分"所导致的必然结果，而共产主义社会追求的以消除"分别"为根本的私有制，恰好与"天人合一""民胞物与"的内涵不谋而合。要回答中国传统社会为什么会产生如此超前的"天人合一"绿色环保思想，需要还原到历史的客观情境中寻找答案。《周易》说："观乎天文，以察时变；观乎人文，以化成天下。""民以食为天"的中国是典型的农业社会，古代的圣人正是在观察天地之道的基础上发现、总结、掌握自然时令的变化规律，所以与农业生产相关的天文历法在中国古代格外先进，河南安阳出土的殷墟甲骨文中，就发现了大量天文现象记载，当下仍广泛使用的二十四节气也是农业文明的产物。因此，中国传统的"天人合一"理念不仅对应着当代的绿色发展观，是实现传统文化创造性转化、创新性发展的必然选择，还是"第二个结合"的连接点，对人类文明发展作出了重大贡献。

第三，"天人合一"与社会文明共同发展。"义理之天"视角下的天人关系属于伦理学范畴，主要探讨人与社会如何相处，与象征社会文明的伦理道德如何共同发展。传统"天人合一"理念的伦理化并非一蹴而就，而是经历了萌芽、发展以及成熟的过程。夏商时期，"义理之天"的伦理道德内涵已开始发微。据《尚书》记载："夏王弗克庸德，慢神虐民，皇天弗保。"夏之后的商朝也以尊神著称，中国传统的神被潜在地赋予道德特质，表现为不尊德就是不敬顺天道。到了西周时期，"皇天无亲，惟德是辅"，直接显露了天道与人道无二，都具有以德为首的伦理道德属性。春秋时期，更是出现了"天道远，人道迩，非所及也，何以知之"的认知。孔子也提出："我欲仁，斯仁至矣。"孟子的"万物皆备于我矣。反身而诚，乐莫大焉"更是明确表达了人能通天的观点。这种人天关系的互动，既强调了"生而不有，为而不恃，长而不宰"的天道规律，又强调了人认识天道的道德主动性，这也代表中国传统文化的内向型修养路径开始呈现。董仲舒进一步将"天人感应"理论化，提出"天、地、阴、阳、木、水、土、金、火、九，与人而十者，天之数毕也"。通过阴阳、五行的中介将人天相连，以此解决天人两分的二元鸿沟。"天人合一"四字首次在宋明时期被张载提出："儒者则因明致诚，因诚致明，故天人合一。"程颢直接用"一天人"置换了"天人合一"，并解释"天人本无二，不必言合"。不给天人相分留任何余地。朱熹通过"理"系统地贯通了人与天，而王阳明则提出"人心一点灵明"，从"心"的角度为人天合一开辟路径。至此，天道与人道并行不悖、合二为一的"天人合一"理念以成熟的理论体系与可实践的修养路径成为中华优秀传统文化的基本精神特质。

第四，"天人合一"同中国式现代化文明一脉相承。伴随社会文明的发展，"天人合一"理念也越发成熟、完整、深刻、科学，对当代新发展理念的影响也愈加明显。党的二十大报告揭示中国式现代化是人口规模巨大的现代化，是全体人民共同富裕的现代化，是物质文明和精神文明相协调的现代化，是人与自然和谐共生的现代化，是走和平发展道路的现代化。人口规模巨大的现代化与全体人民共同富裕的现代化渗透着"天人合一"理念中"一体之仁"的仁爱情怀。习近平总书记到广西南宁民族博物馆考察时强调"脱贫路上一个也不能少"，"我们还不能停步，接下来要向着第二个百年奋斗目标新征程迈进，一个民族也不能少"。[1] 这种坚定的人民立场与"天人合一"中的"仁民

---

[1] 本书编写组编：《习近平的小康情怀》，人民出版社、新华出版社2022年版，第236页。

爱物"情怀一脉相承。物质文明和精神文明相协调的现代化体现了"天人合一"所蕴含的系统性思维，同时现代化的精神文明要求明确包括了"天人合一"在内的中华优秀传统文化创造性转化、创新性发展以及与马克思主义进一步结合的具体内容。人与自然和谐共生的现代化与走和平发展道路的现代化更是从"天人合一"的自然宇宙层面与社会伦理交往层面衍化而来的具体指向。作为"自然之天"，"天人合一"的要求就是走绿色持续可协调的发展道路，确保人与自然和谐共生。作为"义理之天"，"天人合一"又演变为人与人之间的道德和伦理要求，体现在国际关系上就明确为中国的外交方针，即坚持走和平发展道路，这都是对传统"天人合一"理念的延续、继承及发展。

（二）天下观

党的二十大报告把"推动构建人类命运共同体""创造人类文明新形态"作为中国式现代化的本质要求，并指出"中国始终坚持维护世界和平、促进共同发展的外交政策宗旨，致力于推动构建人类命运共同体""中国坚定奉行独立自主的和平外交政策，始终根据事情本身的是非曲直决定自己的立场和政策，维护国际关系基本准则，维护国际公平正义"[1]，阐明了中国共产党既是为中国人民谋幸福、为中华民族谋复兴的政党，也是为人类谋进步、为世界谋大同的政党，展现了共产党人胸怀天下、面向未来，大道之行、天下为公的宽阔胸襟。

马克思主义哲学被称为"实践的唯物主义"，其主旨不仅是"解释世界"，而且是"改造世界"，也就是努力实现人类的解放和幸福。

---

[1] 习近平：《高举中国特色社会主义伟大旗帜 为全面建设社会主义现代化国家而团结奋斗——在中国共产党第二十次全国代表大会上的报告》，人民出版社 2022 年版，第 60 页。

大道同行
推进马克思主义基本原理同中华优秀传统文化相结合

中华传统文化讲求"以天下之大圣，行天下之大事""兴天下之利，除天下之害""先天下之忧而忧，后天下之乐而乐"。中华民族强调"经世致用"，注重"践履"。"国民常性，所察在政事日用，所务在工商耕稼，志尽于有生，语绝于无验。"要治理天下，必须先在日常生活中修身养性，形成一种内在约束，从而可以有所为有所不为。可以说，中国素来有"以思想治国"的传统，而马克思主义者同样注重个人修养，注重"思想建设"，主张改造社会要先有理论的武装，要求人们以共产主义的道德修养作为行动指南。

"天下为公"的首义在"公"。要理解"公"，不能抛开"私"。"公私"是一对辩证的概念。据《韩非子》经典定义，"自环者谓之私，背私谓之公"，故"私"的基本意象是一个自我封闭的圈子。在这个圈子中，人因有内外亲疏之别而徇私。"公"就是要打破闭环，站在更广阔的视野来接物处事。不过，圈外有圈，内外常常是相对的。比如，村于家而言是公，于国而言却是私，这种情况下"公"的价值是相对的。唯有在一个至大无外的空间"天下"中，"公"才完满呈现。因此，"公"的概念必然蕴含"公天下"之理。这说明，"公"最适用于天下这一层面的政治框架。五千多年前，尧、舜、禹等通过观象授时、巡守祭享、敷治水土、交通九州等一系列史诗般的创举，将华夏各部族联结成一个超越血缘、地域的政治共同体。这就是当时"天下"的雏形。无论是《礼运》"选贤与能，讲信修睦""人不独亲其亲，不独子其子""老有所终，壮有所用，幼有所长，矜寡孤独废疾者，皆有所养"等论述，还是尧、舜禅让，禹三过家门而不入等故事，无不展现出当时的"公天下"气象。

从思想内涵看，传统"天下为公"理念与马克思主义至少在以下

第四章
中华优秀传统文化与马克思主义精髓高度契合

四个方面是可以沟通的。第一，马克思主义关于共产主义社会的理想，与"大同"理想不谋而合。第二，马克思主义唯物史观认为，以劳动者为主体的人民群众创造历史，应当享有人类社会的广泛权利，而这可以重新激活"天下为公"中的民本思想。第三，马克思主义的社会主义观点认为，只有实现生产资料公有制，消灭剥削制度，才能解放生产力，为实现全体人民的幸福、实现共产主义理想社会奠定物质基础，这可将"天下为公"中的富民主张转化为现代经济制度。第四，马克思主义者关于全世界无产阶级大联合的国际共产主义精神，与传统士大夫"忧以天下，乐以天下"的胸怀能够契合。可见，中华文明具有与马克思主义基本原理相结合的天然土壤。因而，俄国十月革命一声炮响，为中国送来了马克思列宁主义，许多深受旧学熏陶的志士仁人便自觉地转变为共产主义战士。"天下为公"的古老价值，在中国共产党领导的中国特色社会主义事业中逐步实现。

党的十八大以来，习近平总书记准确把握中国特色社会主义事业的历史新方位、时代新变化、实践新要求，在国内外重要场合多次阐发"天下为公"，将这个理念推向了新的境界。中国共产党人胸怀天下，关注人类前途命运，高举和平、发展、合作、共赢的旗帜，弘扬"和平、发展、公平、正义、民主、自由"等全人类共同价值，致力于把地球村建成一个和睦的大家庭，把世界各国人民对美好生活的向往变成现实，这是对"天下为公"理念的守正创新和升华发展。在政治、经贸、安全、生态、卫生诸多问题牵一发而动全球的21世纪，人类联系空前紧密。各国谋求自身发展时，应平衡与他国利益冲突，力求在一个相互理解、平等协商、合作共赢的国际多边框架中解决问题。霸权主义绝非人类长久之道。习近平总书记关于人类命运共同体论述中

大道同行
推进马克思主义基本原理同中华优秀传统文化相结合

的新时代"天下为公"理念，是站在五千多年中华文明的深厚根基上为人类前途命运贡献的中国智慧，具有重要的现代价值。

中华传统文化的天下观倡导大同世界，那么具体如何实现大同？传统文化将实现路径落脚于民本。几千年的中国史，是一部历代王朝兴亡演替的循环史，鉴于对天地大道运行规律的把握，对国家兴衰成败经验的总结，中国古代很早就洞察到了民心大如天的客观规律，将"民为邦本"作为治国理政的核心理念，将人民的长远利益和整体利益作为治国理政的根本出发点。"民为邦本"这一思想，可以说是夏朝开国的宪章，大禹以祖训的形式，向后世子孙揭示了治国理政的基本规律，告诫后世子孙"得众则得国，失众则失国"。"民惟邦本，本固邦宁"是中国源远流长的政治思想，其本质就在于"大道之行，天下为公"。中华文化认为，天地万物的本源是一个道，大道广行于天下，国家不是某个人、某部分利益集团的私物，国家是人民之国家，国家的兴衰成败都是由人民决定的。因此，人民是国家的根本，也是国家命运的真正主宰。"天下为公"是人间正道，"民为邦本"是正道在治国领域的彰显，治国理政要依正道而行。

中华传统文化孕育的天下观除了对内构建大同世界，还对外展现"亲仁善邻"的理念。

2017年12月1日，中共中央总书记、国家主席习近平在中国共产党与世界政党高层对话会上的主旨讲话中指出："回顾历史，支撑我们这个古老民族走到今天的，支撑5000多年中华文明延绵至今的，是植根于中华民族血脉深处的文化基因。中华民族历来讲求'天下一家'，主张民胞物与、协和万邦、天下大同，憧憬'大道之行，天下为公'的美好世界。我们认为，世界各国尽管有这样那样的分歧矛盾，也免不了产生这样那样的磕磕碰碰，但世界各国人民都生活在同一片蓝天下、拥有同一个家园，应该是一家人。世界各国人民应该秉持'天下一家'理念，张开怀抱，彼此理解，求同存异，共同为构建人类命运共同体而努力。"①

（三）社会观

党的二十大报告指出要"弘扬诚信文化，健全诚信建设长效机制"，这是提高全社会文明程度、实施公民道德建设工程的重要一环。人无信不立，国无信不兴。中国自古以来就强调"讲信修睦"，这不仅是中国由来已久的历史文化传统，更是中华民族世代相传的道德圭臬，是为人之本、处世之方、立国之基。

"讲信修睦"出自《礼记·礼运》："大道之行也，天下为公，选贤与能，讲信修睦。"意指讲究信用，睦邻修好。《礼记》中将"讲信修睦"视为大同世界的理想境界。在中国传统文化中，无论是人与人之间，还是国与国之间，要调整相互间的关系，达至亲密和睦这一境界的关键就在于以"信"为优良美德和思想传统。何谓"信"？据《说文解字注》："信，诚也。""人言则无不信者，故从人言。""信"是一个会意字，其本义是以言语取信于人。正所谓"志以发言，言以出信，信以立志"。由"信"之本义引申，"信"意味着诚实无欺，恪守信用。中华传统文化中诸子百家多元并存，他们虽对个人的穷通荣辱、国家的治乱兴衰怀持着各异的观点与态度，但诚信却是他们共同推崇的道德准则。

---

① 习近平：《携手建设更加美好的世界———在中国共产党与世界政党高层对话会上的主旨讲话》，《人民日报》2017年12月2日。

大道同行
推进马克思主义基本原理同中华优秀传统文化相结合

从个体层面而言,"信"是人格基础,是立身行道必须坚守的道德底线。早在春秋时期,古人就将"信"视作一个人应当具备的最基本的德行。孔子认为,重允诺而言必信是君子人格的内在要求,可以作为衡量君子的标准。在他看来,一个人若不讲信义,恰似车无轴轮无法运行一样,就无法在社会中立足。故而孔子对"信"颇为重视,以"信"为君子安身立命之本。据《论语·述而》载,"子以四教:文、行、忠、信"。孔子以"信"为"四教"科目之一,强调把诚信作为培养教育学生的重要内容。孔子还将"信"同"恭""宽""敏""惠"并列为"五德"。孔孟以降,董仲舒、周敦颐、朱熹等历代思想家均对"信"进行过精辟论述,"信"随之流传下来,成为人人奉行的立身之本。

从社会层面而言,人们对"信"的恪守是维持社会和谐、促进社会团结的重要纽带。社会由个体的人组成,人与人之间如何相处,决定着一个社会是否有序,是否和谐。"信"是社会的黏合剂。唯有社会成员间实现互信,整个社会才能正常运转。在经济活动中,经营者诚信为本,货真价实才能赢得消费者信赖,长久获利。商人以利润最大化作为追求,但只重个人利益,罔顾整个社会效益,尤其是摒弃道德的获利方式难以持久。中国古人将"信"作为经商原则由来已久,形成了"市不豫贾""贾而好儒"的商德文化。中国传统商德讲诚信、重道义,将义与利结合,其中尤以诚信为重。荀子力赞"良贾",认为"商贾敦悫无诈,则商旅安,货通财,而国求给矣"。管子曾言,"非诚贾不得食于贾",明确指出商德的根本就是诚信。吕不韦更是将良好的商业道德看作是"万利之本"。

从国家层面而言,"信"是政权稳固的基石。"信"在中国古代社

第四章 中华优秀传统文化与马克思主义精髓高度契合

会发展的过程中不断深化,从道德意义进一步扩展至处世、治世的重要伦理原则,成为治国理政、安邦定国的重要抓手。"信,国之宝也,民之所庇也。"对国家而言,诚信犹如宝器,在治国理政中发挥着至关重要的作用。中国传统思想重道德,将道德原则放在论政的首要位置,其中尤以政治诚信为重。孔子提出"为政以德",内在规定了为政者必须讲诚信。据《论语·颜渊》记载,子贡曾向孔子请教政事,孔子将"足食""足兵""民信"列为国家政治生活中的三个基本要素。在子贡的追问下,孔子指出,若迫不得已只能取其一,那就"去兵""去食",而必须保留的是"民信"。在治政的三个要素中,政府的公信力远比兵马、粮草重要。"民无信不立","信则民任焉",一个政权若不能取得百姓信任就会垮掉,而唯有以"信"为基石,才能得到百姓拥戴。国之本在民,"取信于民则王,欺之于民则败",历史一再证明这是一个颠扑不破的真理。

那么如何取信于民?中华传统文化也告诉了我们答案:人存政举,人亡政息。选拔人才是治国理政的首要之事。中国古代国家治理中关于贤才的重要性、选贤的标准、选贤的方式、如何用贤等几个方面,显示出中华优秀传统文化中任人唯贤的智慧和经验。"为政以德",是讲统治者和官员要有道德操守,在重视个人品德、遵守政治规则的同时尽力施行仁政,体现的是正身爱民的思想。"为政以德"是"民为邦本"思想的延伸和在政治上的表现,和"民为贵,社稷次之,君为轻"是相通的,同马克思主义的群众观点和群众路线也是相通的。

"为政以德"出自《论语·为政》,子曰:"为政以德,譬如北辰,居其所而众星共之。"描述的是以"德"为运行机制从而实现天下归心的政治治理模式,说明了中国传统政治合法性的依据,代表了中华优

大道同行
推进马克思主义基本原理同中华优秀传统文化相结合

秀传统文化中突出的政治品质。"为政以德"与"民为邦本"作为中国传统的治理思想，两者密不可分。"敬德保民，以德配天""德惟善政，政在养民""在明明德，在亲民，在止于至善"等都反映了"为政以德"与"民为邦本"是抽象与具体、理念与实践的对应关系。

"皇天无亲，惟德是辅"，"为政以德"作为中国传统政治思想的显著标识，归根结底是由中华优秀传统文化中根深蒂固的道德主义所决定的。值得一提的是，"为政以德"作为中国传统治理的精神内核，虽由孔子提出，但经过历史长河的氤氲激荡，已化润为诸子百家融会贯通的理念体系。其中不仅有儒家"仁"的意蕴，也有道家"顺"的内涵，既有法家"规"的要素，还有佛家"净"的追求，等等，最终在诸多思想流派的碰撞中，形成了至今仍然发挥效用的政治智慧。

"民心无常，惟惠之怀"，"民为邦本"则为"为政以德"提供了指南和方向，将抽象的"德"转化为具体的"民"。关于"为政之德"与以民为本相关的论述，古籍的记载不胜枚举，如"国之兴也，视民如伤，是其福也；其亡也，以民为土芥，是其祸也"，"得众则得国，失众则失国"，等等。为了使理念与取向更加具象，中华传统文化还从养民、富民、教民三个层次为"民为邦本"赋予具体内涵。据《论语·子路》篇记载："子适卫，冉有仆。子曰：'庶矣哉！'冉有曰：'既庶矣，又何加焉？'曰：'富之'。曰：'既富矣，又何加焉？'曰：'教之。'"以此勾勒出了由"为政以德"治理理念到"民为邦本"实践方向再到"庶""富""教"具体路径的完整图景。

"结合"的前提是彼此契合。马克思主义的群众史观、共产主义理想与中华优秀传统文化的"民为邦本""为政以德"存在高度的契合性。一方面，群众史观与"民为邦本"在群众是社会发展的决定性力量方面达成了深刻共识。如中华优秀传统文化著名的"舟水论"即"君者，舟也；庶人者，水也。水则载舟，水则覆舟"，与群众史观经典的"平行四边形论"即人们创造历史的活动，如同无数个力的平行四边形形成的一种总的合力，从量与质的角度说明，群众不仅是数量最多的社会群体，而且经群体共同作用而形成的合力会成为社会发展的决定性力量。另一方面，共产主义理想与"为政以德"在社会治理的"善治"层面实现了高度统一。马克思主义畅想的共产主义是"人和自然界之间、人和人之间的矛盾的真正解决，是存在和本质、对象化和自我确证、自由和必然、个体和类之间的斗争的真正解决"[①]，"为政以德"主张的是以德化人的王道政治，而德化又意味着"一体为仁""忠恕之道""民胞物与"的圆融状态。彻底解决斗争与矛盾的共产主义理想与"为政以德"追求的和谐圆融愿景反映了"善治"的殊途同归。挖掘群众史观与"民为邦本"相契合、共产主义理想与"为政以德"契合性的过程，不仅巩固了文化主体性，还筑牢了中国特色社会主义的道路根基。

"结合"的结果是互相成就。群众史观与"民为邦本"、共产主义理想与"为政以德"除了高度契合还相互补充，打开了思想解放的创新空间。群众史观与"民为邦本"虽然都突出了群众对社会发展的决定性作用，但二者对应的对象不同，前者是马克思用来武装广大劳工的科学理论，证明了无产阶级革命推翻资产阶级反动统治的合理性；后者劝谏的对象则是为政者，要求他们严守爱民如子、视民如伤的治国底线。将群众史观自下而上的发动与"民为邦本"自上而下的贯彻

---

① 马克思：《1844年经济学哲学手稿》，人民出版社2018年版，第231页。

相结合，不仅展示了群众观点理论向度的双向贯通，还开辟了人民民主专政的互动路径。既在治国理政层面保障了"我将无我，不负人民"[①]，也在参政议政过程中保证了社会主义政治文明所特有的全过程人民民主。而共产主义理想与"为政以德"虽然都体现了政治自由的理想状态，但两者对自由的实现与内蕴有着不同维度的把握。共产主义理想追求的自由是社会的整体性自由，对应的是生产力高度发展、物质极大丰富的经济基础。但凡具备了足够的物质生产条件，个体自由与整体自由便是客观规律与发展趋势所形成的不可逆性结果。"为政以德"蕴含的政治自由则侧重于为政者从善如流的感召，呈现的是个体内在的自我超越，即以修身为起点，进而实现知情意、心性行、真善美相统一的境界。将共产主义理想由外向内的方式与"为政以德"由内向外的路径相结合，不仅能实现物质自由与精神自由既相互同步又互相促进的良性循环，而且还产生了奇妙的化学反应，形成了客观规律与人性民情交互作用的人类文明新形态。

（四）道德观

"厚德载物"呈现了中华传统文化所蕴含的整体道德主义，是中华传统美德的精髓所在，也是中国人民在长期生产生活中积累的宇宙观、天下观、社会观、道德观的重要体现。厚德才能载物，唯有厚其德，载物才可能。这就像一个容器一样，我们既要通过不断的锤炼，使自己变得坚挺、坚硬，也要不断地扩大自己的"容量"。所能与所容需要相配。在中华文化中，我们秉持收敛的德行，把实力包含在礼

---

① 《习近平著作选读》第二卷，人民出版社2023年版，第250页。

仪之下。在这种意义上，我们需要参照他者的视角寻找自己的恰切定位，戒骄戒躁，在与他者的切磋中支撑起自己。这也解释了马克思主义与中华传统文化的亲缘性，更解释了马克思主义能够在中国这块肥沃的土地上生根、发芽、开花、结果的原因。党的二十大报告反复提到"德"的问题，在第八章第三节"提高全社会文明程度"中，着力强调"实施公民道德建设工程，弘扬中华传统美德"对于"推进文化自信自强，铸就社会主义文化新辉煌"的重要性。"厚德载物"一词，出自《周易·坤卦·象传》中的"地势坤，君子以厚德载物"。在《周易》中，坤卦象征着大地。意思是广大无垠的大地包含着安静柔顺的美德，君子从中能够悟出做人做事的道理，要向大地生育、包容和承载万物的美德学习，从而修养自己的道德。"坤"为地之德，《说卦》云："坤，顺也。"引申为以宽厚之德包容万物，使万物各遂其生。大地的美德深厚，它能够滋养万物、承顺天道，使天地相合、阴阳相生，所以大地之德广大无边。"厚德载物"，既是对大地承载万物之德的形容，也是对中国古代圣贤之德的描述。

"厚德载物"，体现着"海纳百川、和而不同"的包容精神。中国古人十分重视包容，这也是君子所具有的品格和宽广的胸怀。"海阔凭鱼跃，天高任鸟飞。"非大丈夫不能有此度量。君子之度量，如同大海一般，"海纳百川，有容乃大"。大海之所以伟大，还在于它能容纳各种不同的事物。孔子在《论语·子路》中所说的"君子和而不同，小人同而不和"，蕴含着对待不同事物的开放包容态度。春秋战国时期，诸侯并立，国家纷争，各国差异较大。"和而不同"的包容精神就是要承认彼此差异、容纳各种不同、避免产生冲突，正如孟子所说"物之不齐，物之情也"。万事万物，千差万别，这正是客观世界的真实样

大道同行
推进马克思主义基本原理同中华优秀传统文化相结合

子与自然规律,我们应当接受和容纳这种不同,学会容纳不同事物。

"厚德载物",还表现为"宽以待人、反求诸己"的宽恕态度。宽以待人就是要以宽宏大度的态度来对待和宽恕别人。《论语》中关于"恕"的论述,既有忠恕之意,也有宽恕的内涵。如曾子说:"夫子之道,忠恕而已矣。"曾子认为孔子一以贯之的道,其实就是"忠"和"恕"罢了,即孔子所倡导"仁"的两个层面。有一次,子贡问孔子:"有一言而可以终身行之者乎?"孔子回答说:"其恕乎!己所不欲,勿施于人。"孔子又强调了"恕"是可以用毕生去实践的道德品质,其中"恕"的内涵就是自己不喜欢的,也不要强加给对方,方法在于推己及人,即"因己之不欲,推以知人之不欲",展现了基于换位思考、将心比心的宽恕精神。

中国古人对"反求诸己"的道德修养颇为推崇。如果说宽恕和原谅他人的过错是一个层次,那么反求诸己、看到别人的问题能够反省自身的问题,就是更高的层次。孔子所说的"躬自厚而薄责于人,则远怨矣",就包含多反思自己的问题,而宽容别人的意思,如此才能远离怨恨。孔子还说:"君子求诸己,小人求诸人。"君子与小人的区别在于君子反求自己,小人苛求他人。孟子也说:"爱人不亲,反其仁;治人不治,反其智;礼人不答,反其敬。行有不得者皆反求诸己,其身正而天下归之。"凡是行为出现问题,不能达到目标的,首先要返回自身寻找原因,而不是向外求全责备。自身的德行端正,天下之人自然会归服。反求诸己是更高的水平境界,也是古代圣贤君子对心性修养的具体践行。

"厚德载物"是中华传统美德的代表。在中国历史上,从修身、齐家到治国、平天下,无不基于对"德"的不懈追求,在治国理政层面就明确了"为政以德"的要求,"为政以德"是中国政治传统中的核心理念,其产生与发展根植于中华优秀传统伦理道德和哲学智慧,与人民群众日用而不觉的共同价值观念贯穿融通,蕴含了中华民族崇德尚群的伦理规范、以德化人的仁爱精神,以及天下大同的政治理想,深刻展现了中华民族责任先于权利、义务先于自由、群体高于个人、和谐高于冲突的崇高价值追求。中国共产党从中华优秀传统文化中汲取"厚德载物"的丰富精神文化内涵,并通过创造性转化和创新性发展,使"厚德载物"观念融入公民道德与社会主义核心价值观之中。党的二十大报告提出,要"推动明大德、守公德、严私德,提高人民道德水准和文明素养",其实质就是要加强公民思想道德的建设,坚持以德治国的发展理念,树立立德为本、以德为先的道德观,大力弘扬中华传统美德,深入广泛践行社会主义核心价值观,从而增强文化自信,铸就社会主义文化新辉煌。

"厚德载物""为政以德"直接体现了中华传统文化中的道德中心主义,而"自强不息"体现了中华民族道德观中的生机与活力,是中国人民拼搏奋斗的文化基因,是中华民族源远流长的精神支柱。中华民族之所以能在五千多年的历史进程中生生不息、薪火相传、发展壮大、傲立于世界民族之林,久经挫折而不屈,历遭坎坷而不馁,离不开"自强不息"的伟大精神和气节品质。我国的经典古籍从精神品质、民族气节、家国情怀、创新开拓等方面,论述了"自强不息"的精神内涵和历史演进。

"自强不息"语出《周易·乾卦·象传》:"天行健,君子以自强不息。"在《周易》中,乾卦对应着天,天道广而无私、生养万物、运行不息,君子应当师法天道,自觉奋发向上,永不松懈,即"自强不

> **大道同行**
> 推进马克思主义基本原理同中华优秀传统文化相结合

息"。"自强不息"最初是个人精神品质要求,古圣先贤效法天道,为人的道德修养树立标准,提倡"自强不息""敏于行""喻于义"的君子人格,强调人应该刚健有为、自立自强、积极进取、攻坚克难、日新其德,如"天"般秉承只争朝夕的奋斗精神,致力于人格完善、价值实现与精神超越。"自强不息"中的"强"既是自力更生式的强,还应该是能够自己战胜自己的强,这需要人有自知之明和自我控制力。

"自强不息"作为中华传统文化的精神典范,源远流长、历久弥新、传承千年而不衰,自古以来勉励无数仁人志士迎难而上、不屈不挠,为了理想不懈奋斗。《尚书·皋陶谟》中,皋陶为舜提出选取贤人的标准,强调"强而义",要求所选官员应当强直自立、无所屈挠;先秦时期,孔子践行"自强不息"精神,一生谋道、坚韧不拔、迎难而上,"知其不可为而为之";北宋时期,王安石谋求政治上"革故鼎新",强调"君子之道始于自强不息",针对北宋中后期冗官、冗兵、冗费的问题,坚持除弊革新,促成了重大的变法运动;清末,康有为等人面对内外交弊,明确指出"自强"的重要性,认为上天不佑弱者,只有自强才能改变中国的衰弱局面。

随着历史的变迁,"自强不息"逐渐拓展与跃升为民族、社会、国家的独特品格与文化基因,影响着整个民族政治文化和精神活动的走向,成为中华传统文化的主体内容,成为中华民族生生不息、永不竭尽的强大动力,也成为中华民族精神的灵魂。中华民族是一个不屈的民族、不服输的民族,这种从不屈服、永不言败的精神,正是生发于中华民族自强不息、刚毅不拔的气节之中。面对困境和灾难,中国人民从不选择逃避,而是勇敢面对并坚定地克服一切困难、战胜所有灾难,化危为机,赢得最终胜利。恰如习近平总书记所言:"中国人民自古就明白，世界上没有坐享其成的好事，要幸福就要奋斗。"①"自强不息"作为一种奋斗精神，在中华民族发展的历史长河中沉淀下来，形成刚毅不拔的品质气节，使中华民族绵延不绝、永续发展，饱受挫折又不断浴火重生，成为中华民族深刻的民族印记。

---

① 习近平：《在第十三届全国人民代表大会第一次会议上的讲话》，《人民日报》2018年3月21日。

第五章 | PART FIVE

"六个坚持"
彰显悠久文明理念

"天地之道，恒久而不已也。"天地运行是自然常道，中华优秀传统文化师法自然而成社会规律，同样历久弥新、恒久不息，为一代代圣贤君子、仁人志士以不同身份、不同形式演绎成中华灿烂辉煌的历史长卷。中国经历了百年沉沦，是中国共产党继承中华优秀传统文化，始终保持天地无私奉献之初心，以马克思主义理论为思想武装，带领中华民族走出水深火热。如今中国屹立于世界民族之林，面对的是纷繁复杂的变化局势。然而万变不离其宗，"人能弘道"，真正的中国人总是能够将通泰和平由一身推及天下。古时以圣贤君子为表率，而如今中国共产党人虽不自称"圣贤君子"，但都是全心全意为人民服务，恰合天心，是全体中国人民的榜样、表率。

党的十八大以来，国内外形势变化和我国各项事业发展都给我们提出了一个重大时代课题，即必须从理论和实践结合上系统回答新时代坚持和发展什么样的中国特色社会主义、怎样坚持和发展中国特色社会主义。"围绕这个重大时代课题，我们党坚持以马克思列宁主义、毛泽东思想、邓小平理论、'三个代表'重要思想、科学发展观为指导，坚持解放思想、实事求是、与时俱进、求真务实，坚持辩证唯物主义和历史唯物主义，紧密结合新的时代条件和实践要求，以全新的视野深化对共产党执政规律、社会主义建设规律、人类社会发展规律的认识，进行艰辛理论探索，取得重大理论创新成果，形成了新时代中国特色社会主义思想。"①党的二十大报告进一步提出推进理论创新的"六个坚持",既是贯穿习近平新时代中国特色社会主义思想的立场观点方法,更是马克思主义基本原理同中国具体实际相结合、同中华优秀传统文化相结合的典范成果。②

一、坚持人民至上：民本思想的传承

人民至上,是对马克思主义人民立场和人民群众观点的高度凝练概括,更是对中华优秀传统文化民本思想的传承与创新。自《尚书·五子之歌》记载"民惟邦本,本固邦宁",中华民族便在经典文献中明确了人民群众在国家发展中的根本地位。此后管子提出"政之所兴在顺民心,政之所废在逆民心",孟子呼吁"得民心者得天下",荀子主张"民贵君轻",先秦"民本"思想在社会变迁中得到充实和丰富。历经时代更迭,董仲舒提出"天立王以为民",顾炎武主张"以天下之权,寄天下之人",黄宗羲认为"天下为主,君为客",直到孙中山提出"三民主义"政治主张,传统民本思想体系更加完善。③中国共产党人接过历史的接力棒,始终以人民群众为社会实践的主体、社会物质财富和社会精神财富的创造者、社会变革的决定力量,以马克思主义为人民维护根本利益而由其中先进分子组成政治团体,坚持来自人民、植根人民,贯彻人民的意志,忠实为人民服务,紧紧依靠

---

① 习近平：《决胜全面建成小康社会　夺取新时代中国特色社会主义伟大胜利——在中国共产党第十九次全国代表大会上的报告》,人民出版社2017年版,第18—19页。
② 参见杨玉成：《"六个坚持"的理论品格》,《人民论坛》2022年第10月下期。
③ 参见刘进旭、李根寿：《思想渊源·历史赓续·实践价值：党的人民至上观的三维释读》,《新疆社科论坛》2022年第4期。

第五章 "六个坚持"彰显悠久文明理念

人民去创造历史伟业。[①]坚持人民至上,是新时代新征程中国共产党继承和弘扬中华优秀民本思想,带领依靠全体人民实现中华民族伟大复兴、构建人类命运共同体的根本观念和基本方法。

(一)一切为了人民——"为政之要,以顺民心为本"

民心是最大的政治。[②]2021年10月13日,习近平总书记在中央人大工作会议上讲道:"为政之要,以顺民心为本。"一切国家机关和国家工作人员必须牢固树立人民公仆意识,把人民放在心中最高位置,保持同人民的密切联系,倾听人民意见和建议,接受人民监督,努力为人民服务。[③]

一切为了人民,不仅是中国的人民,还有世界的人民,正如天安门城楼上的标语,"中华人民共和国万岁""世界人民大团结万岁"。新冠疫情的出现,让世界各国认识到,抗击这一重大疫情是全世界、全人类共同面临的全球性问题,需要世界各国团结合作、共同面对,没有哪一个国家可以独善其身。中国应对疫情有力且有效,也让人们看到希望在中国。2020年5月18日,国家主席习近平在第73届世界卫生大会视频会议开幕式上发表题为《团结合作战胜疫情 共同构建人类卫生健康共同体》的致辞,为推进全球抗疫合作宣布:

——中国将在两年内提供20亿美元国际援助,用于支持受疫情影响的国家特别是发展中国家抗疫斗争以及经济社会恢复发展。

——中国将同联合国合作,在华设立全球人道主义应急仓库和枢纽,努力确保抗疫物资供应链,并建立运输和清关绿色通道。

[①] 参见杨玉成:《"六个坚持"的理论品格》,《人民论坛》2022年第10月下期。
[②] 参见《习近平谈治国理政》第四卷,外文出版社2022年版,第57页。
[③] 参见《习近平谈治国理政》第四卷,外文出版社2022年版,第255页。

| **大道同行**
| 推进马克思主义基本原理同中华优秀传统文化相结合

——中国将建立30个中非对口医院合作机制,加快建设非洲疾控中心总部,助力非洲提升疾病防控能力。

——中国新冠疫苗研发完成并投入使用后,将作为全球公共产品,为实现疫苗在发展中国家的可及性和可担负性作出中国贡献。

——中国将同二十国集团成员一道落实"暂缓最贫困国家债务偿付倡议",并愿同国际社会一道,加大对疫情特别重、压力特别大的国家的支持力度,帮助其克服当前困难。

我呼吁,让我们携起手来,共同佑护各国人民生命和健康,共同佑护人类共同的地球家园,共同构建人类卫生健康共同体![1]

事实证明,中国做到了,在世纪疫情之中不但安然过关,还将过关秘籍分享给全世界。截至2021年12月31日,中国累计向120多个国家和国际组织提供20亿剂新冠疫苗。

"人民"的含义是广泛的,中国共产党人的誓愿同样是无穷的,"民之所忧,我必念之;民之所盼,我必行之"[2]。一切为了人民,对于一个大国来说责任非常重大、工作非常艰巨,而真正的勇士敢于直面一切困难,必有"我将无我,不负人民"的情怀,以不变应万变。

(二)一切依靠人民——"能用众力,则无敌于天下矣"

2020年5月22日,习近平总书记在参加十三届全国人大三次会议内蒙古代表团审议时指出:"'能用众力,则无敌于天下矣;能用众智,则无畏于圣人矣'。我反复强调,人民是我们党执政的最大底气,在这次疫情防控斗争中,在党中央统一领导下,全国动员、全民参与,

---

[1] 习近平:《团结合作战胜疫情 共同构建人类卫生健康共同体——在第73届世界卫生大会视频会议开幕式上的致辞》,《人民日报》2020年5月19日。
[2] 《国家主席习近平发表二〇二二年新年贺词》,《人民日报》2022年1月1日。

联防联控、群防群治，构筑起最严密的防控体系，凝聚起坚不可摧的强大力量。"[①] 人是世界万物中的独特存在，不仅因为灵性高，更在于能够通过统一思想、分工合作、群策群力，进而实现无数伟大的成就。《荀子·王制》中记载：

> 水火有气而无生，草木有生而无知，禽兽有知而无义；人有气、有生、有知，亦且有义，故最为天下贵也。力不若牛，走不若马，而牛马为用，何也？
>
> 曰：人能群，彼不能群也。
>
> 人何以能群？
>
> 曰：分。
>
> 分何以能行？
>
> 曰：义。故义以分则和，和则一，一则多力，多力则强，强则胜物，故宫室可得而居也。故序四时，裁万物，兼利天下，无它故焉，得之分义也。

"义"即"仁义"，人与人之所以能够分工协作，在于有同情心、同理心可以沟通交流，在不同岗位、层级都向着同一个方向努力。所谓"仁者无敌"，大仁大义的人不会树立敌人，而是团结一致，分析面对真正的矛盾因素，化解矛盾的根本原因，解除矛盾带来的不良后果，也就没有无法克服的困难，就可以说是没有敌对势力了。

相比于突如其来的疫情，贫困是人类社会长久存在的顽疾，是全世界面临的共同挑战。中国人民以坚定不移、顽强不屈的信念和意志与贫困作斗争。脱贫不仅仅靠党扶贫，还要扶志、扶智，既要发挥贫

---

① 张晓松、朱基钗：《"这位代表的话让我印象深刻"——习近平总书记在内蒙古代表团谈人民至上》，《光明日报》2020年5月23日。

大道同行
推进马克思主义基本原理同中华优秀传统文化相结合

困群众主体作用,更要汇聚各方力量形成强大合力。《人类减贫的中国实践》白皮书中说,"中国减贫实践表明,人民是历史的创造者、推动者,是顶天立地的真正英雄。只要坚持为了人民、依靠人民,尊重人民主体地位和首创精神,激励贫困群众自力更生、艰苦奋斗的内生动力,就一定能够战胜贫困"[1],同时,"只有动员和凝聚各方力量,引导全社会关爱贫困群众、关心减贫事业、投身脱贫行动,形成共同意志、共同行动,聚力攻坚克难,才能最终战胜贫困顽疾"[2],这是中国提前10年完成联合国减贫事业目标、向着共同富裕前进的核心智慧。

"天与火,同人。君子以类族辨物。"天在上,火有向上燃烧的气象,所以天与火有共同的发展方向,为同志、同行者,以二者同体表示万物实现同体的发展规律。一切依靠人民,就要分析清楚人民的情况,人民在社会发展的不同阶段,它的构成部分是不同的,有着不同特征,辨明差异,分阶段、分层次、分步骤,才能实现共同富裕的目标。

党的十八大以来,在以习近平同志为核心的党中央领导下,我国组织实施了人类历史上规模空前、力度最大、惠及人口最多的脱贫攻坚战。习近平总书记强调,要把底子摸清、实情吃透,掌握动态,准确研判,有效施策,确保脱贫不漏一户、不落一人;对不同原因、不同类型的贫困,分别对症下药、精准滴灌、靶向治疗;从致贫的根源入手,依据贫困地区和贫困人口的具体情况,发展生产脱贫一批,易地搬迁脱贫一批,生态补偿脱贫一批,发展教育脱贫一批,社会保障

---

[1] 中华人民共和国国务院新闻办公室:《人类减贫的中国实践》,人民出版社2021年版,第55页。
[2] 中华人民共和国国务院新闻办公室:《人类减贫的中国实践》,人民出版社2021年版,第56页。

兜底一批，做到"扶贫对象精准、扶贫产业精准、扶贫方式精准、扶贫成效精准"。在中国共产党的带领下，一批又一批驻村干部、驻村第一书记被精准选配到第一线，为扶贫带去新资源，输入新血液。他们奔赴农村的广阔天地，把基层党组织建成脱贫攻坚的战斗堡垒，精准把握"扶持谁、谁来扶、怎么扶、如何退"等一系列问题，苦下一番"绣花"功夫，成为带领群众实现精准脱贫的"领头雁"和"主心骨"。2020年年初，充分考虑到完成剩余脱贫攻坚任务工作难度大的现实，国家对2019年年底尚未摘帽的52个贫困县开展挂牌督战，在此基础上对贫困人口相对集中或者人数较多的村也开展挂牌督战。2021年2月25日，习近平总书记在全国脱贫攻坚总结表彰大会上庄严宣告，经过全党全国各族人民共同努力，在迎来中国共产党成立100周年的重要时刻，我国脱贫攻坚战取得了全面胜利，现行标准下9899万农村贫困人口全部脱贫，832个贫困县全部摘帽，12.8万个贫困村全部出列，区域性整体贫困得到解决，完成了消除绝对贫困的艰巨任务，创造了又一个彪炳史册的人间奇迹！[①]

一切依靠人民，这场艰苦战役的胜利，不仅在于党员干部带动帮扶，更在于无数贫困群众奋力争上游的共同努力。2020年10月12日，在江西省劳动模范和先进工作者表彰大会的劳模欢送仪式上，曾经的贫困户史小六也在其中。他曾常年在外打工，因弯腰过度患上了严重的腰椎间盘突出，严重时生活不能自理，2008年回到家中养病。几个孩子的学费、自己的医疗费、建房的欠款……一家人过上了入不敷出的艰难日子。2013年冬，他被确定为建档立卡贫困户，在当地党

[①] 参见习近平：《在全国脱贫攻坚总结表彰大会上的讲话》，人民出版社2021年版，第1页。

大道同行
推进马克思主义基本原理同中华优秀传统文化相结合

和政府以及驻村干部的帮扶下,他重拾生活热情。2016年,夫妇俩经帮扶干部介绍,来到乡里的农业种植基地打工,史小六勤奋好学,不仅掌握了西瓜种植技术,当年增收5000多元,还摘掉了"贫困户"的帽子,随后从承包户、副总经理、工会主席,一步步成长为省级劳模。①

四川雅安的古银海本是肢体三级残疾人,在多因素叠加致贫的情况下,他依然能够认识到改变家庭条件是自己的责任。在党委政府的关心和帮助下,更激发起他战胜困难、实现梦想的信心和决心。他通过种植3亩多的红心猕猴桃、1.5亩"脆红李"和2亩多茶叶,努力拼搏,最终改善了生活,2019年被评为第三届"雅安脱贫榜样"人物。②

"火在天上,大有。君子以遏恶扬善,顺天休命。"天空中有光明照耀,人们就能够分辨丑恶和美善,越来越多的人会认识到公正无私的美善力量,一切依靠人民,才能推广美好于广大的天下。国家有脱贫致富的号召和引领,人民有自强不息的精神和力量,上下共同努力,造就了中华民族的宏大功绩。占世界人口近1/5的中国全面消除绝对贫困,提前10年实现《联合国2030年可持续发展议程》减贫目标,不仅是中华民族发展史上具有里程碑意义的大事件,也是人类减贫史乃至人类发展史上的大事件,为全球减贫事业发展和人类发展进步作出了重大贡献。③巴西中国问题研究中心主任罗尼·林斯表示,减贫具有巨大价值,因为它展现了世界上每个人都过上体面生活的希望。中

---

① 参见龙慧梅、刘金艳:《脱贫之星:从贫困户到省级劳模——永新在中乡史小六的称呼变化》,《井冈山报》2020年10月18日。
② 参见彭加权:《从贫困残疾人到脱贫榜样——雨城区草坝镇村民古银海的增收脱贫故事》,《雅安日报》2020年12月23日。
③ 参见中华人民共和国国务院新闻办公室:《人类减贫的中国实践》,人民出版社2021年版,第2页。

国政府为经济和社会发展制定新目标，改善民众生活，推动国家发展。中国实现脱贫的宏伟壮举为全世界树立了榜样，将作为人类历史上最重要的事件之一被永远铭记。[①]

"文明以健，中正而应，君子正也。唯君子为能通天下之志。"践行光明之举，以心中正念呼应百姓之呼唤，唯有君子能够真正依靠全体人民的力量沟通天下人心。社会主义是依靠人民选择的光明大道，中国特色社会主义是依靠广大中国人民一步一步扎扎实实走出来的中国道路。而走自己道路的同时，中国始终呼应全人类的共同目标，"世界好，中国才能好；中国好，世界才更好。中国始终把自身命运与世界各国人民命运紧密相连，在致力于消除自身贫困的同时，积极参与国际减贫合作，做国际减贫事业的倡导者、推动者和贡献者，与各国携手共建没有贫困、共同发展的人类命运共同体"[②]。

一切依靠人民，要赢得人民的信赖，了解人民的期待，也发挥人民的力量。国际形势正在发生深刻复杂的变化，世纪疫情与百年变局叠加之时，一方面冷战思维、零和博弈、逆全球化仍在作祟，全球发展的深层次矛盾突出且复杂多变；另一方面多元文化不断交流融合，世界各国人民期待和平与安宁。"世界怎么了？我们怎么办？"国家主席习近平站在人类前途命运的高度，用共同利益、共同挑战、共同责任把各国前途命运联系起来，提出构建人类命运共同体的重大倡议。这是一个伟大的倡议，更是一项伟大的事业。俄罗斯科学院远东研究所高级研究员、俄中关系研究预测中心副主任亚历山大·伊萨耶夫表

---

① 参见赵凯等：《书写伟大奇迹 贡献宝贵经验——多国人士高度评价中国脱贫攻坚成就》，《光明日报》2021年2月28日。
② 中华人民共和国国务院新闻办公室：《人类减贫的中国实践》，人民出版社2021年版，第59页。

示，随着时间的推移，中国领导人提出的构建人类命运共同体理念在实践中不断丰富和发展，这给全世界的共同发展和繁荣创造了有利条件。① "独行快，众行远"，中国需要以极大的包容，以最大公约数凝聚越来越多人的力量，为越来越多的人办越来越多的事；更要以高度的智慧，化解不断发生的国际国内矛盾，以对话代替对抗，用合作代替争端，抚运膺期、因地制宜，为人类共同开创美好生活不断提供新方案。

（三）实现美好生活——"百姓昭明，协和万邦"

《尚书》记载，上古五帝中的尧帝"聪明文思，光宅天下"，他圣明的德行就像苍天一样，道德之光广包天下苍生；"钦明文思安安"，他以钦敬、明鉴、文教、睿思，令寻求安稳生活的民人庶物得到安宁，有天一样的无私护佑之德；"允恭克让，光被四表，格于上下"，凭借诚信、恭谨、克己、谦让令道德之光覆盖四方、贯通天地上下之间，名闻如天。德如昊天，自然荣享盛誉；由"亲九族"开始，以纯一亲爱之心，孝敬上通高曾祖父，慈爱下达子孙玄曾，使得父慈子孝、家族之伦有序亲睦；进而"九族既睦，平章百姓"，九族亲戚都能上下和睦，爱一家进而横向推广为爱众，所以能够公平地表彰百官的贤德；"百姓昭明，协和万邦"，百官的贤德得到昭明，进而得以协调和合四方的邦国；结果"黎民于变时雍"，以至于唐虞时代天下的民风普遍淳朴，"风俗大和"。这也是孔子孜孜以求的"大同之治"典范。

时空轮转，2022 年北京冬奥会、冬残奥会成为全世界翘首以盼的

---

① 参见张秀萍、张光哲：《海外人士关于人类命运共同体理念的认知图景》，《国外理论动态》2022 年第 3 期。

第五章
"六个坚持"彰显悠久文明理念

纯粹的体育盛会,更是弥合分歧、凝聚力量,为疫情之下的人类带来团结与希望的契机。

2016年3月18日,国家主席习近平在听取北京冬奥会、冬残奥会筹办工作情况汇报后曾指出,在北京举办全球瞩目的冬奥盛会,必将极大振奋民族精神,有利于凝聚海内外中华儿女为实现中华民族伟大复兴而团结奋斗,也有利于向世界进一步展示我国改革开放成就、和平发展主张。[①]四年一次的冬奥会并非仅在中国举办过,但在"振奋民族精神""凝聚中华儿女""展示和平发展主张"理念指导下,全世界共同的体育聚会在中国的大手笔中体现前所未有的人类至高价值,获得了世界各国高度赞誉。而这样一个盛大的聚会,涉及安全、工程、外交、文化、生态等方方面面,其圆满成功举办凝聚了各行各业的心血和力量。

"乾知大始,坤作成物。乾以易知,坤以简能。"乾道为万事万物的发展指引方向,坤道为不同事物成形提供资源。指引方向必须简单明确才能被人理解,方法必须因地制宜、与时偕行才能被人运用。从申办、筹办到举办的六年里,冬奥会一点一点呈现在世人眼前,兑现了中国的诺言。中央广播电视总台央视新闻对这一具有里程碑意义的大事的准备工作持续报道:

> 伴随着冬奥会筹办的深入展开,我国冰雪运动正在呈现跨越式发展的态势:109个冬奥小项实现了"全项目开展、全项目建队、全项目训练"的目标,改写了申冬奥成功时1/3尚是空白的历史。随着冰雪运动"南展西扩东进",改变了"冰雪运动不进山海关"的版图,

---

[①] 参见《绿色办奥共享办奥开放办奥廉洁办奥 办成一届精彩非凡卓越的奥运盛会》,《人民日报》2016年3月19日。

大道同行
推进马克思主义基本原理同中华优秀传统文化相结合

"带动三亿人参与冰雪运动"在神州大地成为生动实践。

张北的风点亮北京的灯,高铁构建起"一小时生活圈",崇礼成长为驰名中外的"滑雪小镇",北京空气质量首次全面达标……京津冀经济社会发展进一步从"相加"到"相融",给人们带来更多的获得感、幸福感、安全感。

北京冬奥场馆充分利用 2008 年奥运会的遗产:国家体育场鸟巢再次承担开、闭幕式重任;水立方变身"冰立方"承办冰壶赛事;国家体育馆改造后举办冰球赛事;首都体育馆承担北京冬奥会短道速滑、花样滑冰比赛……

新冠疫情暴发以来,中国贯彻落实"简约、安全、精彩"的办赛要求,向着如期办赛的目标稳步前进,兑现向世界的庄严承诺。北京冬奥组委公布《防疫手册》,明确了"疫苗接种、闭环管理、健康监测"等具体防控措施,确保赛事安全。[①]

疫情防控和脱贫攻坚的任务再艰巨,始终不能磨灭人们对美好生活的向往,更不会压倒中国共产党人的志气。"带动三亿人参与冰雪运动"是以体育事业带动全民健身,实现全民健康共同体;打造"一小时生活圈"是协同地区共同发展,实现发展共同体;"利用 2008 年奥运会的遗产"是保护环境、持续发展,实现人与自然共同体;"疫苗接种、闭环管理、健康监测"是确保国民安全、世界安全,实现人类命运共同体……就连冬残奥会吉祥物"雪容融"都表达出世界文明交流互鉴、和谐发展的理念,希望通过残奥运动创造一个更加包容的世界

---

① 参见马喆:《潮头观澜 | 冬奥盛会 重大标志》,央视新闻百家号 2022 年 1 月 5 日, https://baijiahao.baidu.com/s?id=1721076644777241942&wfr=spider&for=pc。

和构建人类命运共同体的美好愿景。①

2021年，国家主席习近平先后在北京、河北张家口考察北京冬奥会、冬残奥会筹办工作，向世界展现出如期举办冬奥盛会的决心和信心；以冬奥会为契机深化与各国的体育合作和人文交流携手"一起向未来"。联合国秘书长古特雷斯表示："奥运会是极为重要的赛事，是体育团结大众、倡导和平的标志。"他说："正是在这样的背景下，不带任何政治立场，我将出现在北京冬奥会开幕式上，向大家传递这样的信息：奥运会一定能够成为促进世界和平的助推器。"②

同年12月2日，第76届联合国大会协商一致通过由中国和国际奥委会起草的奥林匹克休战决议，173个会员国共提该决议。决议呼吁各方通过和平和外交手段解决国际冲突，敦促各国在北京2022年冬奥会开幕前7日至北京冬残奥会闭幕后7日遵守奥林匹克休战；强调北京冬奥会和冬残奥会的愿景——"纯洁的冰雪，激情的约会"，旨在让奥林匹克点亮青年梦想，让冬季运动融入亿万民众，推动社会发展，创建和谐、和平和更美好的世界。在新冠疫情持续肆虐，各国经济社会发展面临诸多考验，传统和非传统安全挑战层出不穷的今天，决议特别提出要认识到体育在全球应对疫情冲击能力建设方面的作用，强调北京冬奥会将是展现人类团结、韧性和国际合作宝贵价值的契机。③

---

① 参见《冬奥小课堂｜陆续发布！记住北京2022年冬奥会的这些元素》，新华网百家号2021年11月27日，https://baijiahao.baidu.com/s?id=1717540351237123533&wfr=spider&for=pc。
② 李萌：《联合国秘书长古特雷斯：北京冬奥会定能成为促进和平的助推器》，《环球时报》2022年1月15日。
③ 参见《第76届联合国大会协商一致通过中国和国际奥委会共同提出的奥林匹克休战决议》，中华人民共和国中央人民政府网2021年12月3日，https://www.gov.cn/xinwen/2021-12/03/content_5655572.htm。

| **大道同行**
| 推进马克思主义基本原理同中华优秀传统文化相结合

志合者，不以山海为远。四方宾朋穿越千山万水共赴冰雪之约——91个国家和地区的近3000名运动员同场竞技，近70个国家、地区和国际组织的约170位官方代表出席盛会，有的国家领导人甚至在没有运动员参会的情况下来华共襄盛举，用行动表达出对东道主的支持，彰显出团结与和平才是人们的共同期待。"北京冬奥会展现了中国最好的一面、全人类最好的一面。"第76届联合国大会主席沙希德如是说。北京冬奥会克服阻碍顺利举办，既为疫情之下世界人民展示体育竞技水平、展现团结进步精神提供了契机和舞台，也向全世界传递了人类面对困境战胜挑战的决心和信心。中国以自己的大国担当，为奥林匹克运动的发展和推动构建人类命运共同体作出新的贡献。[1]

"易简而天下之理得矣"，当一团微小的火苗被不同国家和地区引导牌组成的巨大雪花捧在花心时，就象征着光明、团结、友谊的奥林匹克圣火穿过疫情阴霾如期点燃，为人类走出寒冬点亮新希望。以一国带动世界，让正气充满人间，唱着"我们都需要爱，大家把手都牵起来，Together for a shared future，一起来，一起向未来"，凭借这场盛会的乾坤正气、创造之力，团结全世界人民一起向寰宇清宁的未来迈进！

二、坚持自信自立：自强厚德的品格

自信自立，是对中华民族自强不息精神和历代中国共产党人独立自主精神的继承和发扬。"群经之首"《周易》承载着"大道之源"，开篇就讲乾坤之道给予人们德能修养的启示，"天行健，君子以自强不

---

[1] 参见黄月、王诗雨：《北京冬奥会：人类命运共同体的完美诠释》，《中国纪检监察》2022年第4期。

息""地势坤，君子以厚德载物"。自强源于自信，厚德便是自立。中华民族仰观天象、俯察地理发现了宇宙人生的真相，明了人的潜能与天地一样无穷无尽，对于创造美好生活充满信心；同时师法自然不断掌握规律，培养起方方面面的能力、发明了各种各样的方法，以文字典籍记录流传、指导实践，进而实现五千多年文明发展绵延不断，也打造出中华民族自强厚德的品格。近代以来，面对民族危难，一些仁人志士把传统的自强不息精神和世界上的一些先进理念相结合，提出了"自强""自立""独立""自治"等号召。在中国共产党领导人民进行百年奋斗的历程中，中华民族充分发挥自强厚德品格，实现了从站起来、富起来到强起来的历史性飞跃，在世界百年未有之大变局中，以自信自立的新姿态昂首走在强国之路上，使中国再次成为世界瞩目的焦点。

（一）自强不息的精神——"天行健，君子以自强不息"

在中华优秀传统文化的视野中，人的本体并非个体的形态，而是与万物一体。庄子说："天地与我并生，而万物与我为一。"人是与天地同时出现的，而不是被创造出来的，还与天地一样具有创造万物的乾坤之德。人虽然被划入动物界，但"头圆象天，足方履地，面南背北，左东右西，直立两间之中"，不同于其他生物，是"天地之性最贵者"，在于认识到"人之所以异于禽兽者几希"，这"几希"之处就是人能觉悟"天命之谓性"，与天地并列为"三才"。

"天行健，君子以自强不息。"天道就是乾道，是天体运行的内在能量，而自强是人自身发展的内在原因。天体运转不息，为万物带来了四时变化的气候，激发万物复苏、成长、壮大；君子依靠理想信念

大道同行
推进马克思主义基本原理同中华优秀传统文化相结合

成就自身力量,进而以自身力量不止息地不断发展。

人能够在道德学问上有自我激励、努力学习、不断改过得以开发自身德能的志向,"苟日新,又日新,日日新",这是真正意义上的自强,也就是德行的"自胜者强"。人的乾德有"元、亨、利、贞"四种能力:"'元'者,善之长也",元是长养百善的动机;"'亨'者,嘉之会也",亨是会集众美的通达;"'利'者,义之和也",利是和谐物宜的公义;"'贞'者,事之干也",贞是干济事业的坚守。元善、亨嘉、利义、贞干内含于人之乾德,所以"君子体仁,足以长人,嘉会,足以合礼,利物,足以和义,贞固,足以干事",人启用自身乾德,自然会仁爱万物、自尊树范、汇集嘉美、配合礼节,利益万物、和合众义,坚贞有守、干济事业,像天那样广包万物、护佑四方、调理时序、开启生机。初生、成长和德行三方面的自强构成了"自强"的主要内容,令人类拥有像天一样护佑万物的心胸和能力。[①]

自强首先在立志。习近平15岁便去延安插队,在那里7年磨炼出了一颗亲近群众的赤子之心。刚到梁家河村,城里的孩子难免感到不适应、不自在。他曾说:"离开京城,投入一个陌生的环境中,周围遭遇的又是不信任的目光,年仅15岁的我,最初感到十分的孤独。"[②]但是在家人的劝导下,他开始转变思想,主动跟群众打成一片,几年里过了跳蚤、饮食、劳动和思想"四大关",从懵懂少年成长为"要为人民做实事"的有志青年。

"君子终日乾乾,夕惕若厉,无咎。"自强是不可停歇的,君子每

[①] 参见秦芳:《原来如此——〈周易〉共同体思想研究》,九州出版社2023年版,第94—95页。
[②] 习近平:《我是黄土地的儿子》,《全国新书目》2002年第12期。

第五章 "六个坚持"彰显悠久文明理念

天从早到晚都随着天时为大众服务,从不止息,到了晚上会更加警惕自己,不敢懈怠懒散,这样才能不断提升道德和能力,在各种事务中避免过失。少年习近平吃苦耐劳,融入百姓。种地、拉煤、打坝、挑粪,在冰雪刚刚融化的时候站在冰水里干活,一年到头都是劳动。遇到刮风下雨的天气就在窑洞里铡草,晚上有时看牲口,有时还要出去放羊。[①]在乡亲们看来,知青习近平吃苦耐劳,都愿跟他接近。他也慢慢融入群众,群众见他有所转变,对他的态度也好起来,去他那串门的人渐渐多了,他的窑洞也慢慢变成了活动中心,每天晚上老老少少络绎不绝。他就与他们古今中外地说书讲故事。群众都愿意听城里人侃大山,听他们没听过的事情,就连支部书记也越来越愿意找他商量事情了。劳动之外就是读书,他爱看书的习惯也令乡亲们津津乐道,常说他刚下乡时就带了一箱子书,经常在煤油灯下读"砖头一样厚的书"。艰苦的生活没有让他感到不堪,反而滋养了他对待群众的赤子之心。他说:"我生活在他们中间,劳作在他们中间,已经不分彼此,他们对我坦诚相待,让我做赤脚医生,做记工员、农技员。""我所记得的,是他们曾经无私地帮助过我,保护过我,特别是以他们淳厚朴实的品质影响着我,熏陶着我的心灵。"[②]就这样,一颗全心全意为人民服务的心开始绽放光芒。

"君子进德修业。"自强要在德行能力上不断提升,君子以德为本,先建立正确的思想指导、行动原则,再成就事业。知青习近平积极要求加入中国共产党这支先进的队伍,向往接受党性锤炼,但因为当时的家庭背景,他连续写了10份入党申请书才如愿入党,因为群众

---

① 习近平在2003年接受中央电视台《东方之子》节目专访时的回忆。
② 习近平:《我是黄土地的儿子》,《全国新书目》2002年第12期。

大道同行
推进马克思主义基本原理同中华优秀传统文化相结合

的信任,很快当选为梁家河大队党支部书记。这位年轻的支书其实早就惦记着一件事:梁家河村村民拉煤费力又费事,怎么办?正巧他在报纸上看到四川绵阳一些农村用沼气照明、做饭,于是他自费考察学习,回去后花了几个月时间建成了延川县第一口沼气池。随后他又带领社员建成十几口沼气池,基本解决了照明、做饭问题,还组织村里成立铁业社,不仅能保证农具的自给自足,还可以出售,增加集体收入;他还把北京奖励给知青的摩托车换成打面机,为老百姓磨面。这段经历让习近平与老百姓结下了深厚的情谊,在他要离开梁家河村去上大学的时候,家家户户都为他送行,送了10多里还不舍得回。带着群众的支持,带着对乡亲们的牵挂,知青习近平走上求学路,走上实现中国梦的道路。①

"飞龙在天,利见大人。"自强是敢于历练,在不同层次的实践中,以自身德能为广大人民办好事,实现"大人"的作用,"与天地合其德"。青年习近平坚守"为人民办事"的信念从基层干部一路走向国家主席。大学毕业后,他被分配到国务院办公厅,担任当时国防部部长耿飚的秘书,他踏实、好学,培养起基本的领导干部素质。1982年,他秉持"深入基层不放松,立根原在群众中"的理念去了河北省正定县任县委副书记。在那里,他依靠熟悉当地风土人情的作家贾大山了解社情民意,并推举其出任县文化局局长,把原本较混乱的文化系统治理得井井有条;为了减轻农民粮食征购任务,他与吕玉兰副书记多次跑省进京向上级反映真实情况,为正定40万人民争取了休养生息的机会;为吸引人才来正定发展,他到各地"三顾茅庐",

---

① 参见《梁家河》编写组编:《梁家河》,陕西人民出版社2018年版。

第五章 "六个坚持"彰显悠久文明理念

邀请武宝信将科研项目落户正定并创收 30 多万元，说服邱斌昌夫妇挽救濒临倒闭的县油嘴油泵厂；等等。1983 年，正定工农业总产值为 27781 万元，比 1979 年增长 63.3%。[1] 接下来，在福建的 18 年里，他访贫问苦，走遍了闽东 9 个县，集中思考脱贫问题；面对福州发展落后于其他城市的现实，主导推出了"3820"工程；在宁德干部违章占地盖房问题上，为了 300 万人民群众的利益，不惜得罪几千个干部。从浙江到上海，他始终为民生奔走疏通、真心实干，2007 年浙江省民情民意调查数据显示，群众对于十个方面实事的满意度达 88.8%。[2] 到中央工作后，他的足迹更是踏遍 31 个省、区、市。"可久则贤人之德，可大则贤人之业"，从地方到中央，从基层到高层，他始终坚守初心。

"首出庶物，万国咸宁。"自强不只一身强，而是以一身为起点，进而带动一地、一国，以至天下全体，成为引领世界发展的力量。随着中国综合国力日益强大，我们在世界上越来越有话语权，也越来越多地表达关照人类发展的主张。2013 年 3 月 23 日，国家主席习近平在莫斯科国际关系学院的演讲中说道，"人类生活在同一个地球村里，生活在历史和现实交汇的同一个时空里，越来越成为你中有我、我中有你的命运共同体"[3]，第一次提出了"人类命运共同体"理念，此后，他致力倡建"人类命运共同体"，为携手建设更加美好的世界凝聚广泛国际共识。他担任国家主席后第一站出访俄罗斯，加深战略合作的相互支持，加速两国贸易合作；第二站出访非洲，为发展中国家的相互合作打牢基础；第三站出访拉美，与 16 个国家元首进行圆桌会议，

---

[1] 程宝怀、刘晓翠、吴志辉：《习近平同志在正定》，《河北日报》2014 年 1 月 2 日。
[2] 金一斌、陈华兴：《从"民生为重"到"以人民为中心"发展思想》，《浙江日报》2018 年 7 月 24 日。
[3] 《十八大以来重要文献选编》（上），中央文献出版社 2014 年版，第 259 页。

大道同行
推进马克思主义基本原理同中华优秀传统文化相结合

加深了彼此友谊；接着建立中美两国新型大国关系，确保不冲突、不对抗，实现合作共赢的高层次境界；等等。在这一过程中，国家主席习近平不断了解五大洲不同文明，力求在各民族不同的历史文化中寻求人性共同的追求，打造"人类命运共同体"。多年来，我国一直用实际行动，为构建"人类命运共同体"不断作出贡献，扎扎实实落实这一理念：面对新冠疫情全球大流行，中国发起了中华人民共和国成立以来最大规模的全球紧急人道主义行动，同180多个国家和国际组织分享疫情防控和诊疗方案，向34个国家派出38支医疗专家组，向120多个国家和国际组织提供超过20亿剂疫苗，坚定不移推动构建人类卫生健康共同体；2023年1月11日，埃塞俄比亚首都亚的斯亚贝巴南郊，五星红旗和非盟会旗迎风飘展，中国援非盟非洲疾控中心总部（一期）项目竣工仪式在这里举行；土耳其、叙利亚发生强烈地震后，中国政府第一时间向土、叙两国提供紧急人道主义援助，派出救援人员21批次、308人次，提供土方急需的救灾物资，加快落实对叙利亚的粮食援助项目[①]……正如2014年国家主席习近平在联合国教科文组织总部的演讲中所说："当今世界，人类生活在不同文化、种族、肤色、宗教和不同社会制度所组成的世界里，各国人民形成了你中有我、我中有你的命运共同体。"[②] 大道不孤，天下一家。国际局势不论如何风云变幻，人类命运共同体理念始终没有褪色，而是影响力、感召力愈发凸显，为携手建设更加美好的世界凝聚广泛国际共识，注入强大信心、勇气和力量。正所谓"乾道变化，各正性命"，伟大志愿所带

[①] 参见刘华等：《携手建设更加美好的世界——写在习近平主席提出构建人类命运共同体理念十周年之际》，《光明日报》2023年3月23日。
[②] 《习近平著作选读》第一卷，人民出版社2023年版，第232页。

动的变化力量是无穷的，不仅实现自身完善，也必将引领带动全世界人民同命运、共呼吸、一起向未来，实现世界和平发展。

（二）厚德载物的力量——"地势坤，君子以厚德载物"

"地势坤，君子以厚德载物。"地道就是坤道，是造就万物成形的资源，而厚德是人在生产生活中不断培养起来的情感与能力。大地深厚无比，所以能够承载万物、长养万物；人也因为深厚的积累而成就各方面能力，进而实现理想。

人的厚德包括三个方面：度量的宽厚、担当的重厚和谦卑的忠厚。首先，一个人天然的度量可以从婴儿身上看出。"含德之厚，比于赤子"，婴儿天真无邪，对待一切人事都是张开双手，全身心地接纳，回馈的都是笑容，没有好恶的区别对待。这就说明人本来的心胸可以容纳一切，这是宽厚的度量。其次，人肩平、体正、四肢灵活，生就一副荷担的骨骼。孩童乐于模仿，看到父母劳动，马上就会学习，当被嘱咐做些家务或学校工作的时候，总是积极踊跃、自告奋勇，没有懈怠、推辞，这都是担当的表现。随着人的成长，凭借这样的态度，担当的能力可以无限提高，任何复杂、困难的工作都可以承担，所以说人的担当是重厚的。最后，更重要的厚德是谦卑，"劳而不伐，有功而不德，厚之至也"，勤劳而不自夸，有功绩而不以为是自己的功劳。就像舜赞叹大禹："汝惟不矜，天下莫与汝争能；汝惟不伐，天下莫与汝争功。"大禹踏遍九州平治洪水，三过家门而不入，功劳相当大，仍然"推善让人"，把功劳推给他人，胸怀就像江海处于百川之下那样有容乃大，像大地一样厚重，宠辱不惊、卑己尊人。"君子敬以直内，义以方外，敬义立而德不孤"，尊敬他人所以内心正直，秉持正义所

大道同行
推进马克思主义基本原理同中华优秀传统文化相结合

以行为规矩，内直外方都是坤德的启用，像大地那样含容万有、顺时而动、无私无求、长养万物。所以，宽厚、重厚和忠厚三方面的承载品质，使人类拥有了像大地一般成就万事的涵养和耐力。[1]

习近平同志出任正定县委书记时，视正定如第二故乡，热爱家乡的水土人文、尊重先辈的奉献精神、承担起家业振兴的历史使命。他在《知之深 爱之切》的序言里真挚地讲道：

一个热爱中华大地的人，他一定会爱她的每一条溪流，每一寸土地，每一页光辉的历史。这里，我想向我的青年朋友们谈谈我的第二故乡——正定。

……………

正定，地处华北平原中部，土地肥沃，水源充足。……
正定还是一座文化古城。[2]

……………

正定这块土地哺育过许多著名的历史人物，文韬武略，彪炳史册。

……………

正定人有这样的家乡是值得自豪的，我和许多外地来到这里的人把正定引以为自己的第二故乡，也由衷地产生了这种自豪感。[3]

……………

正定第一批党的工作者为了家乡和祖国的自由解放事业，前赴后继，一仆百起，他们是正定人民的优秀儿女，家乡的土地浸透了这些

---

[1] 参见秦芳：《原来如此——〈周易〉共同体思想研究》，九州出版社2023年版，第95—96页。
[2] 习近平：《知之深 爱之切》，河北人民出版社2015年版，（代序）第1页。
[3] 习近平：《知之深 爱之切》，河北人民出版社2015年版，（代序）第3页。

爱国志士的热血。[1]

振兴中华最终还要落实到她的每一寸土地。正定振兴的重任已经历史地落在我们正定青年的肩上。清代思想家顾炎武提出了一个千古名句："天下兴亡，匹夫有责"，我们正定青年又加上一句"振兴正定，青年当先"！[2]

如果没有对于国家的深厚真情，习近平同志不会去了解正定的自然、人文和历史，不会把别人的家乡当作自己的家乡，更不会把正定的历史责任承担在自己肩上。

"宽厚而爱人"，厚德就是由心中深厚的情感产生出对他人自然而然的爱心。习近平同志的厚德体现在他对正定人民的热爱中。他热爱正定的老前辈，认为"老干部是党的宝贵财富"[3]，嘱咐各级党组织妥善安排、照顾老干部，在中央《关于建立老干部退休制度的决定》的精神指导下，组织县委每年进行老干部工作的检查，坚持老干部走访制，将党的关怀和温暖送到老干部心里；他热爱正定的青年人，了解他们的优点和长处，针对他们心有余而力不足、盲目自卑、讲究实惠、所谓"看破红尘"和盲目崇洋等问题，指导他们学习《邓小平文选》，帮助他们树立热爱祖国、热爱家乡的坚定信念，鼓励他们发奋学习、立志成才，督促他们立足本职工作、为振兴正定增砖添瓦，激励他们做建设社会主义精神文明的带头人，大力开展学先进、赶先进、争先进活动，带领他们"创振兴正定的大业，做奋发有为的新人"[4]；他关心爱护妇女儿童，督促各级妇联切实维护妇女儿童的合法权益，帮助广

---

[1] 习近平：《知之深 爱之切》，河北人民出版社2015年版，（代序）第4页。
[2] 习近平：《知之深 爱之切》，河北人民出版社2015年版，（代序）第7页。
[3] 习近平：《知之深 爱之切》，河北人民出版社2015年版，第3页。
[4] 习近平：《知之深 爱之切》，河北人民出版社2015年版，第66页。

大道同行
推进马克思主义基本原理同中华优秀传统文化相结合

大妇女自尊、自爱、自重、自强，培养儿童健康成长。"老吾老，以及人之老；幼吾幼，以及人之幼"，习近平同志以宽厚大爱，将正定上下人心凝聚在了一起。

"行厚而辞深"，厚德会通过踏实的行动和深刻的言辞流露出来。习近平同志身体力行着对于人民的厚爱，言辞朴实却深入人心。他为正定建设适应四化需要的党的基层组织，带领基层班子搞好农村工作，领导正定走"半城郊型"经济的发展路子，适应形势改进领导方法，带头学习历史、以史为鉴，调动大家齐唱正定的改革戏，为正定发展创造了无限动力。他讲道："正定，有一个值得自豪的历史。""正定，将有一个光辉灿烂的未来！"[①]

"坤至柔而动也刚，至静而德方……含万物而化光。"厚德是一份温存，蕴藏坚定的力量，就像大地爱护万物，所以顺应品类各自特点，提供各种资源，成就四方不同风景。习近平同志正是以深厚的爱、扎实的行，凝聚正定上下的力量。

"地中有山，谦。君子以裒多益寡，称物平施。"厚德是公平实现万物的均衡发展，资源丰富的方面补给资源贫乏的方面，君子在工作中裒取多余的精力，用于补益少有进展的方面，集中力量解决主要矛盾。习近平同志任福建宁德地委书记时，不辞劳苦地考察、调研当地贫困状况，为如何带领闽东"弱鸟先飞"劳心焦思。他在《摆脱贫困》中讲道："毫无疑问，在发展商品经济的海阔天空里，目前很贫困的闽东确是一只'弱鸟'。我六月到闽东上任，七月初至八月初，偕同地区几位领导同志，走了闽东九个县，还顺带走了毗邻的浙南温州、苍

---

① 习近平：《知之深 爱之切》，河北人民出版社2015年版，第218页。

南、乐清等地。大家边走边调查、思考、研究，思绪始终集中在一个问题上：在'海阔凭鱼跃，天高任鸟飞'的发展商品生产经济的态势下，闽东这只'弱鸟'可否先飞，如何先飞？"[1]

闽东当时交通闭塞，信息短缺，属于小农经济，发展商品经济不是容易的事情。但是习近平同志认为经济贫困但观念不能"贫困"，从商品经济建设观念入手，引导各县五套班子一起"经济大合唱"。他在中央强调全国重视农业的时候抓住了宁德地区发展的新机遇，提出"以发展农业为主，充分开发山海资源"[2]；在闽东经济建设问题上抓住一个"农"字，形成了"以工补农和以工促农"的"大农业"思路；[3] 在现实选择如何制定和实施产业政策时，实事求是地作出五点指示，一是立足于"大农业"的区情，二是依区情区力，量力而行，三是因地制宜，发挥区域优势，四是根据自力更生的方针，工业的发展要与自我平衡能力相适应，五是立足区域优势，科学地选择主导产业；[4] 在闽东发展的几年后预见性地提出"乡镇企业正面临生存和发展的关键时期"[5]，并分析原因，提出对策；还为农村富余劳动力的转移进行疏导，否定"农民大量进城"的设想，提出"就地消化""制宜转移"和"兼业经营"的方案。[6]

"劳谦君子，万民服也。"厚德是坚持不懈，任劳任怨，以担当赢得人民的信服。摆脱长期的贫困状态不是一朝一夕之事，习近平同志在宁德的任期里曾带领班子"四下基层"，踏踏实实地考察问题，提

---

[1] 习近平：《摆脱贫困》，福建人民出版社1992年版，第1页。
[2] 习近平：《摆脱贫困》，福建人民出版社1992年版，第66页。
[3] 参见习近平：《摆脱贫困》，福建人民出版社1992年版，第72页。
[4] 参见习近平：《摆脱贫困》，福建人民出版社1992年版，第128—131页。
[5] 习近平：《摆脱贫困》，福建人民出版社1992年版，第133页。
[6] 参见习近平：《摆脱贫困》，福建人民出版社1992年版，第167—168页。

大道同行
推进马克思主义基本原理同中华优秀传统文化相结合

出合理可行的设想和方案,用行动带领群众摆脱贫困。当时福建省委书记项南说:"最近我又到宁德地区看了几个县,看到那里的温饱问题已基本解决,经济发展大有起色,地委领导班子精神饱满,令人十分高兴。"① 习近平同志身上"劳谦匪懈"的品质深入人心,化成群众无形的动力。

"风行地上,观。先王以省方,观民设教。"厚德不仅注重物质生产,更重视精神文明建设,移风易俗。就像自然界的信使风会将春天的气流吹到各处,万物随之复苏,而古圣先王重视道德教化,将天道秩序转化为人类社会的伦常道德。习近平同志在浙江任省委书记时,不负中央提出的"努力在全面建设小康社会、加快推进社会主义现代化的进程中继续走在前列"的殷切希望,结合浙江实际孜孜以求,提出"只有干在实处,才能走在前列"②的战略部署:

在准确把握中央精神和广泛深入调查研究的基础上,我与浙江省委"一班人"坚持继承与创新的统一,中央精神与浙江实际的统一,为推进浙江经济社会的新发展,先后作出了一系列决策部署。省委的战略部署紧紧围绕经济建设、政治建设、文化建设、社会建设和党的建设等方面来展开。

2003年7月,在浙江省委十一届四次全会上,我们围绕加快全面建设小康社会、提前基本实现社会主义现代化的目标,紧密联系浙江的优势和特点,作出了"发挥八个方面的优势"、"推进八个方面的举

---

① 习近平:《摆脱贫困》,福建人民出版社1992年版,(序)第1页。
② 习近平:《干在实处 走在前列——推进浙江新发展的思考与实践》,中共中央党校出版社2013年版,(自序)第1页。

措"的决策部署。[①]

2004年5月,在省委十一届六次全会上,我们通过深入学习、深刻领会和全面把握科学发展观的精神实质和基本要求,针对新的发展阶段浙江面临的新形势、出现的新情况和需要解决的新问题,作出了全面建设"平安浙江"、促进社会和谐稳定的决策部署。

2005年7月,在省委十一届八次全会上,我们围绕发展社会主义先进文化,着眼于不断增强浙江的文化软实力,在认真总结推进文化大省建设经验和启示的基础上进一步作出了加快建设文化大省的决策部署。[②]

2006年4月,在省委十一届十次全会上,我们围绕发展社会主义政治文明,进一步完善经济、政治、文化和社会建设"四位一体"的总体布局,作出了建设"法治浙江"的决策部署。[③]

党的建设贯穿于浙江各项建设之中,并为之提供根本保证。

浙江一直是经济大省,每年GDP始终保持在全国前列。"仓廪实而知礼节,衣食足而知荣辱",浙江地区群众重视物质品质和精神文化享受。在浙江省经济建设方面,习近平同志追求全面可持续发展,认为浙江省经济是"老祖宗"经济、"老天爷"经济、"老百姓"经济,鼓励浙商要争做优秀的中国特色社会主义事业的建设者,打造"绿色浙江"生态省,为经济建设注入浓浓的人文关怀和历史感;在社会建设方面,强调"崇尚和谐,企盼稳定,追求政通人和、安居乐业的平

---

① 习近平:《干在实处 走在前列——推进浙江新发展的思考与实践》,中共中央党校出版社2013年版,(自序)第3页。
② 习近平:《干在实处 走在前列——推进浙江新发展的思考与实践》,中共中央党校出版社2013年版,(自序)第4页。
③ 习近平:《干在实处 走在前列——推进浙江新发展的思考与实践》,中共中央党校出版社2013年版,(自序)第5页。

大道同行
推进马克思主义基本原理同中华优秀传统文化相结合

安社会,这是中华民族文化的重要组成部分"[①],"平安浙江"也是构建社会主义和谐社会的重要组成部分,将一省安定与国家安泰紧密结合,责任感重大;在文化建设方面,保持文化大省的自信心,重视弘扬"浙江精神"的同时,也重视弘扬中华民族的文化传统,更为浙江打开胸怀、树立远大理想。经济建设是物质基础,社会建设是环境保障,而精神文明是灵魂、是根本,"自古皆有死,民无信不立",所有工作只有以高尚的灵魂为指导,才能创造出更多有益于人的新事物,人民才能和睦幸福,国家才能长久安定。

习近平同志治理浙江,并不只局限于一省的发展,而是透过一省看到国家发展的需要。2006年6月10日,他在"文化遗产日"调研时讲道:"保护和传承文化遗产是每个人的事。只有我们每个人都关心和爱惜前人给我们留下的这些财富,我们民族的精神和独特的审美情趣、独特的传统气质,才能传承下去。今天是我国首个'文化遗产日'。'文化遗产日'的设立凸显出文化遗产在国民经济和社会发展中的重要地位和作用。我们要借此机会,组织开展一系列宣传活动,利用各种渠道宣传文化遗产保护,通过展示、演出和媒体等各种载体向人民群众,尤其是青少年进行文化遗产的保护宣传和教育,倡导珍爱文化遗产的文明之风,增强公众对文化遗产的认识和了解,努力形成全社会共同参与文化遗产保护的良好氛围,进而更好地熟悉中华历史,传承中华文明,弘扬中华文化,不断激发民族自豪感和爱国热情。"[②]

爱自己,才会爱他人;热爱自己家乡的文化,才会热爱祖国的文

---

① 习近平:《干在实处 走在前列——推进浙江新发展的思考与实践》,中共中央党校出版社2013年版,第269页。
② 习近平:《干在实处 走在前列——推进浙江新发展的思考与实践》,中共中央党校出版社2013年版,第377页。

明；珍惜自己民族的传统，才会尊重所有民族的传统。中华民族依靠中华优秀传统文化得以生生不息地承传至今，凭借着强大的和合力量融合了多个民族，形成了既有多元文化共存共荣又有核心价值观一脉相承的文明形态。这样的传统造就了上下五千年的圣贤君子，为着中华民族的繁荣赴汤蹈火、前仆后继，更向着共产主义事业不断迈进，中华民族的伟大复兴、中华文化的继承弘扬是全人类的福音。习近平主席向全世界宣布："我们将始终不渝走和平发展道路，始终不渝奉行互利共赢的开放战略，不仅致力于中国自身发展，也强调对世界的责任和贡献；不仅造福中国人民，而且造福世界人民。实现中国梦给世界带来的是和平，不是动荡；是机遇，不是威胁。"[1]

习近平总书记之所以能广得人心，成就伟大事业，正是因为坚守初心，广包天下，厚德无私。"易知则有亲，易从则有功。有亲则可久，有功则可大。可久则贤人之德，可大则贤人之业。易简而天下之理得矣。"新时代新征程，中国共产党带领中华民族走的不仅是中国特色社会主义道路，更是一条效法"天地养万物"的圣贤之路，其"广大配天地"，能够凝聚天下人心、凝聚世界力量，成为人类持续发展的明灯。

（三）文化和合的境界——"和羹之美，在于合异"

2017年1月18日，习近平主席在联合国日内瓦总部演讲时指出："坚持交流互鉴，建设一个开放包容的世界。'和羹之美，在于合异。'人类文明多样性是世界的基本特征，也是人类进步的源泉。世界上有

---

[1] 《习近平谈治国理政》第一卷，外文出版社2018年版，第57页。

大道同行
推进马克思主义基本原理同中华优秀传统文化相结合

二百多个国家和地区、二千五百多个民族、多种宗教。不同历史和国情,不同民族和习俗,孕育了不同文明,使世界更加丰富多彩。文明没有高下、优劣之分,只有特色、地域之别。文明差异不应该成为世界冲突的根源,而应该成为人类文明进步的动力。"[①]自强使中华民族始终自信,而厚德使中华民族始终自立,这种自信、自立在文化融合方面体现得最为充分,因为文化是一个民族的精神基因,只有足够强大才有勇气接纳其他文化的融入。

中华民族较早的文化和合事件,发生在东汉时期。永平年间,东汉明帝遣使蔡愔、秦景等十余人前往西边的天竺国寻访佛法。一行人途经36个国家来到大月氏国,遇到摄摩腾、竺法兰两位僧人,于是延请二僧,用白马载着佛像和经典,一同回到汉朝。第二年,明帝建立了白马寺,请二僧讲解佛经,并进行梵文佛经的汉译工作。要知道,汉朝与当时的西域有着不同的文化传统,这种不同尤其体现在对待文化教育方面。佛教起源于印度,是一种多元文化的社会教育,教人觉悟宇宙人生真相、离苦得乐,这是一种境界很高的智慧学问。佛教僧人修行遵循出家托钵的苦行制度,"日中一食,树下一宿",没有固定的居住地和教学场所。而中国自古以来有着尊师重教的传统,任何文化的传播者对于我们来说都是老师,对待老师的态度首先要尊重,要拜师求教,所以汉明帝特地建造寺庙,为两位法师提供道场。寺庙的建制与皇宫一样,只是去掉了所有的文饰,这样既表示无比尊重,也为出家人保持了清净的修行环境。而且这座寺庙取名为"白马",来纪念当时白马驮经的功劳。我们对自己的文化自信、尊重,就会对别

---

① 《习近平著作选读》第一卷,人民出版社2023年版,第568页。

人的文化有同样的尊重，甚至对付出劳动的马匹的功劳也念念不忘，汉朝"尊师重教"的风范可见一斑。

在佛教正式传入汉朝后的数百年间，天竺西域与中原两地传经、弘法的高僧络绎不绝，促进了中国本土文化的不断升级，形成了具有中国特色的佛教文化，给中国人的宗教信仰、哲学观念、文学艺术、礼仪习俗等方面带来深刻影响，成为中华优秀传统文化的重要组成部分、人民精神生活的重要内容。

东晋南北朝时期，社会陷入战乱和分裂，社会矛盾、民族矛盾越发尖锐。一方面老百姓需要慰藉心灵的思想资源，另一方面统治阶层需要治理社会问题的理论，于是纷纷求诸佛教教义。同时，随着佛教经典的大量翻译、普及，世人对佛教义理的理解越来越深刻，佛教也在慢慢吸收儒、道等本土思想，逐渐中国化、本土化。东晋著名的高僧鸠摩罗什出生于西域龟兹国，自幼天资非凡，遍访名师大德，学习非常精进，博闻强记。晋太元八年（383年），后凉太祖吕光接他来到甘肃凉州后，弘扬佛法17年，他既通晓梵语又谙熟汉文，所以翻译的佛经就像汉人自己的经典，没有晦涩难懂的语句。像鸠摩罗什这样的高僧大德还有很多，他们经手翻译的佛经，充分发挥了汉文字既精深简洁又辞藻华丽的优势，所以佛经翻译成汉文后，其修学境界、思想内涵、文学价值远远超出梵文原本，以至于梵文佛经渐渐被汉本替代。

经过长期演化，佛教同中国儒家文化和道家文化融合发展，逐渐形成推动社会发展的合力。唐朝以儒、释、道三教并举，增强了政治的开放性，进一步促进了当时社会经济和文化艺术的繁荣发展。随后中国与世界许多国家的文化交流越发频繁。

大道同行
推进马克思主义基本原理同中华优秀传统文化相结合

北京故宫博物院收藏着一幅很有意思的画，是明朝第八任皇帝成化帝朱见深登基不久后绘制的《一团和气图》。这幅画粗看似一笑面弥勒盘腿而坐，体态浑圆，细看却是三人合一。左为一着道冠的老者，右为一戴方巾的儒士，二人各执经卷一端，团膝相接，相对微笑，第三人则手搭两人肩上，露出光光的头顶，手捻佛珠，是佛教中人。作品构思绝妙，人物造型诙谐，用图像的形式揭示了儒、释、道"三教合一"的主题思想。同时还有一首《御制一团和气图赞》："嗟世人之有生，并戴天而履地。既均禀以同赋，何彼殊而此异？惟凿智以自私，外形骸而相忌。虽近在于一门，乃远同于四裔。伟哉达人，遐观高视；谈笑有仪，俯仰不愧。合三人以为一，达一心之无二。忘彼此之是非，蔼一团之和气。噫！和以召和，明良其类。以此同事事必成，以此建功功必备。岂无斯人，辅予盛治？披图以观，有概予志。聊援笔以写怀，庶以警俗而励世。"①

"和以召和，明良其类"，万物之间都没有不可以化解的矛盾，更何况同类，人同此心、心同此理，只要有明理之人促和，世界就能够长久太平。寥寥几笔，已经足见明代国家层面对于不同文化的博大包容与和合认知。

整整 100 年之后，也就是嘉靖四十四年（1565 年），在河南嵩山少林寺内的钟楼附近竖起了一块《混元三教九流图赞》碑。碑上有一幅《混元三教九流图》，作者是明朝开国皇帝朱元璋的第九世孙朱载堉，他沿袭成化帝"三教合一"思想，绘制了这幅画。画面由三个同心圆组成，寓意深刻。其中，最外是一个大圆，表示太极，即宇宙的

---

① 胡正强：《中国近现代漫画新闻史》（上），人民出版社 2018 年版，第 17 页。

初始、万物的本体。中间是三教圣人组成的中圆，寓意是三教一体。还有一个小圆，是由三人手捧的卷轴中九股清流组成的，代表着九流学派。整幅画意味着宇宙大化、原始反终，三教九流、诸子百家本来浑然一体、圆融无二。其下方的《混元三教九流图赞》就明确地表达出这一思想：

佛教见性，道教保命，儒教明伦，纲常是正。农流务本，墨流备世。名流责实，法流辅制。纵横应对，小说咨询。阴阳顺天，医流原人。杂流兼通，述而不作。博者难精，精者未传。日月三光，金玉五谷。心身皮肤，鼻口耳目。为善殊途，咸归于治。曲士偏执，党同排异。母患多歧，各有所施。要在圆融，一以贯之。三教一体，九流一源。百家一理，万法一门。①

中华优秀传统文化之所以博大精深，便在于中华民族拥有天地般广阔的胸怀，采纳世界上所有文明的优秀资源，进而熔为一炉，不分彼此；同时又在不同时期，应对不同时代问题，选取百家之长。如同一个大中药铺，各种药材一应俱全，遇到寒证就能拿出医治寒证的方子，遇到热证也能拿出医治热证的方子，沧海不捐细流；又如同一棵古树，根基深深扎入土地，主干粗壮，枝叶花果能够随着时节不断更替生长，永远充满生机活力。正因如此，中华民族才能在朝代更替之时涌现出仁人志士，他们摇旗呐喊、力挽狂澜，始终延续不断；在近代危亡之际，又有中国共产党人勇立潮头，选择马克思主义理论武装头脑，抵挡外敌侵略，完成新民主主义革命，建立中华人民共和国……

---

① 戴念祖：《朱载堉：明代的科学和艺术巨星》，人民出版社2011年版，第52页。

"在各国前途命运紧密相连的今天，不同文明包容共存、交流互鉴，在推动人类社会现代化进程、繁荣世界文明百花园中具有不可替代的作用。在此，我愿提出全球文明倡议。"[①]中华文明的境界在于和合世界文化，实现全球文明，既凝聚为人类精神文明的共同财富，更让每一种文化都散发各自的光芒。

三、坚持守正创新：革故鼎新的真谛

守正创新，是马克思主义的真理性、革命性、批判性特征同中华优秀传统文化"中庸之道""革故鼎新"理念相结合的理论与实践结晶。《中庸》开篇论道："天命之谓性，率性之谓道，修道之谓教。道也者，不可须臾离也，可离非道也。是故君子戒慎乎其所不睹，恐惧乎其所不闻。莫见乎隐，莫显乎微。故君子慎其独也。喜怒哀乐之未发，谓之中；发而皆中节，谓之和；中也者，天下之大本也；和也者，天下之达道也。致中和，天地位焉，万物育焉。"可以说，中庸之道为中国几千年的传统社会发展提供了一种亲亲尊尊、文质彬彬、不偏不倚、无过不及、因地制宜、与时俱化、恰如其分、恰到好处的思想和方法[②]，也是经权、常变的处世智慧。"经"与"常"为根本原则，是普遍性、绝对性、统一性的客观规律；而"权"与"变"是结合非常情况所采取的特殊对策或临时性、应急性的措施，因时制宜、因地制

[①] 习近平：《携手同行现代化之路——在中国共产党与世界政党高层对话会上的主旨讲话》，《人民日报》2023年3月16日。
[②] 参见米继军：《先秦儒家中庸之道研究》，东北师范大学博士学位论文2004年，（摘要）第 i 页。

宜。①中国人为人处世体现着中庸的风格与智慧，在这种智慧的指引下，中华民族不仅始终追寻真理、百折不挠，同时在变幻莫测的世事变迁中运用规律、创新创造，让古老的文明之树开出时代之花、结出常新之果，朝代更迭始终保持正道不偏，以真理指引创造，以创造支撑真理。近代以来，中国共产党人继承中庸之道，顺应时代发展革故鼎新，在马克思主义理论武装下实现新中国发展道路的自我探索，在"坚守正道、追求真理"的马克思主义中国化时代化过程中找到跳出历史周期率的"第二个答案"，以"刀刃向内"的无比魄力，带动国家日新月异。

（一）追寻真理的坚定——"天不变，道亦不变"

"守正"语出《史记》"循法守正者见侮于世，奢溢僭差者谓之显荣"。《汉书·刘向传》云："君子独处守正，不桡众枉。"这些论述都强调了"守正"是对正道的坚守。②何为"正"？《说文解字》解释为"守一以止也"，也就是坚守"一"为标准、为底线、为目标。这里"一"即是真理，是指引人发展的方向。《大学》中讲："大学之道在明明德，在亲民，在止于至善。"这里"至善"是大人之学的终极目标，只有朝向这个方向发展，前面"明明德"和"亲民"才是正确的，才有意义；同时指出了人类社会发展的一般规律，以恢复"明德"的光明为起点实现自身不断完善，通过"亲民"的方式带动越来越多的人恢复"明德"，最终实现所有人的自身全面完善，才是"至善"。古人相信人人具有"明德"，这是人性深处鲜为人知的本性德能，本自

---

① 参见余治平：《经权、常变的智慧——中庸之道的哲学根据》，《中山大学学报（社会科学版）》2008年第1期。
② 参见王维国：《全面把握守正创新的理论内涵》，《群众》2022年第11期。

大道同行
推进马克思主义基本原理同中华优秀传统文化相结合

具足无穷的美善与能力，充满能量和光明，但是被后天社会习染遮蔽了光芒，造成善恶美丑的参差表现，进而导致因差异引起的误会、偏见与矛盾，从而引发了人心惶惶不安、人际关系危机、社会斗争、国家战争等不良后果，与人追求美善幸福生活的本性要求背道而驰，这就不是正道了。

每一个伟大时代即将来临之时，总会有人发出"千古之问"，探究人间正道。西汉元光元年（前134年），汉武帝下令各地诸王官员不拘一格地荐举贤良之士，并下诏征求治国方略。他的诏书这样写道："朕获承至尊休德，传之亡穷，而施之罔极，任大而守重，是以夙夜不皇康宁，永惟万事之统，犹惧有阙。故广延四方之豪俊，郡国诸侯公选贤良修洁博习之士，欲闻大道之要，至论之极。今子大夫褎然为举首，朕甚嘉之。子大夫其精心致思，朕垂听而问焉。"

经过汉高祖建国、文景之治的休养生息之后，汉朝国家逐渐富裕，但诸多社会隐患逐渐显现，边境危机日益加剧。年轻的汉武帝经历了父辈的政治发展，也看到了当时治国理政的困境，于是想要探究"大道之要，至论之极"。他问的是大道的关键、最根本的方法，需要一个伟大的理论，能够从根源上解释并且解决一系列问题，以长久地将汉王朝发展下去，实现"膏露降，百谷登，德润四海，泽臻草木，三光全，寒暑平，受天之祐，享鬼神之灵，德泽洋溢，施乎方外，延及群生"的太平盛世，这时他才20岁出头。这样一番壮志豪言，上究"五帝三王之道"的规律原理，下探"风流而令行，刑轻而奸改，百姓和乐，政事宣昭"的策略主张，是当时没人能够提出的划时代难题，呼唤着也激励着社会各界仁人志士奋勇济世。诏书下达后，果然得到社会各界的积极响应，其中最著名的对策为一代大儒董仲舒的"天人三策"。

据记载,董仲舒家里有大量藏书,他自幼天资聪颖,少年时酷爱学习,读起书来常常忘记吃饭和睡觉。他的父亲董太公为了让他劳逸结合,在宅后修建了一个花园,以为这样他就可以经常到花园散步、玩耍;亲戚朋友常来花园游玩,同龄的孩子也叫他一起玩耍,但是少年董仲舒"三年不窥园",他更喜欢与书为伴。他遍读了儒家、道家、阴阳家、法家等各家经典书籍,终成为一代儒学大师。30岁时他开始招收学生,精心讲授经典,通过讲习为汉王朝培养了一批人才。他的学生有的当上诸侯王国的国相,有的成为长吏。随着声誉日益提高,董仲舒在汉景帝时成为博士,掌管经学讲授。汉武帝继位后,他曾任江都国的国相,不久被废为中大夫,再后来各地推荐贤良之士时,被推举参加策问。那时的董仲舒已经许久不闻窗外事,一心钻研经教,在帷幔之下讲学,而听到汉武帝询问"大道之要"时深受触动,终于掀开帷幔,走到广阔的天地之间,书写出沉淀于胸中的千古文章。

汉武帝在诏书中追溯上古五帝三王治理国家之道,看到通过改革制度、创作乐章才使得天下安定,后来的百位君主也是这么做的。比如虞舜的礼乐以《韶》为最美好,周朝的礼乐以《勺》为最优美。然而圣明的君王死后,钟鼓管弦的声音依然存在,但大道衰微,逐渐变坏到夏桀商纣那样所作所为,王道败坏。这500年中,遵守旧制度的国君和当权的士人,很多都想学习先王的制度来辅助当时政治,可是都没有扭转局面,王道仍然一天天走向灭亡;直到后来的王兴起,这种没落的趋势才停止。这是怎么回事?是他们所作所为没有遵循道统,还是天命本就不是人力所能扭转的?

董仲舒针对汉武帝对于由三皇五帝盛世转向后世衰落现象的疑问,

大道同行
推进马克思主义基本原理同中华优秀传统文化相结合

指出此现象背后的规律：

道者，所繇适于治之路也，仁义礼乐皆其具也。故圣王已没，而子孙长久安宁数百岁，此皆礼乐教化之功也。王者未作乐之时，乃用先王之乐宜于世者，而以深入教化于民。教化之情不得，雅颂之乐不成，故王者功成作乐，乐其德也。乐者，所以变民风，化民俗也。其变民也易，其化人也著。故声发于和而本于情，接于肌肤，臧于骨髓。故王道虽微缺，而管弦之声未衰也。夫虞氏之不为政久矣，然而乐颂遗风犹有存者，是以孔子在齐而闻《韶》也。

首先说明的是，礼乐制度的核心目的是培养仁义，礼乐是形式，而仁义是实质。古圣先王时代的礼仪音乐通过直接的观感听觉可以让人产生共鸣，向着仁义美善的方向发展，通过风俗变化，逐渐培养起人民的内在美德。这种教化方式十分深刻并且影响持久，因为与人的本性相应，所以即使在王道衰微的春秋时期，当孔子听到上古舜帝时期的《韶》乐时，仍然能够感受到其中美善的力量洗礼身心，甚至让他"三月不知肉味"，而这仅仅是礼乐制度残余的教化效果。

但是，为什么后世效仿这样的制度却没有收到同样的效果呢？董仲舒给出了答案：

夫人君莫不欲安存而恶危亡，然而政乱国危者甚众，所任者非其人，而所繇者非其道，是以政日以仆灭也。夫周道衰于幽、厉，非道亡也，幽、厉不繇也。至于宣王，思昔先王之德，兴滞补弊，明文、武之功业，周道粲然复兴，诗人美之而作，上天祐之，为生贤佐，后世称诵，至今不绝。此夙夜不解行善之所致也。孔子曰"人能弘道，非道弘人"也。故治乱废兴在于己，非天降命不得可反，其所操持誖谬失其统也。

后世总是依据前人的制度制定新制度，但前人的制度是前人制定的，前人能够遵循"道"，也就是根据宇宙人生的自然规律，并且在制度运行过程中同样根据"道"去执行，这是实质。而后世如果只学到了形式，没有根据"道"结合时代变化制定和执行制度，也就失去了仁义的内核，只剩下礼乐的形式。就像周朝以积善累德的传统实现国家富强，后来周幽王、周厉王这样的无道昏君却把精力用在邪道上，贪图个人享乐到穷奢极欲的地步，毫不在意仁义在导正人心方面的教化作用，所以周朝出现了衰落。而到了周宣王时，他明白了周文王、周武王的治国之道，重新走上正道，才能中兴周朝，被后世称颂。这就是孔子所说的"人能弘道"，正道必须在正确的人手中才能实现积极的效果。至此，董仲舒解释了制度与人的关系，以及国家发展的关键因素在于执政者。接下来，他继续阐释执政者的正邪对于人民和社会的巨大影响：

> 臣闻命者天之令也，性者生之质也，情者人之欲也。或夭或寿，或仁或鄙，陶冶而成之，不能粹美，有治乱之所生，故不齐也。孔子曰："君子之德风也，小人之德草也，草上之风必偃。"故尧、舜行德则民仁寿，桀、纣行暴则民鄙夭。夫上之化下，下之从上，犹泥之在钧，唯甄者之所为，犹金之在熔，唯冶者之所铸。"绥之斯俫，动之斯和"，此之谓也。

根据所学经典，董仲舒阐释了"命""性""情"的内涵，这是非常重要的哲学命题，可解释社会治乱问题。其中，"命"是自然的规律，也称"天命"；"性"是人生来具有的本质；"情"是人的欲望。有的人夭折，有的人长寿，有的人仁慈，有的人卑鄙，这就像造瓦铸金，不可能都是纯粹美好的，由于社会治乱的影响，人的寿命、品行会参差不齐。这种结果是怎么形成的呢？君子的德行像风，小人的德行像草，风向哪边吹，草就向哪边倒。所以尧、舜实行德政，人民就仁慈、长寿。在上的人君教化在下的人民，在下的人民服从在上的人君，就像把泥土放在模具里，陶匠加工成什么样就变成什么样；也像把金属放在容器里，冶匠铸造成什么样就变成什么样。同样的道理，正如《论语》中所说，使人民安定，人民就来归顺；使人民得到鼓舞，人民就会同心协力。总而言之，执政者自身德行对于社会风气和人民福祉起到了决定性的作用。所以，董仲舒进一步提出"求王道之端，得之于正"，如果想要实现盛世，就必须从修正自身开始。

实现王道的逻辑很简单：从君王开始正心修身，带动文武百官端正不阿，就可以带动人民群众走上正道，实现国家富强，这样邪气就不能渗透进来，进而可以带动其他国家共同发展，最终实现天下生命"大丰美"。概而言之，"夫仁、谊、礼、知、信五常之道，王者所当修饬也；五者修饬，故受天之祐，而享鬼神之灵，德施于方外，延及群生也"，只要执政者以仁、义、礼、智、信这五种常德正道来恢复人性明德，将真善美的正能量充分在天地之间发展，最终就会实现一切生命的长久幸福，这是人间正道。

董仲舒的第一篇对策就将历史兴替规律背后的不变常道呈现在汉武帝面前，让他眼前一亮，感觉问对人了，但还有不透彻的地方，于是又连问两策，继续请教，"夫三王之教所祖不同，而皆有失，或谓久而不易者道也，意岂异哉？今子大夫既已著大道之极，陈治乱之端矣，其悉之究之，孰之复之"。汉武帝看到历史上夏、商、周的帝王的教化所遵循的核心理念各不相同，而且都有不足，但是有人却说"道"是永久不变的，他不明白三王之道究竟有没有变化，"道"究竟会变还

第五章 "六个坚持"彰显悠久文明理念

是不会变。面对这样深刻的发问,董仲舒给出了"道之大原出于天,天不变,道亦不变"的终极回答。

首先,董仲舒从普遍的形式上描述出"道"的形态,是一种享乐而不至于淫乱、反复实行而不厌倦的状态,这说明了"道"的恒定性,或者说正确性,正道符合"天命"要求;但如果享乐过度导致淫乱,反复出现会让人感到厌倦,就不是正道。换句话说,正道具有"万世无弊"的特点,也就是无论经过多久的时间、多广的空间,正道本身不会有弊端。但是,为什么夏、商、周在末代都出现了衰落的弊端呢?董仲舒进一步阐释,这是因为执政者没有守住正道,出现了偏差和过失,变化的现象是发现过失后进行的纠偏和弥补,这与执政者所处的环境、时代以及遇到的具体问题有关,由于执政过程中必然出现偏离正道的大小情况,所以政治会出现各种困境,这时就需要发现不足并弥补不利于公益的方面,所谓"救溢扶衰",就是需要节制过剩的方面,同时扶持衰败的方面,这样看起来,就好像跟以前的"道"有所不同。比如,如果是承接盛世,就像虞舜继承唐尧的事业、大禹继承虞舜的事业后,都是遵循前朝的制度,就可以无为而治,这样看起来"道"就没有变化;而如果是承接乱世,就像商承接夏、周承接商,看起来就有很大的变化,本来夏朝崇尚"忠",而到商朝改为崇尚"敬",到周朝改为崇尚"文",治国理念有了巨大差异,但实际上这些理念的提出都是为了纠正前朝末代的偏失,以顺应自然规律、人心所向,使国家发展重新恢复正道。总而言之,"道",或者说正道,是符合规律、顺应人心的恒常大道,并不会因为时代制度的变迁而变化,如果执政者一直顺应正道发展,治国理念和基本方略就不会也不需要有根本上的改变,国祚持久;但当有人执政偏离了正道,导

大道同行
推进马克思主义基本原理同中华优秀传统文化相结合

致国家人民无法存活时，那么下一个朝代就会彻底推翻前朝，重新构建新朝代的正道。

根据社会发展的自然规律和历史事实的相互印证，董仲舒阐明了治道之不变在于保持住人心之正，而变化的是随时代要求变化而创制能够恢复正道的制度，才能使国家发展始终保持正确的方向。根据汉朝当时的实际情况，要保持住人心之正就要恢复三皇五帝的教化制度，以仁、义、礼、智、信这五种常德教化人民，才能使人民明了人的价值、美善的益处，这样就能减少刑法的制裁，同时实现社会和谐稳定，进而实现国家富强，将福祉传递给天下所有生命。

通过"天人三策"的问对，年轻气盛且雄才大略的汉武帝看到了儒家学问在当时治国理政方面的非凡韬略。通过董仲舒的推动，自汉初就存在的那些"隆儒"萌芽，发展为"推明孔氏，抑黜百家"的治国方略，而他创建的经学体系也为西汉王朝的极盛时期奠定了深厚的思想基础。随后，两汉经学伴随着太学机构与道德教化的发展，为大汉帝国培养出大量栋梁之材，延续到后世两千多年治国理政思想中，成为中华民族记忆深处的印记，涵养出中国人坚定不移追寻真理的坚韧品格。

中国共产党人在各种社会发展道路、诸多救亡图存的思想中毅然决然地选择了马克思主义，正是继承与弘扬了中华民族追寻真理的优秀品格。

2023年4月3日，在学习贯彻习近平新时代中国特色社会主义思想主题教育工作会议上，习近平总书记指出："这次主题教育，要在推动学习贯彻新时代中国特色社会主义思想走深走实上下功夫，教育引导党员、干部从思想上正本清源、固本培元，不断提高政治判断力、政治领悟力、政治执行力,增强'四个意识'、坚定'四个自信'、做到'两个维护',始终在思想上政治上行动上同党中央保持高度一致,做到心往一处想、劲往一处使,共同把党锻造成一块攻无不克、战无不胜的坚硬钢铁。"[①]

一个民族要走在时代前列,就一刻不能没有理论思维,一刻不能没有思想指引。习近平新时代中国特色社会主义思想是当代中国马克思主义、二十一世纪马克思主义,是中华文化和中国精神的时代精华,实现了马克思主义中国化新的飞跃。理论创新每前进一步,理论武装就要跟进一步。要系统全面学习领会习近平新时代中国特色社会主义思想,力求有新启发、新收获。通过学习,深刻理解把握习近平新时代中国特色社会主义思想的科学体系、精髓要义、实践要求,做到整体把握、融会贯通,坚持好、运用好贯穿其中的立场观点方法,增进对党的创新理论的政治认同、思想认同、理论认同、情感认同,对于坚持和发展中国特色社会主义,实现中华民族伟大复兴的中国梦具有重要意义。

(二)与时俱进的发展——"损益盈虚,与时偕行"

正道真理本身虽然永恒不变,但并非呆板单调,而是恰恰可以随着时代变化不断开创新事物。这是天地规律的自然能量,正如孔子所说:"天何言哉?四时行焉,百物生焉,天何言哉?"天只是按照规律运行阴阳气息,而自然形成四季,大地自然将蕴藏在其中的生命种子滋养成为万物,创造出日新月异的变化。而人只要坚守正道,运用规

[①] 《扎实抓好主题教育 为奋进新征程凝心聚力》,《人民日报》2023年4月4日。

大道同行
推进马克思主义基本原理同中华优秀传统文化相结合

律,就能随着时代变化创造出新事物。另外,践履者能否运用好规律,能否在时代变迁中应变创新,也对正道能否持续发展有很大影响。"人能弘道",人是天地万物中唯一能够认知真理、受持正道的存在。

董仲舒在对策中讲道:"人受命于天,固超然异于群生,入有父子兄弟之亲,出有君臣上下之谊,会聚相遇,则有耆老长幼之施,粲然有文以相接,欢然有恩以相爱,此人之所以贵也。"人类在认识自然规律的过程中,不断掌握并运用规律创造出越来越适宜自身发展的生活,家庭生活中父子兄弟之间亲睦有序,职业生活中上下级之间遵循合适的规范,社会生活中有尊老爱幼、友好互助的德行,非常有秩序,创造出丰富的文明成就,人与人、人与万事万物都能知恩图报、相互支撑,这是人类社会无比可贵的价值,更是人性本具的无穷光明,所以说人非常之高贵。

人既然如此高贵,为什么会出现"法出而奸生,令下而诈起"的社会乱象?汉武帝当时为什么会感慨"今阴阳错缪,氛气充塞,群生寡遂,黎民未济,廉耻贸乱,贤不肖浑淆,未得其真"呢?董仲舒给出的答案是"当更化而不更化"。"更化"就是变化、发展、创新的含义。

汉朝继秦朝之后需要怎样的更化,首先要知晓前代历史的变迁。上古时代三皇五帝都十分重视道德教化的传统,在国都设立太学,在县邑设立县学、乡学,用仁教育人民,用义感化人民,用礼节制人民,所以,虽然刑罚很轻,却没人违犯禁令。其后到了周朝,周公"制礼作乐"为道德教化与治国理政设置完美的制度体系,曾实现40年不用刑具的成康盛世,周朝享国祚长达800年。但是周朝末代天子没有继承这一优良传统,导致周朝灭亡。秦始皇建国以后不但没能纠正周末的偏失，反而更甚。那时严禁圣贤文化学问的发展，不许私自藏匿传统经典，摒弃礼义以至于厌恶听到称颂礼义的言论。随后的汉朝，在建国之初采取休养生息的黄老之术，让人民有了战火涂炭后的喘息机会，国家力量逐渐积累壮大。但是这段时间里，国家没有创制礼乐，也没有继承古圣先王的礼乐教化，人民就不再懂得生而为人的高贵之处，更不会形成伟大的力量去推动社会进步。统治阶层在时代变化之后没有及时改制革新，任凭以往流俗弊端愈演愈烈，使国家发展偏离了正道。

随后，董仲舒提出"兴太学，置明师，以养天下之士，数考问以尽其材"，并且建议"诸不在六艺之科、孔子之术者，皆绝其道，勿使并进"，从理论上提出了儒家学问经世致用的重要价值和现实意义，这就为汉武帝时代的政治理念提供了强大的理论依据和资源支撑。而真正实现以儒家思想为主要治国理念的，还有一位重要人物——公孙弘。

公孙弘出身于贫苦家庭，他年轻的时候曾经当过管理监狱的小吏，但是因为犯了过错而被罢免，后来在海边以养猪为生。直到40岁他才开始学习儒家学说，专攻《春秋》。汉武帝继位的时候他已经60岁了，曾作为博士出使匈奴，但因为回来后所作的奏书不符合汉武帝的心意，于是称病辞职。直到元光五年（前130年），汉武帝再次下诏向贤良文学之士征求治国理政的方略，公孙弘的对策本来被太常打得分数很低，但是汉武帝看后擢拔为第一，拜其为博士，待诏金马门，随后他被擢升为三公之首的平津侯，由左内史、御史大夫直至丞相之职。公孙弘成为西汉建立以来第一位以丞相封侯者。

公孙弘的才干以实用著称，他将董仲舒的建议付诸实施，于元朔

大道同行
推进马克思主义基本原理同中华优秀传统文化相结合

五年（前124年）提出建立学校，以儒家经典作为太学教育的统一教材，拟定了为博士设弟子员的措施，为在职官员制定了以儒家经学、礼义为标准的升官办法和补官条件，主要是以"通一艺以上""先用诵多者"为准，其中品级高的可任左右内史、太行卒史，品级低的可任郡太守卒史或边郡太守卒史。就这样，儒学转化为经学，成为汉代统一的意识形态，为开创恢宏事业统一了思想、培养了大量人才。

汉承百王之弊，高祖拨乱反正，文景务在养民，至于稽古礼文之事，犹多阙焉。孝武初立，卓然罢黜百家，表章六经。遂畴咨海内，举其俊茂，与之立功。兴太学，修郊祀，改正朔，定历数，协音律，作诗乐，建封禅，礼百神，绍周后，号令文章，焕焉可述。后嗣得遵洪业，而有三代之风。如武帝之雄材大略，不改文景之恭俭以济斯民，虽诗书所称何有加焉！

可以说，汉武帝站在治国理政的高度在思想文化领域开展了大刀阔斧的改革，通过新风尚的兴起将过去以黄老之学治国留下的社会弊病不断纠正，他创制制度、广揽英才，使得朝堂人才济济，内有治国安邦的文人志士，外有守土抗敌的勇士，创新文化、开疆拓土，最终得以建立起一个强大的西汉帝国，其中儒家学说转化为经学，开创了后世延续二千余年的传统政治体系，这一切均深刻影响着中国历史的命运。

《周易》中损卦的卦辞讲道："损益盈虚，与时偕行。"在发展过程中，需要根据实际情况不断增减，过多的要减少，不足的需要补充，不断调整方向，才能向着正确目标前进，从而不断实现新的发展。历史如此，国运亦然。

2022年10月16日，习近平总书记在党的二十大报告中指出，从现在起，中国共产党的中心任务就是团结带领全国各族人民全面建成社会主义现代化强国、实现第二个百年奋斗目标，以中国式现代化全面推进中华民族伟大复兴。

中国式现代化正是一种创新性发展模式。

中国式现代化，是中国共产党领导的社会主义现代化，既有各国现代化的共同特征，更有基于自己国情的中国特色。

——中国式现代化是人口规模巨大的现代化。我国十四亿多人口整体迈进现代化社会，规模超过现有发达国家人口的总和，艰巨性和复杂性前所未有，发展途径和推进方式也必然具有自己的特点。我们始终从国情出发想问题、作决策、办事情，既不好高骛远，也不因循守旧，保持历史耐心，坚持稳中求进、循序渐进、持续推进。

——中国式现代化是全体人民共同富裕的现代化。共同富裕是中国特色社会主义的本质要求，也是一个长期的历史过程。我们坚持把实现人民对美好生活的向往作为现代化建设的出发点和落脚点，着力维护和促进社会公平正义，着力促进全体人民共同富裕，坚决防止两极分化。

——中国式现代化是物质文明和精神文明相协调的现代化。物质富足、精神富有是社会主义现代化的根本要求。物质贫困不是社会主义，精神贫乏也不是社会主义。我们不断厚植现代化的物质基础，不断夯实人民幸福生活的物质条件，同时大力发展社会主义先进文化，加强理想信念教育，传承中华文明，促进物的全面丰富和人的全面发展。

——中国式现代化是人与自然和谐共生的现代化。人与自然是生命共同体，无止境地向自然索取甚至破坏自然必然会遭到大自然的报

大道同行
推进马克思主义基本原理同中华优秀传统文化相结合

复。我们坚持可持续发展，坚持节约优先、保护优先、自然恢复为主的方针，像保护眼睛一样保护自然和生态环境，坚定不移走生产发展、生活富裕、生态良好的文明发展道路，实现中华民族永续发展。

——中国式现代化是走和平发展道路的现代化。我国不走一些国家通过战争、殖民、掠夺等方式实现现代化的老路，那种损人利己、充满血腥罪恶的老路给广大发展中国家人民带来深重苦难。我们坚定站在历史正确的一边、站在人类文明进步的一边，高举和平、发展、合作、共赢旗帜，在坚定维护世界和平与发展中谋求自身发展，又以自身发展更好维护世界和平与发展。

中国式现代化的本质要求是：坚持中国共产党领导，坚持中国特色社会主义，实现高质量发展，发展全过程人民民主，丰富人民精神世界，实现全体人民共同富裕，促进人与自然和谐共生，推动构建人类命运共同体，创造人类文明新形态。[①]

中国式现代化的创造与拓展，源自中华民族的文明精髓。在五千多年漫长历史中，中华民族创造了辉煌灿烂的文明，形成了自身独到的宇宙观、天下观、社会观、道德观及其所推崇的天下为公、民为邦本、为政以德、革故鼎新、任人唯贤、天人合一、自强不息、厚德载物、讲信修睦、亲仁善邻等理念，从而为中国式现代化形成自身独特的世界观、价值观、历史观、文明观、民主观、生态观，为中华民族在现代化潮流中既把握时代又站稳脚跟、既引领时代又兼济天下铸就了内核。党的十八大以来，习近平总书记把坚守中华文化立场摆在更加突出的位置，坚持从中华文明五千多年的绵延与发展中去把握中国

[①] 习近平：《高举中国特色社会主义伟大旗帜 为全面建设社会主义现代化国家而团结奋斗——在中国共产党第二十次全国代表大会上的报告》，人民出版社2022年版，第21—24页。

第五章 "六个坚持"彰显悠久文明理念

特色的根基与本质,以更好构筑中国精神为中国式现代化提供中华优秀传统文化的丰厚滋养,以更好构筑中国价值为中国式现代化注入中华优秀传统文化的道德源泉,以更好构筑中国力量为中国式现代化赋予中华优秀传统文化的思想智慧,从而深刻地展现了中国式现代化的深厚文明底蕴。[①]

作为人类思想史上最伟大的思想革命,马克思主义的诞生不但在人类历史上首次实现了对文明问题的科学把握,而且为人民群众的现代化创造活动提供了最坚定的文明理论,为社会主义现代化事业提供了文明思维,为人类社会的现代化发展提供了文明尺度。马克思主义是我们立党立国、兴党兴国的根本指导思想。党的十八大以来,我们党坚持把马克思主义基本原理同中国具体实际相结合、同中华优秀传统文化相结合,在推进和拓展中国式现代化的伟大实践中推动了中华民族伟大复兴进入不可逆转的历史进程。中国式现代化坚持马克思主义所揭示的人类文明发展的客观规律,坚持在解决生产力与生产关系、经济基础与上层建筑的矛盾中不断推进社会的全面进步、人的全面发展,实现人民对美好生活的向往,在对现代化本质的认识上始终站在真理和道义的制高点上,在对现代化道路的把握上始终站在历史正确的一边和人类正义的一边,在现代化实践的拓展上始终坚持真理与价值相统一。

中国式现代化的创造与拓展,源自中国共产党的文明担当。中国共产党是为中国人民谋幸福、为中华民族谋复兴的党,也是为人类谋进步、为世界谋大同的党。百余年来,我们党在探索和拓展中国式现

---

① 参见冯鹏志:《中国式现代化的文明意义》,《学习时报》2023年6月2日。

> **大道同行**
> 推进马克思主义基本原理同中华优秀传统文化相结合

代化的进程中，既通过维护世界和平、促进共同发展实现自身的现代化发展，又通过自身的现代化发展维护世界和平与发展，为人类的现代化发展与文明进步不断贡献卓越智慧和坚实力量，同世界各国人民一道推动历史车轮向着光明前途前进。党的十八大以来，面对人类现代化发展进程面临的前所未有的风险挑战和危机危局，我们党统筹国际国内两个大局，立足时代特征与实践要求不断深化对中国式现代化的系统思考和顶层设计，深刻把握中国式现代化的中国特色、本质要求和重大原则，自信而务实地提出全球发展倡议、全球安全倡议、全球文明倡议，倡导弘扬和平、发展、公平、正义、民主、自由的全人类共同价值，推动构建人类命运共同体成为引领现代化发展潮流和人类文明发展方向的鲜明旗帜，为建设持久和平、普遍安全、共同繁荣、开放包容、清洁美丽的世界不断作出新的贡献。

中国式现代化道路的开创及其观念创新，由于注重以唯物史观的基本观点去揭示现代化道路的文明特征，以世界历史的开阔眼光去阐发现代化实践的文明要求，以人类共同的价值关怀去把握现代化前景的文明承诺，既有力地打破了"现代化＝西方化"的迷思，也从世界历史的高度实现了对西方现代化模式及其弊端的根本性的超越。[①]

（三）自我革命的魄力——"不私，而天下自公"

守正创新，唯有守住人心之正，才能创造长久之新，而实现这一效果需要有至公无私的胸怀。习近平总书记在党的十九届六中全会第二次全体会议上作了题为《以史为鉴、开创未来，埋头苦干、勇毅前

---

① 参见冯鹏志：《中国式现代化的文明意义》，《学习时报》2023年6月2日。

第五章
"六个坚持"彰显悠久文明理念

行》的重要讲话，强调："'不私，而天下自公。'我们党没有任何自己特殊的利益，这是我们党敢于自我革命的勇气之源、底气所在。"①

《资治通鉴》记载，汉武帝年轻时励精图治、大展宏图，晚年却陷入好大喜功、偏信巫蛊的误区，导致劳民伤财，以至于强大的国力衰退。而经历"巫蛊之祸"后，他幡然醒悟，面向天下百姓下达《罪己诏》，深刻反思晚年过失，力挽狂澜于国家即将毁灭之际，使汉朝得以延续。

征和二年（前91年），丞相公孙贺之子公孙敬声被人告发以巫蛊诅咒汉武帝、与阳石公主通奸，结果公孙贺父子下狱而死，诸邑公主与阳石公主、卫青之子长平侯卫伉皆坐诛。汉武帝的宠臣江充奉命查巫蛊案，他用酷刑和栽赃手段迫使人认罪，大臣、百姓惊恐之下胡乱指认他人犯罪，数万人因此而死。同时，江充与太子刘据有隙，遂趁机与案道侯韩说、宦官苏文等人诬陷太子。太子因为过于恐惧，于是起兵诛杀江充，反遭不明就里的汉武帝镇压。兵败后，皇后卫子夫和太子刘据相继自杀。事后，壶关三老和田千秋等人上书讼太子冤，汉武帝终于清醒过来，于是诛江充三族，烧死苏文。后来修建了思子宫，于太子被害处作归来望思之台，以志哀思。

其间，搜粟都尉桑弘羊与丞相、御史曾上奏道：轮台东部有能够灌溉的农田五千顷以上，可派屯田卒前去屯田，设置校尉三人分别掌管，多种五谷；由张掖、酒泉派骑兵下级小吏担任警戒；招募民间强壮有力、敢于远赴边塞的人前往该地，垦荒灌溉；逐渐修筑亭燧，城墙向西延伸，用以威镇西域各国，辅助乌孙。此奏之前，桑弘羊执掌

---

① 《习近平著作选读》第二卷，人民出版社2023年版，第559页。

大道同行
推进马克思主义基本原理同中华优秀传统文化相结合

全国财政,将盐铁实行垄断专卖,并出卖官职爵位、允许以钱赎罪。这样做虽然一定程度上增加了国家财政收入,但使吏制进一步腐败。于是又建刺史制度,派专门对朝廷负责的刺史去巡回监察高级官员和地方势力,但也解决不了根本问题。广大贫苦农民不堪官府和豪强的双重压榨,导致汉武帝统治中后期接连爆发起义,且愈演愈烈。此时联系"巫蛊之祸",汉武帝深刻地反思自己的过失,专门颁布诏书,对自己以往的所作所为深表悔恨,说道:

> 前有司奏欲益民赋三十,助边用,是重困老弱孤独也。而今又请遣卒田轮台。轮台西于车师千余里,前开陵侯击车师时,……曩者朕之不明,以军候弘上书,言匈奴缚马前后足置城下,驰言"秦人,我丐若马。"又汉使者久留不还,故兴遣贰师将军,欲以为使者威重也。……乃者以缚马书遍视丞相、御史、二千石、诸大夫郎为文学者,乃至郡属国都尉成忠、赵破奴等,皆以"虏自缚其马,不祥甚哉!"或以为"欲以见强,夫不足者视人有余。"……公车方士、太史、治星望气及太卜龟蓍,皆以为"吉,匈奴必破,时不可再得也。"……故朕亲发贰师下鬴山,诏之必毋深入。今计谋、卦兆皆反缪。……乃者贰师败,军士死略离散,悲痛常在朕心。今又请远田轮台,欲起亭隧,是扰劳天下,非所以优民也,今朕不忍闻!大鸿胪等又议,欲募囚徒送匈奴使者,明封侯之赏以报忿,五伯所弗能为也。且匈奴得汉降者,常提掖搜索,问以所闻……当今务在禁苛暴,止擅赋,力本农,修马复令,以补缺,毋乏武备而已。

与秦始皇至死拒绝认错的为政态度不同,汉武帝后来能够"罪己",及时转弯,既挽回了统治末期的衰败趋势,也在千秋青史上留下了较好的名声。执政者在高位大权在握时能够"罪己"而不是文过饰非，至少表明他能够认识到两点：一是无论当朝的舆论如何被掌控，百姓心中总有一杆秤；二是得人心者得天下，水能载舟，亦能覆舟。认识到这两点，便可以回归为天下苍生着想的"公心"。

同样是在历史周期的转折点，中国共产党总结历史经验和教训，选择了正确方向。1945年7月，也就是中国抗日战争胜利前夕，看到作为抗战合作者的国共两党可能在战后爆发冲突，黄炎培等六名知识分子以国民参政会参政员的身份前往延安会见中共领导人，既是为了缓解心中对未来的焦虑，也是试图为经历外敌入侵劫难之后的中国寻找一条正确的出路。有社会主义思想倾向的黄炎培，既为他在延安看到的清新蓬勃的风气感到振奋，也为这种气象能否始终持续而担忧。

在延安杨家岭的窑洞里，毛泽东与黄炎培两人推心置腹、纵论古今。毛泽东问黄炎培，来延安考察了几天有什么感想，黄炎培发出一段发自肺腑的感叹："我生60多年，耳闻的不说，所亲眼看到的，真所谓'其兴也勃焉、其亡也忽焉'，一人，一家，一团体，一地方，乃至一国，不少单位都没有能跳出这周期率的支配力。一部历史，'政怠宦成'的也有，'人亡政息'的也有，'求荣取辱'的也有，总之没有跳出这周期率。中共诸君从过去到现在，我略略了解的了，就是希望找到一条新路，来跳出这周期率的支配。"[1]

而毛泽东自信地说道，我们已经找到新路，我们能跳出这周期率。这条新路，就是民主。只有让人民来监督政府，政府才不敢松懈。只有人人起来负责，才不会人亡政息。这就是著名的"窑洞对"，中国共产党找到了跳出治乱兴衰的历史周期率的第一个答案。

---

[1] 参见樊得智：《如何跳出治乱兴衰的历史周期率？——"两个答案"的探索和发展历程》，"学习强国"学习平台2021年12月20日。

大道同行
推进马克思主义基本原理同中华优秀传统文化相结合

实际上早在 1938 年 7 月，毛泽东在接见世界学联代表团时就初步描绘了新民主主义革命胜利以后，要建立的新民主主义社会的蓝图。他说抗战胜利后，共产党的主要任务，是建立一个自由平等的民主国家。1940 年 1 月，毛泽东在陕甘宁边区文化协会第一次代表大会上发表演讲。他指出，要建立在无产阶级领导下的一切反帝反封建的人民联合专政的共和国，即新民主主义共和国。

1944 年 5 月 20 日，毛泽东在中央党校第一部作关于时局问题的报告时指出，目前，对世界和中国来说，胜利都快要到来了。那么，如何迎接胜利呢？必须特别强调两个问题，一是要防止骄傲，二是要打开思想。同年 11 月 21 日，他在给郭沫若的复信中指出，"小胜即骄傲，大胜更骄傲，一次又一次吃亏，如何避免此种毛病，实在值得注意。倘能经过大手笔写一篇太平军经验，会是很有益的"。"我虽然兢兢业业，生怕出岔子，但说不定岔子从什么地方跑来；你看到了什么错误缺点，希望随时示知。"①

1949 年 1 月，毛泽东在西柏坡主持召开中共中央政治局会议，强调必须谨慎，不能急于求社会主义化。如果希望搞社会主义，太快，会翻筋斗。3 月 5 日，毛泽东主持召开中共七届二中全会。他在报告中特别指出，我们很快就要在全国胜利了，夺取这个胜利，已经是不要很久的时间和不要花费很大的气力了；巩固这个胜利，则是需要很久的时间和要花费很大的气力的事情。夺取全国胜利，这只是万里长征走完了第一步。报告告诫全党，资产阶级的"糖衣炮弹"将成为对于无产阶级的主要危险。务必使同志们继续地保持谦虚、谨慎、不骄、

---

① 《毛泽东文集》第三卷，人民出版社 1996 年版，第 227 页。

不躁的作风，务必使同志们继续地保持艰苦奋斗的作风。3月13日，毛泽东在全会结束时作总结讲话。他强调，凡是自己没有弄清楚或自己不懂的，都要先问下级。先做学生，然后再做先生；先向下面请教，然后再下命令。这不会影响自己的威信，而只会增加自己的威信。下面正确的意见，必须听，并且照它做。中央领导的正确，就是综合了各地供给的材料、报告和正确的意见。如果各地不来材料，不提意见，中央就很难正确地发号施令。对下面来的错误意见也要听，根本不听是不对的；不过听了而不照它做，并且要给以批评。毛泽东等人率领中共中央机关乘汽车离开西柏坡前往北平。出发时，毛泽东对周恩来说："今天是进京的日子，进京赶考去。""我们决不当李自成，我们都希望考个好成绩。"

1949年6月30日，毛泽东发表《论人民民主专政》一文，论证了在中国建立人民民主专政的历史必然性，阐明了人民民主专政的基本任务、民主和专政的关系以及各阶级在人民民主政权中的地位等问题，从而完整地形成了人民民主专政的重大理论。这个理论，是人民当家作主的重要武器，是维护民主的重要法宝，是我国社会主义发展的重要保证。

中华人民共和国成立后，毛泽东充分预见到在全国执政面临的新挑战，着重提出执政条件下党的建设的重大课题，从思想上、组织上、作风上加强党的建设、巩固党的领导。面对艰巨繁重的建设任务，要求全党特别是党的高级干部必须尽快学习经济建设和治国理政的全新本领，增强维护党的团结统一的自觉性。更重要的是，在执掌全国政权、推进和平建设的条件下，要继续保持优良传统和作风，经得起资产阶级"糖衣炮弹"的攻击。1950年5月，针对在全国革命胜利的形

大道同行
推进马克思主义基本原理同中华优秀传统文化相结合

势下党内一部分人滋长的以功臣自居的骄傲自满情绪和官僚主义、命令主义作风,党中央发出关于在全党全军开展整风运动的指示,要求严格地整顿全党的作风,首先是整顿干部作风,共有41万人被开除出党或被劝告退党,增强了党组织的纯洁性。1951年12月,党中央作出反对贪污、反对浪费、反对官僚主义的决定,坚决查处刘青山、张子善等重大典型案件,向全国人民表明我们党决不容忍利用执政党地位牟取私利的腐败现象,贪污腐败分子一经发现,不管资格多老、职务多高,一律严惩不贷。这些重要举措,增强了党的纯洁性,增进了全党的团结,密切了党同人民群众的联系,积累了执政党建设的初步经验。

党的十八大以来,习近平总书记经常强调跳出历史周期率的问题。2020年1月,习近平总书记在十九届中央纪委四次全会上指出,我们探索出一条长期执政条件下解决自身问题、跳出历史周期率的成功道路,构建起一套行之有效的权力监督制度和执纪执法体系,这条道路、这套制度必须长期坚持并不断巩固发展。[1]2012年,习近平总书记在主持十八届中央政治局第一次集体学习、在首都各界纪念现行宪法公布施行30周年大会上发表讲话、登门走访8个民主党派中央和全国工商联时,先后三次强调历史周期率问题。习近平总书记指出,毛泽东和黄炎培在延安窑洞关于历史周期率的一段对话,至今对中国共产党都是很好的鞭策和警示。[2]近年来,一些国家因长期积累的矛盾导致民怨载道、社会动荡、政权垮台,其中贪污腐败就是一个很重要的原因。近年来,我们党内发生的严重违纪违法案件,性质非常恶劣,政治影

---

[1] 参见《习近平谈治国理政》第三卷,外文出版社2020年版,第547页。
[2] 参见人民日报评论部:《习近平讲故事》,人民出版社2017年版,第40页。

响极坏，令人触目惊心。大量事实告诉我们，腐败问题愈演愈烈，最终必然会亡党亡国。

2020年以来，习近平总书记在"不忘初心、牢记使命"主题教育总结大会、中央纪委四次全会和中央纪委五次全会上，先后三次强调历史周期率和与之有关的问题。习近平总书记指出，党的十八大以来，我们以前所未有的勇气和定力推进全面从严治党，推动新时代全面从严治党取得了历史性、开创性成就，产生了全方位、深层次影响。[①]特别是我们探索出一条长期执政条件下解决自身问题、跳出历史周期率的成功道路，构建起一套行之有效的权力监督制度和执纪执法体系，这条道路、这套制度必须长期坚持并不断巩固发展。要坚持以伟大自我革命引领伟大社会革命，使党始终成为中国特色社会主义事业的坚强领导核心。要坚持以科学理论引领全党理想信念，坚持以"两个维护"引领全党团结统一，不断增强政治鉴别力、政治领悟力、政治执行力。要坚持以正风肃纪反腐凝聚党心军心民心，坚决惩治腐败、纠治不正之风，让人民始终成为中国共产党执政和中国特色社会主义事业发展的磅礴力量。[②]

数千年来，"大公无私"的社会政治理想在中国影响极为深远，构成社会主义思潮在中国大地广泛传播的传统文化土壤。马克思主义与中华优秀传统文化在理想社会问题上有许多相似性，其特征便是"公"。要实现这一价值追求，共产党人便应当有"不私"的理想人格，毫无私心地献身伟大事业，唯有这般，才能建立一个至公至善的

---

① 参见《习近平谈治国理政》第三卷，外文出版社2020年版，第546页。
② 参见樊得智：《如何跳出治乱兴衰的历史周期率？——"两个答案"的探索和发展历程》，"学习强国"学习平台2021年12月20日。

社会。古人视这种有至公无私之心的人为圣贤，因无私心，所以行正大光明之事；而公私之心更是政治道德的核心所在，因为"一心可以丧邦，一心可以兴邦，只在公私之间尔"，如何看待公私观，关系到国家与民族的治乱兴亡。中国共产党人理应以圣贤的最高道德标准来要求自己，因为只有公正无私、无惧无畏，才能在工作与实践中赢得人民的拥护与爱戴。①

四、坚持问题导向：博学笃行的功夫

问题导向，是中华民族自古以来通过仰观俯察发现问题、解决问题，进而认识世界、改造世界的重要方法；而坚持问题导向，是马克思主义的鲜明特点。问题就是矛盾，习近平同志指出："每个时代总有属于它自己的问题，只要科学地认识、准确地把握、正确地解决这些问题，就能够把我们的社会不断推向前进。"②上溯至伏羲设卦，"仰以观于天文，俯以察于地理，是故知幽明之故"，通过长期观察思索，将天地万物存在的矛盾本质以阴阳两爻模拟表现，以六十四卦推演万事万物运动发展的规律，归纳出对立统一、相互转化的客观规律，为中华先民以及后世子孙提供趋吉避凶的智慧。"博学之，审问之，慎思之，明辨之，笃行之"，中国人不仅深入研究天文地理，更将其中规律掌握在手中，主宰自己的命运，创造自己的生活，在时代洪流中找到自己的出路。唯物辩证法告诉我们，问题是矛盾的外化，是事物内在矛盾运动的外在呈现。而"问题是时代的格

---

① 参见司聃：《不私，而天下自公》，《光明日报》2022年1月17日。
② 习近平：《之江新语》，浙江人民出版社2007年版，第235页。

言，是表现时代自己内心状态的最实际的呼声"①。今天，我们已经踏上全面建设社会主义现代化国家新征程，在五千多年中华文明深厚的基础上发展中国特色社会主义，把马克思主义基本原理同中国具体实际、同中华优秀传统文化相结合是必由之路。其中，"第二个结合"是又一次的思想解放，让我们能够在更广阔的文化空间中，充分运用中华优秀传统文化的宝贵资源，探索面向未来的理论和制度创新。②

（一）发现认识矛盾——"一阴一阳之谓道"

每个民族都有很多传说人物，他们很多是部族的首领，也是民族的祖先。而在中国古老的传说中，我们要从伏羲说起。《周易》上记载："古者包牺氏之王天下也，仰则观象于天，俯则观法于地，观鸟兽之文，与地之宜，近取诸身，远取诸物，于是始作八卦，以通神明之德，以类万物之情。"在他身上集中体现了中国远古先民的全部智慧。

伏羲生活在上古时期，那时的先民虽然已经发明了简单的生产工具，可以打猎捕鱼，也告别了洞穴的群居生活，形成了以家庭为单位的部族、聚落，但是仍然无法解释各种自然现象发生的原理，他们生活在荒原野地，人身安全经常受到威胁。他们经历过的种种磨难让伏羲感到担忧，有时候旱涝来袭，往往在一夜之间，辛辛苦苦建造起来的家园就化为乌有。

为什么会这样？天地之间似乎有一种无形的力量决定着万物的生存与毁灭。然而，纷繁复杂的变化背后总有一些规律可循，于是伏羲

---

① 《马克思恩格斯全集》第一卷，人民出版社1995年版，第203页。
② 参见《习近平在文化传承发展座谈会上强调 担负起新的文化使命 努力建设中华民族现代文明》，《人民日报》2023年6月3日。

试图去认识这些规律。

伏羲首先把目光投向了永恒的星空。天空中七颗最亮的星星连接在一起，形状就像现在的勺子。经过长期观察，他发现在一段时间中，当勺子柄指向太阳升起的方位时，天气开始慢慢变暖，树木慢慢生出新的枝条；指向太阳上升的最高位时，正是天气最暖和的时候；指向太阳下落的方位时，树上的果实就变红成熟了；指向太阳升起和落下之间的方位时，树木会完全凋零，花草会枯萎衰亡，这是天气最冷的时候。然后，当勺子柄重新指向太阳升起的方位时，天气又会转暖，万物再次复苏……这种循环往复不停，从来没有出现意外。

同时，他对应着天空观察大地上的变化。他发现当河面的冰开始融化时，一些似曾相识的鸟儿又会飞回旧巢，此时天上落下的水滴会伴随远处轰鸣的雷声出现，随着雨水越来越多，雷声也越来越大；当树上的果实和地里的作物慢慢成熟时，天气也慢慢转凉，这时下雨却不再有雷声；而当天气最冷的时候，天空中不再下雨，而是飘下洁白的雪花……

伏羲通过长期观察天地万物的特征和变化，结合自身的感受，发现了事物存在对立与统一的变化规律。天地万物都是对立相待又协同发展的存在，比如有天空就有大地，有高山就有湖泽，有白昼就有夜晚。事物之间互有差异，但又互相联系在一起，同时会产生各种变化。于是，他发明"--"（阴爻）和"—"（阳爻）两种爻象高度抽象地描绘出万物之间的对立现象。

而阴阳两大基础性质各自都会向两个方面进一步发展，产生"太阴""太阳""少阴""少阳"四大现象，分别用"=="“="“=="“=="表示，展现出阴阳二气交流产生盈虚消长的变化规律。比如，一年当中春、夏、秋、冬就是明显的四象变化。

四象再各自向阴阳两方面发展，就形成各种天文现象、地理事物，用更为具象的"八卦"表示。比如，太阳如果向着阳的方向发展，也就是阳气不断上升，就形成天空，所以在"⚌"上再加一个"⚊"，用"☰"象征天空。而天体不停运行，有着圆形、运动、阳气旺盛等特征，或有这些特征的事物，比如空间中的南方、动物界的马、人体的头部等，都可以用这个符号表示，后来称为"乾"。

从阴阳两爻到四象八卦的变化，高度概括地描绘了宇宙万事万物的发展规律，这在当时大有用处。上古先民过着茹毛饮血的生活，穿的是兽皮草苇，为了温饱不得不经常出海打鱼、远行狩猎，这些都是极其冒险的活动。伏羲就用八卦为先民预报天气变化，比如，"☶"为寒冷、冰雪，"☳"为雷鸣，"☴"为大风，"☵"为下雨，"☲"为太阳高照、闪电等。他还用八卦表示八方品物的特征，来区分不同地区的鸟兽性情是温顺还是暴躁，以此为先民捕猎提供参考，尽量使他们避免猛兽，保全性命。

八个单卦各居其位、对立相待，表示万事万物各自不同、分居各处。然而对立只是表面现象，事物之间千丝万缕的联系，并且相互影响变化才是内在实质，伏羲通过卦象之间的协同变化表示这一实质。比如，"☰"和"☷"分居上下，阳气和阴气的力量实际上势均力敌，从整体来看，天地之间是"䷋"的状态，后来称为"否"，此时万物停滞，不再发展变化；而当阴阳各自发展到极端时，就会成为自身的反面，形成相反的"䷊"的态势，后来称为"泰"，此时阴阳再次交汇、调和，促使万物生长壮大，形成生机勃勃的繁荣景象。这就是冬去春来、"否极泰来"的自然现象。

大道同行
推进马克思主义基本原理同中华优秀传统文化相结合

同样道理，阴阳的盈虚消长为万事万物的发展创造了各种条件，条件成熟时就会形成万物。所以，伏羲继续将八个单卦两两相叠，通过形成的六十四个复卦来展示，用这些抽象的图案揭示了自然界中繁杂的变化规律。

"一阴一阳之谓道，继之者善也，成之者性也"，万事万物存在和变化的规律总不会超出阴阳交感，能够把握这种规律就会善于转化矛盾，成就事业。先民通过卦象了解自然界事物的规律，而且通过掌握规律创造出人造事物。比如，伏羲根据"☲"（后称"离"）的卦象发明"罔罟"，改善生产工具，帮助先民捕猎打鱼。在新生产工具的帮助下，先民的生产力得到提高，生命得以存续。

从"茹毛饮血"到"罔罟佃渔"，伏羲不断从万物变化的规律中得到启示，进而用来改善人们生活的各个方面。当时的原始社会中，人口本来就少，而人与人之间的乱伦关系导致了痴呆儿、智障儿多发，人口素质低下；青壮年男人为了争抢女子还经常发生流血事件，甚至是无谓的死亡。伏羲根据"☳"（归妹）这一卦象，制定了"嫁娶之礼"，建立起夫妇间正常的伦理关系。

此外，伏羲还发明了"瑟"这种乐器，借助音乐的阴阳波动来调节先民的不同性情，帮助人们把喜、怒、哀、乐的情绪调整到和谐的状态，让人心态平和、身心健康。有了好的心态、健康的身体，人与人交往自然一团和气，礼乐文明由此发端。

《周易·系辞》中记载了伏羲、神农、黄帝、尧、舜根据卦象阴阳规律创造先民文化、推动文明发展的重要史实：

包牺氏没，神农氏作，斫木为耜，揉木为耒，耒耨之利，以教天下，盖取诸益。日中为市，致天下之民，聚天下之货，交易而退，各得其所，盖取诸噬嗑。

神农氏没，黄帝、尧、舜氏作，通其变，使民不倦，神而化之，使民宜之。易穷则变，变则通，通则久。是以自天佑之，吉无不利。

黄帝、尧、舜垂衣裳而天下治，盖取诸乾、坤。刳木为舟，剡木为楫，舟楫之利，以济不通，致远以利天下，盖取诸涣。服牛乘马，引重致远，以利天下，盖取诸随。重门击柝，以待暴客，盖取诸豫。断木为杵，掘地为臼，臼杵之利，万民以济，盖取诸小过。弦木为弧，剡木为矢，弧矢之利，以威天下，盖取诸睽。上古穴居而野处，后世圣人易之以宫室，上栋下宇，以待风雨，盖取诸大壮。古之葬者，厚衣之以薪，葬之中野，不封不树，丧期无数；后世圣人易之以棺椁，盖取诸大过。上古结绳而治，后世圣人易之以书契，百官以治，万民以察，盖取诸夬。

"离""益""噬嗑""乾""坤""涣""随""豫""小过""睽""大壮""大过""夬"都是卦象的名称，古圣先王通过把握其中的规律，发现并解决各种社会矛盾与时代问题，不断创造生产工具、改善先民生活水平、创建国家社会制度，为中华民族持续数千年的农耕文明打下坚实基础，培养起勇于面对矛盾、善于分析情况的智慧，精于解决问题的能力，形成了孝悌忠信、礼义廉耻、仁爱和平为底蕴的民族品格，在变幻莫测的现象、环境面前，中国人永远不会退缩，也永远找得到解决方案。

近代以来，实现中华民族伟大复兴是中国人民最伟大的梦想，也是贯穿党的百年奋斗的鲜明主题。中国特色社会主义进入新时代，如何实现中华民族伟大复兴，是新时代中华儿女热切期盼得到回答的"中国之问"。

大道同行
推进马克思主义基本原理同中华优秀传统文化相结合

中国共产党坚持用马克思主义观察时代、把握时代、引领时代，不断推进马克思主义中国化时代化，把马克思主义基本原理同中国具体实际相结合、同中华优秀传统文化相结合，扎实推进实践基础上的理论创新，进一步深化了对共产党执政规律、社会主义建设规律、人类社会发展规律的认识，创立了习近平新时代中国特色社会主义思想。习近平新时代中国特色社会主义思想从战略全局和时代大局的高度研究新时代面临的重大现实问题，在指导实践、推动实践发展中解决难题，在推进中华民族伟大复兴历史进程中展现出强大真理力量和独特思想魅力，得到了国际人士的高度评价。原民主德国总理汉斯·莫德罗认为，"新时代新思想是建立在马克思主义的认识与创造性运用的基础之上，并且进一步发展了的马克思主义学说""中国共产党创造性地继承和发展了马克思主义的传统理论，不断地探索应对今天与未来面临之各种挑战的崭新答案"。[①]

中国特色社会主义进入新时代以来，尤其是新征程上关系党和国家事业发展的一系列重大理论和实践问题，概括起来就是"时代之问"：新时代坚持和发展什么样的中国特色社会主义、怎样坚持和发展中国特色社会主义，建设什么样的社会主义现代化强国、怎样建设社会主义现代化强国，建设什么样的长期执政的马克思主义政党、怎样建设长期执政的马克思主义政党，等等。当前，我们完成了全面建成小康社会的历史任务，实现了第一个百年奋斗目标，迈向了全面建设社会主义现代化国家、向第二个百年奋斗目标进军的新征程。

为科学回答新征程上的"时代之问"，党的二十大报告明确指出，

[①] 参见禚明亮：《深刻理解和把握"坚持问题导向"的时代意蕴》，《湖南日报》2023 年 5 月 25 日。

从现在起，中国共产党的中心任务就是团结带领全国各族人民全面建成社会主义现代化强国、实现第二个百年奋斗目标，以中国式现代化全面推进中华民族伟大复兴。在新的历史起点上，强调完成强国目标和民族复兴伟业，必须不断开辟马克思主义中国化时代化新境界，必须把握好习近平新时代中国特色社会主义思想的世界观和方法论，坚持好、运用好贯穿其中的立场观点方法；强调以中国式现代化全面推进中华民族伟大复兴，全面推进社会主义现代化国家建设；强调坚持和加强党的全面领导，坚持中国特色社会主义道路，坚持以人民为中心的发展思想，坚持深化改革开放，坚持发扬斗争精神；强调加快构建新发展格局，着力推动高质量发展，实施科教兴国战略，强化现代化建设人才支撑；等等。

意大利左翼政治活动家弗斯科·贾尼尼在《中国式现代化：路径、成就与挑战》一书中深刻指出，"中国共产党有着优良的传统和卓越的实事求是、理论联系实际的能力。这使得中国共产党往往能在关键的历史节点，独立自主地作出正确的选择"。[1]

（二）辩证看待矛盾——"祸兮福之所倚，福兮祸之所伏"

问题就是答案，危难蕴藏机遇。中华民族在数千年的历史进程中遭遇过无数问题和困境，然而中国人民总能绝处逢生，原因在于能够辩证地看待矛盾，善于将对立转化为统一。《道德经》说"祸兮福之所倚，福兮祸之所伏"，认为祸与福虽然极端对立，但是二者之间可以相互转化，这一思想可以追溯到伏羲设卦的远古。

---

[1] 参见禚明亮：《深刻理解和把握"坚持问题导向"的时代意蕴》，《湖南日报》2023年5月25日。

大道同行
推进马克思主义基本原理同中华优秀传统文化相结合

发端于三千多年前的《周易》是一部关于辩证思维的朴素专著，由上古时代的伏羲设六十四卦开创，随后经过周文王、周公的演绎成为中古时代的著作，再由下古圣人孔子作传十篇成为传世经典，被誉为"群经之首""万妙之门"。孔子晚年喜读《周易》，爱不释手，编连竹简的皮绳都断了多次，因此有"韦编三绝"的故事传诵千古。《周易》说："方以类聚，物以群分，吉凶生矣。"四方水土各聚其类，适应类似环境者自然聚集到一处；而各方品物又因群而分，大同里面有小异，所以自然分成不同群落。所谓"吉凶"就在于是否适合万物生长，"顺其所同则吉，乖其所趣则凶"。通过对"一阴一阳"的推演，古人发现矛盾产生的根本原因在于阴阳之间的交感变化，进而影响人类生活。

运用卦象模拟事物产生和变化的过程，人类就可以掌握规律、转化矛盾。《周易》中讲，乾、坤所代表的天地之间气息交流互感之初，首先形成震、巽、坎、离、艮、兑六大变化。其中震如雷动，迅猛有威；巽如风行，无微不至；坎如水流，利物不争；离如火焰，光明驱暗；艮如高山，持重知止；兑如川泽，润物无声。这就是八卦，而八卦相互激荡又成六十四卦，六十四卦互含互摄、层层无尽，这一过程最终形成万事万物的现象，所谓"道生一，一生二，二生三，三生万物"。这些变化对于环境中的人事有直接或间接的影响，而人应对环境或变化的态度、方式不同，会因时因地有吉、凶、悔、吝的不同结果。"吉"包含"吝""无咎""利""庆"等，对于人类而言是相对较好的结果；"凶"包含"悔""殃""乱"等，则是不好的结果。根据六十四卦的卦辞，我们看到或吉或凶的结果与人们自身德能、所处位置、应对时机等方面有直接关系，同时结果不是一成不变的。

第五章
"六个坚持"彰显悠久文明理念

首先，以德配位则吉。如在乾卦"九三，君子终日乾乾，夕惕若厉，无咎"中，"乾"整体表现为一种刚健进取的状态，"九"表示阳爻，"三"为阳位，处于一个可上可下的阶段，此时以阳德相配为当，即勤勉努力地工作，应当珍惜光阴、夜以继日，不但白天勤奋学习、修养德行，夜晚要更加警惕、以防疏忽，就可以避免过失，顺利进步。而在乾卦"九五，飞龙在天，利见大人"中，"五"位同样是阳位，而且是至尊高位，这时以"大人"的德能相配，既中且正、德合天地，方能创造宏伟事业。否卦"九五，休否，大人吉，其亡其亡，系于苞桑"，表示在"否"这种闭乱之世的状态中，不是所有人都困顿不堪，因为五位之高的"大人"可以凭借阳刚之德设法改变这种状态，在岌岌可危的形势中建立稳定局面的基础，就可以实现延续和发展。贲卦"六五，贲于丘园，束帛戋戋，吝终吉"，属于文化创制的繁荣景象，五位是至尊阳位，而"六"为阴爻，表示以阴德处阳位，看似不当，但这里的阴德不是邪恶，而是谦卑的德行，是为了求贤而卑己尊人、收敛光芒。以束帛为礼，礼虽薄，但心意真诚，又能不辞劳顿地普查遍访，可以实现野无遗贤、事业干济，所以开始看似卑微吝啬，最终结果是吉祥的。孔子说"不患无位，患所以立"，地位职权或资源能力并无好坏之分，而在于人的德行、才能是否运用得当，顺应职位责任发挥适当的德才，往往是吉祥如意的结果。

其次，居位失德则凶。如在师卦"初六，师出以律，否臧凶"中，"师"表示很多人集中到一起的情况，"初"为阳位，"六"为阴爻，表示德不配位，就像新兵入伍还不懂规矩，这时统领部队一开始就要军令严明、纪律整肃，否则难以御敌。即使能够战胜，恐怕各自邀功，铸成大乱。鼎卦九四"鼎折足，覆公餗，其形渥，凶"，在鼎立新业

> **大道同行**
> 推进马克思主义基本原理同中华优秀传统文化相结合

的过程中,"四"为阴位,仅次于五位,但是没有运用阴德,阳德过亢,既不能与上位呼应,也不能胜任工作,就会导致失误、过错,乃至大祸。同样,乾卦"上九,亢龙有悔"中"上"为阴位,却以阳德居之,这是"知进不知退,知得不知丧,知存不知亡",如此高亢不止,下面又没有阴爻(象征下级或群众)呼应,哪怕地位再隆尊,也不能成事,只是自造悔恨。解卦"六三,负且乘,致寇至,贞吝"中讲得更明确,以阴德居阳位,就像小人居君子位,虽享受君子待遇而乘车驾,却行小人之事而背负财物、贪腐堕落,盗贼也会来盗其不义之财,自然招致耻辱。以上卦辞都说明,无论处于什么位置,如果不能培养应有的德能,既不利于事业发展,也不利于自身前途。

最后,顺时而动则吉,背时而动则凶。既济"九五,东邻杀牛,不如西邻之禴祭,实受其福",太平之世已久,而处于尊位的领导者时常提醒自己承担的责任和义务,时刻不能懈怠、安逸,不断地解决民生问题、发展稳定局面,才能够在祭祀的时候将这些成绩告慰在天之灵,"慎终追远,民德归厚",即使用草芥之类当作祭品聊表心意,凭借真实的功业和追悼先人的至诚之心,人民百姓也会受感动、被感染,淳朴的民风也就兴起,这是国家真正长久的福祉所在。相反,如果没有恭敬之心,国家得不到治理和发展,就算是杀尽牛羊也不能慰藉苍生,这样的祭祀就是徒劳无用的,而且会遭到人怨民反,转安为危。师卦"上六,大君有命,开国承家,小人勿用",象征战争大捷归来之时,领导者要注意论赏有序、轻重有别,功劳大则成其为开国诸侯,功劳小则成其为承家大夫,好利之人只可赏利、不能授权,这样才能保证胜利果实长久保存;否则,不但不能享受胜利后的太平,反而会成为内乱的隐患。

第五章 "六个坚持"彰显悠久文明理念

"天地交,泰,后以财成天地之道,辅相天地之宜,以左右民。"君臣志通、上下一心之时是开创太平政治的绝佳时机,此时在位的国君应效法天地秩序治理社会、分工协作;顺天时、分地利,令百姓丰衣足食;如果此时贪图安逸,就会积累民怨、丧失人心,国将不国。"泽中有雷,随,君子以向晦入宴息。"泽为兑,兑为正秋,此时雷收声为静息之象,君子于日落后而休息安养,顺应自然规律则身心安康;否则,精神散乱、体力耗费,会令人加速衰老,百病随之而来,所以"随时之义,大矣哉"。这里可以看出,自身品德和能力是吉凶转化的重要因素,顺时用德就会平安顺利,逆时用德就会招致祸患。

总之,矛盾的现象虽然纷繁复杂,但总归于六十四卦,每一卦表示一类矛盾,就大大降低了矛盾的复杂性;同时,六十四卦相互含摄,也就可以相互转化,与德、位、时之间的关系总有规律可循,完全可以通过人的主观能动性推演变化进而发生转变。所以本于德、用于位、应于时,是转化对立为统一的关键。"君子以思不出其位",守本分、尽职责,内养德能、外顺时机,无欲无求、专心致志,不骄不躁、稳若泰山,则可以长久平稳地发展。"时止则止,时行则行,动静不失其时,其道光明",每个人各居其位,应当抑止之时便抑止,应当行动之时则行动,动静都遵守本分,不逾越规矩,就能形成有机整体,前途一片光明。

正是因为具有这样一种辩证看待矛盾的古老智慧,中华民族总能在困境中找到生机,转危为安。进入新时代,经过改革开放后四十多年持续快速发展,我国综合国力显著增强,稳居世界第二大经济体。同时,我国发展不平衡不充分的问题仍然突出:发展质量和效益

大道同行
推进马克思主义基本原理同中华优秀传统文化相结合

还不高,创新能力不够强,实体经济水平有待提高,生态环境保护任重道远,民生领域还有不少短板,社会治理还有弱项,脱贫攻坚任务艰巨……

然而矛盾恰恰指出了发展的方向。从"高速增长"到"高质量发展",从"衣食无忧"到"高品质生活",要聚焦国情国力、人民需求变化,实现从"有没有"到"好不好"的深刻转变。从解决温饱到全面小康,人民群众不仅对物质文化生活提出更高要求,而且对民主、法治、公平、正义、安全、环境等方面的要求也日益提高。

习近平总书记以辩证看待矛盾的智慧回应人民的期盼:更好的教育、更稳定的工作、更满意的收入、更可靠的社会保障、更高水平的医疗卫生服务、更舒适的居住条件、更优美的环境……一方面我们做得还不够,然而另一方面恰恰指出了我们努力的方向。随之而来的是各领域新理念的不断提出:部署深化教育体制改革;全面强化稳就业举措;明确建设健康中国的大政方针和行动纲领;坚持"房子是用来住的",加快建立多主体供给、多渠道保障、租购并举的住房制度;推动形成绿色发展方式和生活方式……

党的十八大以来,以习近平同志为核心的党中央坚持以人民为中心的发展思想,兜住民生底线、补齐民生短板、办好民生实事,人民群众的获得感、幸福感、安全感更加充实、更有保障、更可持续。秘鲁共产党(红色祖国)主席莫雷诺评价指出,中国共产党始终坚守本色,得到广大人民群众的衷心拥护和支持,所以才能在面临各种困难和威胁时傲然挺立,像这样一个团结一致、能力全面、深入人民、拥有战略眼光和高尚道德的政党，值得各国人民尊重。①

（三）积极化解矛盾——"士不可不弘毅，任重而道远"

2021年4月20日，习近平主席在博鳌亚洲论坛2021年年会开幕式上的视频主旨演讲《同舟共济克时艰，命运与共创未来》中指出，当前，百年变局和世纪疫情交织叠加，世界进入动荡变革期，不稳定性不确定性显著上升。人类社会面临的治理赤字、信任赤字、发展赤字、和平赤字有增无减，实现普遍安全、促进共同发展依然任重道远。②

"士不可不弘毅，任重而道远"，任何事业都需要勇敢的仁人志士去坚持、去实现，在这漫漫长路上必然要克服无数艰难险阻。早在两千多年前，先秦儒家代表人物曾子就认识到将"仁"作为自己毕生使命是何等的重要和艰难，同时做好了"死而后已"的准备。曾子并非天资聪颖，孔子说"曾也鲁"，就是说他不够聪慧。然而曾子勤奋好学，克服求学路上的重重困难，最终成为"宗圣"。他主持编写了《论语》，将孔子的思想保留下来，创作了《大学》《孝经》等重要经典。同时，曾子还是古代二十四孝之一，他认为"孝悌之至"能够"通于神明，光于四海，无所不通"，不仅"人之行，莫大于孝"，而且国君可以用孝治理国家，臣民能够用孝立身理家，实现天下太平。

"孝"之所以有如此大的力量，在于它暗含着世界万物的本体。"孝"字上面"从老省"，下面为"子"，老一辈呵护照顾子一辈，子

---

① 参见禤明亮：《深刻理解和把握"坚持问题导向"的时代意蕴》，《湖南日报》2023年5月25日。
② 习近平：《同舟共济克时艰，命运与共创未来——在博鳌亚洲论坛2021年年会开幕式上的视频主旨演讲》，人民出版社2021年版，第2—3页。

大道同行
推进马克思主义基本原理同中华优秀传统文化相结合

一辈赡养、支撑老一辈,这是正常的伦理道德,而更深一层的含义彰显着老一辈和子一辈是一体不二的实质。由此展开,老一辈上面还有更老一辈,子一辈后面还有子子孙孙,纵向在时间上无始无终、无穷无尽;每一辈人又有兄弟姐妹、同学朋友等,横向在空间里无边无际、不可计数。这样纵向无穷的时间、横向无量的空间交织在一起,就形成你中有我、我中有你的庞大的关系网络,同时在人际关系中又交织着万事万物的各种关系,推而广之便可以明白,"孝"的本体即是整个宇宙。

  人是天地间最有灵性的存在,具有与天地乾坤同样的"明德",能够转化各种各样的矛盾、创造无量无数的美好,根本原因就在于"孝"为人性的原点。人天生就有对父母的亲爱之心,这一点在婴儿对父母的依赖上表现得十分明显。无论父母做什么,一般孩童都会默默注视、跟随学习,而且模仿得惟妙惟肖。同时,父母天然就会对子女给予疼爱、保护,并不讲条件。所以父母与子女之间的爱是与生俱来的。进一步,纯孝之心本身没有界限,可以广包天下。仔细观察就会发现,婴儿对于人有天然的爱心,他们对于人的反应是平等的,没有好恶分别,就算是流落到兽群里,他们一般也会顺受,不会反抗,正是所谓的"天真烂漫""赤子之心"。而正是因为这种心态,所以大多数人会爱怜幼小的婴儿,甚至连猛兽都会照顾他们长大。正如老子所说,动物对待婴儿是"蜂虿虺蛇不螫,猛兽不据,攫鸟不搏"。其实"孝"的作用就是爱,而"爱"的繁体字"愛"中间有一个"心",也说明爱是人心本具的能力。纯孝之心能够充分显示爱的强大而温柔的能量,让靠近的人都感受到柔和,自然让人心变得柔软,所以婴儿得到的回应都是爱护、关怀。换句话说,毫无分别的纯孝之心是人与生俱来的，而纯孝之心展现出来的爱是活泼的，表现在对待父母孝顺，对待兄弟姐妹友悌，对待领导忠诚，对待朋友诚信，对待配偶负责，这些美德都是人性本心的自然流露。

但是纯孝之心很难保持。正如《论衡·本性》所说："一岁婴儿，无争夺之心；长大之后，或渐利色，狂心悖行，由此生也。"人的本性之中并没有争夺的欲望，所以人在婴儿的时候恬然自得、无欲无求、惹人喜爱；但是长大以后受到身边人事的浸染，逐渐产生自己所偏好的利害、物色，养成争夺、占有的习性，由好恶而起争夺。由于习性与本性不相符，吉凶首先就产生于人性之中，会让人产生良知与欲望之争，令人不得安心，熙熙攘攘地追随欲望，这是最为深刻的凶恶之事。由此而发，则有家人之间反目成仇，君臣上下交相争利，强国凌弱攫取资源，人心终日惶惶不安，进而加剧恶性循环，最终导致天下大乱。

所以"孝"弥足珍贵，也是让人"弘毅"的关键。人唯有克服不良习气，逐步改正错误的思想观念、言谈举止，拥有与天地同样广大无私的心胸、与万物四时同样的井然秩序，像尧、舜那样由修身"明明德"，而家人随之变化、亲睦整齐，百官服从管理、各尽其职，诸侯慕名而来、朝拜效法，为"亲民"，最终天下皆修善其身、乾坤清明，"止于至善"。《群书治要·史记》中记载了"二十四孝"中居于首位的舜的事迹：

> 虞舜，名曰重华。父瞽叟顽，母嚚，弟象傲，皆欲杀舜，舜顺适不失子道，以孝闻。于是尧乃以二女妻舜，以观其内；使九男与处，以观其外。二女不敢以贵骄，九男皆益笃。舜耕历山，历山之人皆让畔；渔雷泽，雷泽上人皆让居；陶河滨，河滨器皆不苦窳。一年而所

大道同行
推进马克思主义基本原理同中华优秀传统文化相结合

居成聚，二年成邑，三年成都。于是尧乃试舜五典、百官，皆治；以揆百事，莫不时序，流四凶族，以御螭魅，尧乃使舜摄行天子政，尧崩，天下归舜。

历史记载，舜的祖祖辈辈皆"微为庶人"，他的亲生母亲早亡，其父瞽叟续弦，又生弟弟象。瞽叟为人顽劣不通情理，偏爱后妻和象，三人常常想方设法杀害舜。舜逆来顺受，但是总能在危及生命时巧妙躲避，而有小过失时就甘受惩罚，始终恪守为人子的本分，以孝德配子位，他"顺事父及后母与弟，日以笃谨，匪有解"，就这样以纯孝之心对待家人，到了20岁的时候他的孝心孝行就传开了。那时尧帝正在选拔继承人，四方首领都推荐舜，说他以无私的爱与无穷的智慧在险恶的家庭环境下能够顺事父母、团结兄弟、保全自身，治理国家就需要这样的人才。于是尧将两个女儿许配给他，为的是观察他在无人之处是否表里如一。结果舜"内行弥谨"，二女"事舜亲戚甚有妇道"，家族上下一片和睦；尧又让九个儿子与舜交往，目的是考察他为人处世是否得当，结果九人在舜的影响下，品行日益笃实。通过观察自己儿女在品行上的变化，尧确定舜的德行不仅内外如一，而且足以启发他人的明德。

舜不仅能够使家庭和睦，在外工作时同样能够感化一方百姓。他在历山耕作时谦退礼让，结果历山之人都变得相互谦让，不再计较耕地的边界；他在雷泽捕鱼，见到老弱就将深潭厚泽让出去，结果雷泽人也都争相尊老爱幼；他在河滨制陶，十分耐心、仔细，结果河滨地区不论是谁做的陶器都十分精致、没有瑕疵。

舜受到尧帝重用后并没有享受荣华，而是历经诸难的考验，但都一一化解。他举荐高辛氏"八元"慎重地推广五伦五常的道德教化，

第五章
"六个坚持"彰显悠久文明理念

凭借八人的美德令老百姓都能遵循伦理道德,化成父义、母慈、兄友、弟恭、子孝的风俗;他举用高阳氏"八恺"指导百官政务,百官都能有时有序地处理事务;他"宾于四门",谦恭有礼地迎接前往朝拜的诸侯使者,使得国家威仪远播;他"纳于大麓",负责守护原始丛林,即使在烈风雷雨中都不会迷失方向;他"流四凶族",将"毁信恶忠,崇饰恶言"的共公(穷奇)流放到北部幽州,把"掩义隐贼,好行凶慝"的欢兜(浑敦)放逐到南部崇山,将"贪于饮食,冒于货贿"的三苗(饕餮)窜投到西部三危,把"不可教训,不知话言"的鲧(梼杌)诛杀于东部羽山,为民除害。由此,北狄、南蛮、西戎、东夷的风俗大化,"四罪而天下咸服"。舜在国民教育、内政外交、环保、国防等方面都做出了出色的成绩,一人乾坤化成天下秩序。

最后,通过层层考验,尧确信舜的明德足以为"圣",于是让出帝位。舜接受帝位时并不以此为乐,因此在为尧服丧期满后"让辟丹朱"。结果"诸侯朝觐者不之丹朱而之舜,狱讼者不之丹朱而之舜,讴歌者不讴歌丹朱而讴歌舜",这是因为尧子丹朱"傲,惟慢游是好",而舜"能造御乎无为,运道于至和",最终舜实至名归,成为一代圣王。

对于这段历史,孔子曾赞叹:"舜其大孝也与!德为圣人,尊为天子,富有四海之内。宗庙飨之,子孙保之。故大德必得其位,必得其禄,必得其名,必得其寿。故天之生物,必因其材而笃焉。故栽者培之,倾者覆之。《诗》曰:'嘉乐君子,宪宪令德!宜民宜人,受禄于天;保佑命之,自天申之!'故大德者必受命。"

小孝孝于亲,而大孝孝于天下。"大德者"便是大孝之人,以认识自身明德为起点,进而恒以修身正己为务,敦伦尽分而齐家,尽职尽

大道同行
推进马克思主义基本原理同中华优秀传统文化相结合

责而治国，最终转恶为善而平天下的使命必然降落在大德者身上，这是亘古不变的规律，也就是"受命"。

近现代以来，作为中华优秀传统文化的忠实继承者和发展者，中国共产党始终以祖国为母亲，以中华儿女为兄弟姐妹，胸怀实现人民幸福生活的"国之大者"，顺理成章而成为"受命"者。党的十八大以来，以习近平同志为核心的党中央着眼于新时代社会主要矛盾转化，指明解决当代中国发展主要问题的根本着力点，为推进高质量发展、创造高品质生活、不断满足人民对美好生活的向往提供重要遵循。为实现这一目标，中国共产党不仅时刻接受人民的监督，还不断刀刃向内，始终保持着党同人民的血肉联系，将来自人民、服务人民的理念刻进基因、融入血液。

2019年7月，中央"不忘初心、牢记使命"主题教育领导小组印发了《关于在"不忘初心、牢记使命"主题教育中对照党章党规找差距的工作方案》，要求各地区各部门各单位在主题教育中对照党章党规，以正视问题的自觉和刀刃向内的勇气，逐一对照、全面查找各种违背初心和使命的问题，真刀真枪解决问题。①

找准问题、解决问题必须牢牢把握学习贯彻习近平新时代中国特色社会主义思想这条主线。只有深入学习习近平新时代中国特色社会主义思想，才能增强"四个意识"，深刻领会党中央决策部署，从而提高做到"两个维护"的自觉性和坚定性。在"不忘初心、牢记使命"主题教育中，查找问题自然离不开自觉对照习近平新时代中国特色社会主义思想找差距、查短板；整改问题更要聚焦贯彻落实习近平新时

---

① 参见《中央"不忘初心、牢记使命"主题教育领导小组印发〈关于在"不忘初心、牢记使命"主题教育中对照党章党规找差距的工作方案〉》，《光明日报》2019年7月22日。

代中国特色社会主义思想、习近平总书记重要指示批示精神和党中央决策部署。因此,要着力在学懂上下功夫,深刻理解核心要义、精神实质、丰富内涵、实践要求,做到多思多想、学深悟透。唯有学懂弄通做实,牢牢把握贯穿其中的马克思主义立场观点方法,方能精准定位问题所在、差距所在、短板所在。[①]

找准问题、解决问题必须以党章党规为根本遵循。党的十八大以来,我们党先后制定或修订了《中国共产党巡视工作条例》《中国共产党廉洁自律准则》《中国共产党纪律处分条例》《中国共产党问责条例》《关于新形势下党内政治生活的若干准则》《中国共产党党内监督条例》等80余部党内法规制度,基本形成了以党章为核心,以准则、条例、规定等一系列党内法规为主体的系统性制度体系。坚决尊崇党章,认真贯彻各项党内法规,确保铁规发力,禁令发威,既是每一位共产党员的庄严责任和应尽义务,又是发现问题、总结不足的必然依托。因此,全面对照党章党规的具体要求,仔细查找违背党章党规的各种问题,是深化主题教育的题中应有之义。

中国人做事从来不怕自身问题和客观困难,怕的是不敢面对问题、面对困难没有智慧,我们相信只有直面问题才能找到成事的方法。古人讲,做事要"有经有权","经非权则泥,权非经则悖",经如"过河",权如"船筏"。在历史的长河中,如果把辩证法比为强大的工具,那它理应是一艘不住此岸、不住彼岸、不住中流而来往摆渡的智慧舟航。习近平总书记指出,在实现中华民族伟大复兴的历史进程中,我们的事业越是向纵深发展,就越要不断增强辩证思维能力。谆谆教

---

① 参见周凯:《找准问题把准脉》,"学习强国"学习平台2019年8月15日。

导,是中国共产党掌舵中国、引领时代的智慧瑰宝。

五、坚持系统观念：整体思维的高度

系统观念,既是中华优秀传统文化和马克思主义的重要内容和观点,更是中华民族取得全方面成就的基础性的思想和工作方法。自伏羲设卦分晓阴阳起,华夏先民就将自然与人类社会活动、宇宙秩序与社会规律紧密结合起来,从"象""数""理"的关系对事物的关联性进行分析。①随之发展而来的中医理论更是充分展示出这一系统观的重大作用,从天、地、人三者整体关系出发,强调人自身是一个整体,同时也与自然为一体,运用五行与人体活动的内在联系,通过阴阳协调,采取辨证施治的办法来化解各种疾病。这些关于疾病和治疗的认识同样可以用在国家治理层面。②《韩诗外传》中以十二种疾病比喻国家中出现的十二种问题,以人需贤医比喻国需贤臣,所谓"上医医国,其次医疾。夫人治国,固治身之象。疾者、身之病,乱者、国之病也。身之病待医而愈,国之乱待贤而治"。《孙子兵法》是古代军事家关于军事工程系统的战略战术思想,而掌握兵家战略思想不仅可以"运筹帷幄之中,决胜千里之外",同样可以凭借整体思维的高度安邦兴国、经纶天下。近现代以来,中国共产党吸收马克思主义唯物辩证法的重要内容,始终把坚持系统观念作为重要的思想和工作方法,党的十八大以来形成一系列新布局和新方略,带领全党全国各族人民取得了历

---

① 参见陆俊华：《牢牢掌握系统观念这个基础性思想和工作方法》,《中国纪检监察报》2023年6月8日。
② 参见张轩辞：《医道与政教：〈黄帝内经·著至教论〉读解》,《同济大学学报》(社会科学版) 2017年第1期。

史性成就。坚持系统观念，要求我们客观地而不是主观地、发展地而不是静止地、全面地而不是片面地、系统地而不是零散地、普遍联系地而不是孤立地看待问题、分析问题、解决问题，既要体现唯物辩证法关于联系、整体、发展的观点，又要体现系统论关于结构、功能、开放的观念，从而为前瞻性思考、全局性谋划、整体性推进党和国家各项事业提供科学思想方法。①

（一）前瞻性思考——"牵一发而动全身"

万事万物相互联系、相互影响，表面上看，事物差别很大，东南西北各不相同，但在自然规律中却是互为因果。《黄帝内经·阴阳应象大论》中这样描述自然现象与人体功能的关联：

东方生风，风生木，木生酸，酸生肝，肝生筋，筋生心，肝主目。其在天为玄，在人为道，在地为化，化生五味。道生智，玄生神，神在天为风，在地为木，在体为筋，在脏为肝，在色为苍，在音为角，在声为呼，在变动为握，在窍为目，在味为酸，在志为怒。怒伤肝，悲胜怒；风伤筋，燥胜风；酸伤筋，辛胜酸。

南方生热，热生火，火生苦，苦生心，心生血，血生脾，心主舌。其在天为热，在地为火，在体为脉，在脏为心，在色为赤，在音为徵，在声为笑，在变动为忧，在窍为舌，在味为苦，在志为喜。喜伤心，恐胜喜；热伤气，寒胜热，苦伤气，咸胜苦。

中央生湿，湿生土，土生甘，甘生脾，脾生肉，肉生肺，脾主口。其在天为湿，在地为土，在体为肉，在脏为脾，在色为黄，在音为宫，

---

① 参见贺夏蓉：《以系统观念健全全面从严治党体系》，《思想政治工作研究》2023年第2期。

大道同行
推进马克思主义基本原理同中华优秀传统文化相结合

在声为歌,在变动为哕,在窍为口,在味为甘,在志为思。思伤脾,怒胜思;湿伤肉,风胜湿;甘伤肉,酸胜甘。

西方生燥,燥生金,金生辛,辛生肺,肺生皮毛,皮毛生肾,肺主鼻。其在天为燥,在地为金,在体为皮毛,在脏为肺,在色为白,在音为商,在声为哭,在变动为咳,在窍为鼻,在味为辛,在志为忧。忧伤肺,喜胜忧;热伤皮毛,寒胜热;辛伤皮毛,苦胜辛。

北方生寒,寒生水,水生咸,咸生肾,肾生骨髓,髓生肝,肾主耳。其在天为寒,在地为水,在体为骨,在脏为肾,在色为黑,在音为羽,在声为呻,在变动为栗,在窍为耳,在味为咸,在志为恐。恐伤肾,思胜恐;寒伤血,燥胜寒;咸伤血,甘胜咸。

故曰:天地者,万物之上下也;阴阳者,血气之男女也;左右者,阴阳之道路也;水火者,阴阳之征兆也;阴阳者,万物之能始也。

在东、南、中、西、北不同时空中,环境变化给人带来不同的感官感受,通过五官影响体内五脏六腑,形成精神层面的喜、怒、忧、恐、思等情绪,造成各种疾病;而了解其中全部因素的关联,便可以运用其规律,相互制约以达到消除疾病的效果,通过调节饮食、情志,加之汤药、针灸便能消除环境的影响。这种智慧能够让人看到事物发展变化的过程全貌,以万物一体的规律而逆料未然、防患于未然。宋代苏轼在《成都大悲阁记》中写道:"吾头发不可胜数,而身毛孔亦不可胜数。牵一发而头为之动,拔一毛而身为之变,然则发皆吾头,而毛孔皆吾身也。"能够看到大中有小,同时看到小中有大,也就能推理过去包含现在和未来,现在也包含过去和未来,以至于未来包含过去和现在。总之,虽然事物在形式上差别巨大,但内在却密切联系,运用任何一个关联的片段,就能够推测整个发展变化的全景。这类思维,随着时间发展提升为中华先民"大小不二""远近为一"的哲学思维,为预见和改变未来发展提供了可以遵循的规律,体现了"明者远见于未萌,智者避危于未形"的智慧。

事情刚露出一点苗头时,明智之人能看到它的性质和发展方向;在危险还没有形成时,智慧之人可以提前避开,就是运用了"大小不二"的前瞻性思考。《韩非子·喻老》中记载了一个故事:

昔者纣为象箸而箕子怖。以为象箸必不加于土铏,必将犀玉之杯。象箸玉杯必不羹菽藿,则必旄象豹胎。旄象豹胎必不衣短褐而食于茅屋之下,则锦衣九重,广室高台。吾畏其卒,故怖其始。居五年,纣为肉圃,设炮烙,登糟邱,临酒池,纣遂以亡。故箕子见象箸以知天下之祸,故曰:"见小曰明。"

商纣王只是让人做了一双象牙筷子,为什么大臣箕子因此感到大事不妙呢?因为箕子推想到,纣王用了象牙筷子,就不会愿意用粗制器具,而是要用犀牛角、美玉做的杯子,不然不配套。那么接下来就会发展到要吃珍馐美味、穿绫罗绸缎、住豪华宫殿,所谓欲壑难填,长此以往必然殃及天下百姓。果然不出箕子所料,过了五年纣王便建酒池肉林、设炮烙之刑,终于穷奢极欲,以致身死国灭。而箕子之所以能准确预见到纣王的明日之祸,就是通过一双象牙筷子看到了纣王奢侈腐化的苗头和趋势。对箕子的这种远见之明,韩非子评价为"见微以知萌,见端以知末"。

抓住带有发展趋势的关键因素,这种预见能力体现了高度智慧,历史上很多人物都因此或避免祸患,或开创生机。《汉书·魏相丙吉传》中记载:"吉又尝出,逢清道群斗者,死伤横道,吉过之不问,掾史独怪之。吉前行,逢人逐牛,牛喘吐舌。吉止驻,使骑吏问:'逐牛

大道同行
推进马克思主义基本原理同中华优秀传统文化相结合

行几里矣？'掾史独谓丞相前后失问，或以讥吉，吉曰：'民斗相杀伤，长安令、京兆尹职所当禁备逐捕，岁竟丞相课其殿最，奏行赏罚而已。宰相不亲小事，非所当于道路问也。方春少阳用事，未可大热，恐牛近行，用暑故喘，此时气失节，恐有所伤害也。三公典调和阴阳，职所当忧，是以问之。'掾史乃服，以吉知大体。"

丙吉是西汉宣帝时期的丞相，他有一次外出遇到了两件事。一件是群体斗殴，一件是有人赶牛。他对前者不闻不问，而对后者却亲自上前询问。常人看来，打架有死伤是大事，而牛不过是耕地的牲畜，为什么不顾人而要顾牛呢？原来丙吉认为管理百姓打架的事情是长安令、京兆尹这些官员的职责，不需要丞相出面。但他发现牛的状态不对，它没走多远却气喘吁吁。那时是春天，牛却出现了像在暑天才有的样子，丙吉推测是天时节气不对，有可能妨害农事。这可是关乎天下人民生计的大事，一旦农业出现问题，很可能造成饥荒，"调和阴阳"是三公之责，所以他要追问清楚原因。

孔子"文事武备"的主张曾挽救鲁国于危难。《史记·孔子世家》记载，鲁定公十年（前500年），孔子为司寇。这年夏天，齐国大夫黎鉏对齐景公说："鲁国重用孔丘，观察形势，必定会危及齐国。"于是齐景公依据黎鉏的建议，派人到鲁国提出要与鲁定公举行友好会盟，约定在夹谷相会。鲁定公毫无戒备地准备会盟，孔子办理会盟事宜，说："臣闻有文事者必有武备，有武事者必有文备。古者诸侯出疆，必具官以从。请具左右司马。"建议鲁定公带领左右司马，效法古代诸侯君主配备齐全文武官员一同前往，以备不时之需。

齐、鲁两国国君到了夹谷，那里已经修建了会盟的土台，台上也准备好了席位，设有三级台阶，两君相互揖让登台。双方馈赠仪式过后，齐国的有司快步上前请求说："请演奏四方各族的歌舞。"齐景公说："好。"于是齐国的乐队以旌旗为先导，头戴羽冠，身披皮衣，手执矛、戟、剑、楯等兵器，喧闹着蜂拥而上。此时孔子一改往常的斯文，大步迈上台阶，还差一个台阶时扬起袖子来大喝一声："两国国君正在庄严地会见，为什么让野蛮的歌舞出现在这里？请有司命令他们退下！"有司只好示意这帮人下去，但他们还在观望，要看齐景公的眼色行事。齐景公觉得不好意思，挥手让乐队下去了。过了一会儿，齐国有司快步上前说："现在演奏宫廷音乐。"齐景公说："好。"于是齐国的戏谑艺人和侏儒边舞边唱地走上台去。孔子又赶快上去，大步走上台阶，还差一个台阶的时候就大声喝道："这是戏弄诸侯，按律当斩！请有司命人执行！"有司不得不执法，这些人当即身首异处。①

孔子利用周礼作为武器，讲道理挫败了对方的阴谋。齐国本来想要通过计谋压制鲁国，但没想到鲁国已经做好万全准备，只得草草结束，颜面扫地。而为了挽回面子，齐国最终把多年来侵占鲁国的郓、汶阳、龟阴之田归还了鲁国。

所谓"见一叶落，而知岁之将暮；睹瓶中之冰，而知天下之寒；以近喻远也"。从细微之处预判深远的东西，通过个别窥知全体、透过表象探究本质，这是一种能力。古代的明者作出了示范，今人当学之鉴之，对苗头性问题，察之于未萌，防患于未然；对事物变化发展的大趋势、大方向，作出明智预见，提前布局。②

不谋万世者，不足谋一时。前瞻性思考强调用发展变化的观点认识和把握事物发展的内在规律，预见事物不同阶段的发展趋势。习近平总

---

① 参见〔汉〕司马迁：《史记全译》，陶新华译，线装书局2016年版，第779—780页。
② 参见周爱华：《明者远见于未萌》，《中国纪检监察报》2022年3月11日。

大道同行
推进马克思主义基本原理同中华优秀传统文化相结合

书记指出,"科学预见形势发展的未来走势、蕴藏其中的机遇和挑战、有利因素和不利因素,透过现象看本质,抓好战略谋划"①。新征程上,我们要准确把握国内外形势新变化和实践新要求,增强忧患意识,发扬斗争精神,把历史、现实和未来发展贯通起来,把近期、中期和远期目标统筹起来,既顾好当下也谋好长远,以正确的战略策略应变局、育新机、开新局。②

习近平总书记指出:"认识世界发展大势,跟上时代潮流,是一个极为重要并且常做常新的课题。"③当前,世界百年未有之大变局加速演进,世界进入新的动荡变革期,迫切需要回答好"世界怎么了""人类向何处去"的时代之题。

在世界现代化浪潮中,由于中国传统学术和西方学术在源流、体系上有较大差异,哲学社会科学是特定国家或地区在一定历史阶段的经验总结,如果套用于解决其他国家或地区的问题,结果往往会"水土不服"。特别是对于中国这样的发展中大国来说,诸如如何实现现代化这样的重大课题,没有现成经验可循,国外理论不可能解答好。

改革开放后,我们对西方学术理论进行了反思和辨析,认为中国哲学社会科学需要建构自主的学科体系、学术体系、话语体系。进入新时代,我国哲学社会科学学科体系不断健全,研究队伍不断壮大,研究水平和创新能力不断提高,推出众多优秀学术成果,为我国经济社会发展、民生改善作出了重大贡献。新时代新征程,我国发展面临新的战略机遇、新的战略任务、新的战略阶段、新的战略要求、新的

---

① 《习近平关于防范风险挑战、应对突发事件论述摘编》,中央文献出版社2020年版,第216页。
② 参见周爱民:《牢牢掌握系统观念这个基础性思想和工作方法》,《湖南日报》2023年6月1日。
③ 《习近平著作选读》第一卷,人民出版社2023年版,第318页。

战略环境，我们面临问题的复杂程度、解决问题的艰巨程度明显提高。这对哲学社会科学研究提出了全新要求，也提供了前所未有的机遇。

我国有独特的历史、独特的文化、独特的国情，解答中国的问题，不能跟在别人后面依样画葫芦，必须有自己的坐标和立场、态度和主张。只有牢牢扎根中国大地，以中国为观照、以时代为观照，提出解决新时代各种问题的新理念、新思路、新办法，提出具有主体性、原创性的理论观点，才能更好回答中国之问、世界之问、人民之问、时代之问，才能以更宽广的视野、更长远的眼光增强预见性、把握规律性，更好指导中国实践。

当前，世界百年未有之大变局加速演进，新一轮科技革命和产业变革深入发展，国际力量对比深刻调整。当代中国正经历着我国历史上最为广泛而深刻的社会变革，也正在进行着人类历史上最为宏大而独特的实践创新。这种前无古人的伟大实践，必将给理论创造、学术繁荣提供强大动力和广阔空间。海洋科学、纳米科学、高能物理、人工智能、先进制造……这些科技前沿领域，我们能否抢占先机？气候变暖、环境恶化、能源资源短缺、粮食安全……这些全人类共同面对的难题都需要中国学者贡献智慧。同样，我国经济发展进入新常态，面对国际环境深刻变化，如何贯彻新发展理念、构建新发展格局、推动高质量发展？如何更好保障和改善民生、促进社会公平正义？面对世界百年未有之大变局，如何于危机中育先机、于变局中开新局？面对世界范围内各种思想文化交流交融交锋的新形势，如何增强文化软实力、提高我国在国际上的话语权？……习近平总书记指出："这是一个需要理论而且一定能够产生理论的时代，这是一个需要思想而且一定能够产生思想的时代。我们不能辜负了这个时代。"①

（二）全局性谋划——"凡事豫则立，不豫则废"

《中庸》中记载，春秋时期鲁国第二十六任君主鲁哀公曾请教孔子为政之道，孔子为鲁哀公详细解说"君臣也，父子也，夫妇也，昆弟也，朋友之交也"为"天下之达道"，也就是天下人所共同遵守的伦常大道，如果运用"天下之达德"也就是"知仁勇"去维系这些关系，就能够充分发挥大道的作用，实现社会稳定、国家富强。而做到"智仁勇"的前提是选贤任能、修身以仁。随后孔子总结："凡事豫则立，不豫则废。言前定则不跲，事前定则不困，行前定则不疚，道前定则不穷。"其中"豫"同"预"，二者均有预先计划、准备之义，此言旨在强调完善的规划对于国家发展的重要意义。换言之，做任何事情，预先有规划才能做到有的放矢，稳扎稳打，最终取得成功，反之则会一事无成。一个国家、一个民族只有对自身的长期发展有所规划，才能沿着正确的道路前进，无往而不胜。②

六百多年前，朱棣发动"靖难之役"，攻占应天，夺取皇位后，"思继志之所先，惟都邑之为重"，为了攘外安内、国祚长久，朱棣在运筹地理与历史、军事与民族、政治与社会等诸种因素构成的大局之后，作出了一项重大决策——迁都北平。③

《析津志》讲"自古建邦立国，先取地理之形势"，纵观历史，北平地理条件优越，建都历史悠久。正如《顺天府志》所载："燕环沧海以为池，拥太行以为险。枕居庸而居中以制外，襟河济而举重以驭轻，

---

① 习近平：《在哲学社会科学工作座谈会上的讲话》，人民出版社 2016 年版，第 8 页。
② 参见房伟：《凡事预则立，不预则废》，《光明日报》2020 年 12 月 8 日。
③ 参见中国古都学会编：《中国古都研究》，浙江人民出版社 1985 年版，第 37 页。

东西贡道，来万国以朝宗；西北诸关，壮九边之雉堞。万年强御，百世治安。"

"燕"就是后来的北平，那里气候温和，位于三角形华北大平原的顶点，是华北平原与西北蒙古高原，以及东北松辽平原之间各条通途的枢纽，"内跨中原，外控朔漠"的地理位置非常适合定都。

而当自然条件与历史条件相结合时，北平就成为朱棣建都的重要因素。自前燕之后，政治中心逐步自西趋东转移，自慕容儁都蓟城开始，随后史思明便以范阳为燕京，历经辽南京、金中都，直到元大都，北平逐渐成为中国政治中心。[①]

除此之外，朱棣更考虑到北平所处战略地位和明初民族矛盾。明初蒙古贵族势力猖獗，直到洪武元年（1368年）八月，徐达率师攻占大都，曾问明太祖朱元璋是否要追击向北逃亡的元顺帝，而朱元璋认为元朝运势已衰，就让他们自生自灭，等出塞之后加固边疆防守就可以。但是故元势力不甘心于失败，仍然想要重回北平，这就留下"边境之祸"的隐患。要知道，明朝初年的北平"三面邻虏"，明廷将主要兵力部署在以北平为中心的长城一线，形成了政治中心在应天，而军事重心实际上在北平的状态。在半个世纪的军事冲突与民族矛盾中，洪武年间先后五次大规模地对蒙古用兵，而朱棣曾先后七征蒙古。北征共三路：东路出山海关，入辽东；中路出古北口，至土兀剌河；西路出居庸关，临溺水——三路均以北平都司为始终点，所以在军事冲突与民族斗争中，北平战略地位日趋重要。[②]

北平三面靠近边塞，是防守的军事重地：东起鸭绿，西抵嘉峪，

[①] 参见中国古都学会编：《中国古都研究》，浙江人民出版社1985年版，第38页。
[②] 参见中国古都学会编：《中国古都研究》，浙江人民出版社1985年版，第39—40页。

大道同行
推进马克思主义基本原理同中华优秀传统文化相结合

绵亘万里,分设九边——辽东、宣府、大同、延绥、宁夏、甘肃、蓟州、太原和固原。它以山海关和居庸关为东西门户,联结九边,抵御蒙古,北控朔漠,以固疆圉。如此优越的地理位置和特殊的战略地位,加强了当时还是燕王的朱棣的政治力量和军事实力,也为"靖难之役"取胜提供了重要条件。

实际上,在洪武后期,北平已在逐渐地向全国政治中心转化。早在洪武三年(1370年),朱棣被封为燕王。燕王左相华云龙即经画"建燕邸,增筑北平城"。洪武十三年(1380年),燕王就国之后,北平地位更为重要。

洪武二十六年(1393年),朱元璋命北平属卫将校悉听燕王节制,所有军务"一奏朝廷,一启王知,永著于令"。时北方诸王中,秦王樉(治西安)、晋王㭎(治太原)、代王桂(治大同)、辽王植(治广宁)、谷王橞(治宣府)、宁王权(治大宁),燕王权最大且最重,似有分庭抗礼之势。朱元璋晚年的时候,太子标、次子秦王、三子晋王相继死去,其身后的政治权力重心已移向四子燕王朱棣。

洪武三十一年(1398年)五月,朱元璋病重,敕都督杨文等曰:"朕子燕王在北平。北平,中国之门户。今以尔为总兵,往北平,参赞燕王,以北平都司、行都司并燕、谷、宁三府护卫,选拣精锐马步军士,随燕王往开平隄备。一切号令,皆出自王,尔奉而行之,大小官军悉听节制。"

上述"燕王总帅诸王防边"的敕谕,虽旨在防御蒙古贵族骑兵乘难南犯,却提高了燕王的政治地位。半月之后,朱元璋病危,去世之前十天,他颁诏曰:"朕之诸子,汝独才智,克堪其任。秦、晋已薨,汝实为长,攘外安内,非汝而谁?已命杨文总北平都司、行都司等军,

第五章
"六个坚持"彰显悠久文明理念

郭英总辽东都司并辽府护卫,悉听尔节制。尔其总率诸王,相机度势,同防边患,乂安黎民,以答上天之心,以副吾付托之意。"这道诏书说明,燕王封国北平,不仅为明初的军事重心,而且在向着全国政治中心转移,这一转移最终通过"靖难之役"实现。

洪武帝去世后,应天与北平在军事、政治力量的对比上,北平居于优势。燕王朱棣抓住时机,兴师问难、率师南进,受到建文帝顽强抵拒,最终历时四年攻占应天,夺得皇位,改元永乐,是为明成祖。成祖即位后,论功封爵的二公、十三侯,都是朱棣的"熊罴之宿将,帷幄之谋臣",多为北平都司属下将校,尤以燕山三护卫将校为主。这些谋臣宿将在北平居住时间长,又有恒定产业,此时功高爵显,都愿意明都迁到北平。[①]

与此同时,"靖难之役"使江淮大地主官僚集团受到沉重的打击,"一时忠义如林,蹈九死而不悔"。如御史景清,早朝怀刀而入,欲为故主报仇,被诏磔于市,临死骂不绝口。永乐帝白天瞌睡时会梦到他,导致日夜惴恐不安,促成迁都北平之事。随后经历了18年的曲折过程,通过移民充实、治河通漕、伐采备料、营建宫阙等整体性大规模的建设,造就了都城北平。如今透过故宫,我们还能感受到来自大明王朝的恢宏气度。

诚然北平作为明代十四朝都城,确有水源缺乏、粮食不足、靡金治河、"逼临大虏"等四种弊端,但是更有影响至为深远的六大利益。

第一,永乐帝迁都北平,加强了明廷对北方边疆的统治。顾祖禹言:"太宗靖难之勋既集切切焉为北顾之虑,建行都于燕。因而整戈秣

[①] 参见中国古都学会编:《中国古都研究》,浙江人民出版社1985年版,第49—51页。

马,四征弗庭,亦势所不得已也。銮舆巡幸,劳费实繁;易世而后,不复南幸。此建都所以在燕也。"自唐以后,"地气将自西趋东北",即北方特别是东北少数民族迭兴,建都在燕是必然。而定都金陵,位置偏南,难以控制朔北。《五经要义》载:"王者受命,创始建国,立都必居中土",以统治四方,控制天下。永乐帝雄才大略,高瞻远瞩,力排众议,居中定鼎,将都城自南京北移近3000里,因此密切了同北方少数民族上层人物的联系,加强了对北疆和东北疆的统治。鲸海库页,西濛北漠,都置于明廷统辖之下。

第二,永乐帝迁都北平,加强了多民族国家的统一。朱棣戎马不息,出塞征战,其子孙继续"天子守边",这有利于巩固明初的统治自不待言。但是,正统以降,国力渐衰,塞北蒙古、东北满洲贵族不断驱骑南犯京师。正统十四年(1449年)也先"土木之变",嘉靖二十九年(1550年)俺答"庚戌之变",崇祯二年(1629年)皇太极"己巳之变",为京师困危突出三例。明以"皇帝守门",国都当敌,城坚池固,兵力雄厚,"天下勤王"之师迅集,均使之不能得其志,饱掠京畿后飏去。足以见得,明成祖迁都北平是一项"固国之策"。[①]

第三,永乐帝迁都北平,促进了北平地区的经济开发。北平处于华北平原农业经济区和塞北高原畜牧业经济区交界线上,其经济不甚发达。明定都北平,赈灾、免税、垦田、移民,仅永乐二年(1404年)、永乐三年(1405年)两年,即徙两万户约十万人充实北平;又先后疏浚通济河、通惠河、昌平河、浑河等,均有利于北平地区发展农业。同时,全国能工巧匠荟萃于京师,建筑、烧造、鼓铸、军器、

---

① 参见中国古都学会编:《中国古都研究》,浙江人民出版社1985年版,第50—51页。

织染、工艺等业大兴,如武宗时太素殿"改作雕峻,用银至二千万余两",除其奢靡和夸饰另论外,足见工艺之精绝。可见九鼎北迁,加快了北平手工业发展的步伐。另外,北平为漕运的终点,四方财货会聚京师,并在京设官店、榻房和会同馆。永乐二十一年(1423年)山东巡按陈济言,"今都北平,百货倍往时",可见一斑。

第四,永乐帝迁都北平,北平不仅是明代的政治中心,而且是文化中心。在京师设置国子监、翰林院,举行会试殿试,设立钦天监、观象台等,儒士云集,畴人荟萃;许多外国留学生在京肄业,后期耶稣会士来华,在北平广泛地进行文化交流。

第五,永乐帝迁都北平,使北平营建成为中国封建社会后期都城建设的典型。北平作为全国的政治心脏和文化大脑,在元大都殿阁园囿的基础上,兴建宫殿城池、坛庙衙署、文庙学宫、亭台苑林,整个城市布局严整,层次分明,规模宏伟,建筑壮丽,是当时世界上最宏丽壮观、金碧辉煌的城市之一。

第六,永乐帝迁都北平,奠定了今天北京城的基本规模。继明之后,清朝又定鼎燕京。北京经过明、清两代近500年的发展,成为中华文明的重要象征。恩格斯的《从巴黎到伯尔尼》中有一段话,"只有法国才有巴黎,在这个城市里,欧洲的文明达到了登峰造极的地步"[1]。同样可以说,只有中国才有北京,只有中国这样的国家才能创造北京;而在北京这座城市里,中华民族五千多年的精神文明和物质文明,达到了光辉灿烂的境地。北京已作为中国著名古都和世界历史文化名城而载入史册。[2]

---

[1] 《马克思恩格斯全集》第五卷,人民出版社1958年版,第550页。
[2] 参见中国古都学会编:《中国古都研究》,浙江人民出版社1985年版,第51页。

大道同行
推进马克思主义基本原理同中华优秀传统文化相结合

不谋全局者，不足谋一域。全局性谋划强调用全面系统的观点从大局出发观察和解决问题，要求正确处理好全局和局部的关系。习近平总书记强调，"领导干部想问题、作决策，一定要对国之大者心中有数，多打大算盘、算大账，少打小算盘、算小账"①。新征程上，我们要牢固树立全局意识，正确认识大局，自觉服从大局，善于把本地区和本部门的工作融入党和国家事业大棋局，统筹推进重要领域和关键环节改革，做到既为一域争光、更为全局添彩。

2018年9月，联合国的最高环境荣誉——"地球卫士奖"颁奖典礼在美国纽约举行，浙江省"千村示范、万村整治"工程（简称"千万工程"）荣获"激励与行动奖"。颁奖词这样写道："这一极度成功的生态恢复项目表明，让环境保护与经济发展同行，将产生变革性力量。"②

"千万工程"是习近平同志在浙江工作时亲自谋划、亲自部署、亲自推动的一项重大决策。2003年6月，在时任浙江省委书记习近平同志的倡导和主持下，以农村生产、生活、生态的"三生"环境改善为重点，浙江在全省启动"千万工程"，开启了以改善农村生态环境、提高农民生活质量为核心的村庄整治建设大行动。20年来，浙江持之以恒、锲而不舍、久久为功，"千万工程"造就了万千美丽乡村，造福了万千农民群众，成效显著，影响深远。③

"千万工程"的主要内容包括全域编制建设规划、实施村庄环境

---

① 《习近平在中央党校（国家行政学院）中青年干部培训班开班式上发表重要讲话强调 年轻干部要提高解决实际问题能力 想干事能干事干成事》，《人民日报》2020年10月11日。
② 于佳欣等：《造就万千美丽乡村 造福万千农民群众——"千万工程"二十年启示录》，《光明日报》2023年6月26日。
③ 参见浙江省习近平新时代中国特色社会主义思想研究中心：《"千万工程"蕴含的科学思想与方法》，《浙江日报》2023年6月12日。

综合整治、培育建设中心村、抓好农村垃圾革命、深化农村厕所革命、推进农村污水革命、保护利用好历史文化村落、加强乡村风貌引导、开展美丽乡村示范创建等，是一项涉及农村政治、经济、文化、社会和生态文明建设的系统工程。浙江省围绕科学规划布局美、村容整洁环境美、创业增收生活美、乡风文明身心美总要求，推进农村生态人居、生态环境、生态经济、生态文化建设，建设美丽乡村，实现了农业生产、农村建设、乡村生活生态的良性循环，走出了一条迈向农业高质高效、农村宜居宜业、农民富裕富足的康庄大道，成为系统化解决"三农"问题的一把金钥匙。同时，实施"千万工程"，从统筹城乡发展到推动城乡融合发展，始终坚持推动城乡公共服务均等化，把农村和城市作为一个有机整体系统考虑、统筹协调，逐步形成工农互促、城乡互补、协调发展、共同繁荣的新型工农城乡关系。习近平同志曾在"千万工程"工作现场会上指出，"千万工程"是推进新农村建设的龙头工程、统筹城乡兴"三农"的有效抓手、造福千万农民的民心工程。

20年来，从"千村示范、万村整治"引领起步，到"千村精品、万村美丽"深化提升，再到"千村未来、万村共富"迭代升级，浙江省委始终把"千万工程"作为"一把手"工程，保持战略定力，一任接着一任干，不断迭代深化，积小胜为大胜，创造了接续奋斗不停歇、锲而不舍抓落实、"一张蓝图绘到底"的典范。进入新时代，习近平总书记多次强调，要保持历史耐心和战略定力，以功成不必在我的精神境界和功成必定有我的历史担当，既要谋划长远，又要干在当下，一张蓝图绘到底。新征程上，我们更要以全局性谋划的战略定力，以中国式现代化全面推进中华民族伟大复兴。①

（三）整体性推进——"国之四维"缺一不可

2014年5月4日，习近平总书记在北京大学师生座谈会上的讲话中指出："每个时代都有每个时代的精神，每个时代都有每个时代的价值观念。国有四维，礼义廉耻，'四维不张，国乃灭亡'。这是中国先人对当时核心价值观的认识。在当代中国，我们的民族、我们的国家应该坚守什么样的核心价值观？这个问题，是一个理论问题，也是一个实践问题。经过反复征求意见，综合各方面认识，我们提出要倡导富强、民主、文明、和谐，倡导自由、平等、公正、法治，倡导爱国、敬业、诚信、友善，积极培育和践行社会主义核心价值观。富强、民主、文明、和谐是国家层面的价值要求，自由、平等、公正、法治是社会层面的价值要求，爱国、敬业、诚信、友善是公民层面的价值要求。这个概括，实际上回答了我们要建设什么样的国家、建设什么样的社会、培育什么样的公民的重大问题。"②

其中"国有四维，礼义廉耻，'四维不张，国乃灭亡'"一句出自《管子·牧民》："国有四维，一维绝则倾，二维绝则危，三维绝则覆，四维绝则灭。倾可正也，危可安也，覆可起也，灭不可复错也。何谓四维？一曰礼、二曰义、三曰廉、四曰耻。礼不逾节，义不自进。廉不蔽恶，耻不从枉。故不逾节，则上位安；不自进，则民无巧轴；不蔽恶，则行自全；不从枉，则邪事不生。"

到西汉贾谊向汉孝文帝提出《治安策》时概括引用为："管子曰：

---

① 参见浙江省习近平新时代中国特色社会主义思想研究中心：《"千万工程"蕴含的科学思想与方法》，《浙江日报》2023年6月12日。
② 《习近平著作选读》第一卷，人民出版社2023年版，第239页。

礼义廉耻，是谓四维，四维不张，国乃灭亡。"北宋欧阳修在《新五代史》中归纳为："礼义廉耻，国之四维。四维不张，国乃灭亡。"所谓"维"，最初是指系物的大绳，发展为"纲""网"等意思，总之具有维持、保持事物的含义；"张"是施张、建设的含义。合而言之，在国家建立之后，在具备一定物质基础之后，要维系国家持久发展需要同时注意施张四个层面的精神建设，才能够在已有基础上推进人民全面发展，进而实现国家富强。很容易理解的是，一切物质财富的创造和运用都需要人的力量，其中最为核心的力量来自价值观的建立，归根结底就是"什么样的人"会成为促进或制约社会建设、国家建设的根本力量。而礼、义、廉、耻这四重维度自上而下打造了国家上下可以共同遵循的核心价值体系，高度统一的核心价值观念足以推动全国各行各业向着国家发展的方向共同发力，最终实现每个时代的历史任务。

历史上辉煌的朝代往往重视修饬典籍以统领文化建设，《永乐大典》便是顺应"惟有大混一之时，必有一统之制作"的皇皇巨著，"凡书契以来经史子集百家之书，至于天文、地志、阴阳、医卜、僧道、技艺之言，备辑为一书"，被《不列颠百科全书》称为"世界有史以来最大的百科全书"[1]。全书共22937卷，另有凡例、目录60卷，装成11095册，总字数约3.7亿，采录自先秦到明初的典籍多达七八千种。在御制序中，明成祖朱棣称该书"序百王之传，总历代之典"，"包括宇宙之广大，统会古今之异同"，自豪之情溢于言表。[2]

永乐元年（1403年），朱棣决心修一部巨著彰显国威、造福万

---

[1] 陈雪：《到国图看〈永乐大典〉的前世今生》，《光明日报》2021年6月1日。
[2] 参见高寿仙：《〈永乐大典〉是一部什么书》，《学习时报》2021年1月22日。

代。最初令解缙主持编纂（规模147人），一年后修成《文献大成》，但朱棣亲阅后甚为不满，永乐三年（1405年）钦点姚广孝担任监修，同时编纂队伍扩大到了2196人（累计达3000多人）。绵历四载，参照元人阴幼遇《韵府群玉》、钱讽《回溪史韵》体例，以《洪武正韵》为纲，"用韵以统字，用字以系事"，将自古以来书籍整段整篇，甚至整部一字不易地全部抄录，"直取全文，未尝擅减片语"，保存了古书的原貌，辑录了上起周秦下迄明初的典籍，许多不见存于后世的佚文秘典赖此得以流传。该书于永乐五年（1407年）定稿，朱棣甚为满意，撰序云"上自古初，迄于当世，旁搜博采，汇聚群分，著为奥典"，赐名《永乐大典》。[①]

《永乐大典》卷帙浩繁，是中国最著名的古代典籍之一，它的最大贡献在于保存了我国明初以前各种学科的大量文献资料。在这方面，清代一些学者对《永乐大典》所做的辑佚工作是有一定功绩的。乾隆年间开《四库全书》馆时，安徽学政朱筠奏请"校《永乐大典》，择其中人不常见之书辑之"，得到清高宗的批准，于乾隆三十八年（1773年）设立了《四库全书》馆"校勘《永乐大典》散篇办事处"，先后参加者共39人，其中有著名学者戴震、邵晋涵、周永年等。到乾隆四十六年（1781年），共辑出书籍：经部66种，史部41种，子部103种，集部175种，总计385种，4946卷。其中重要的文献如西晋杜预的《春秋释例》、唐林宝的《元和姓纂》、北宋薛居正的《旧五代史》、南宋李心传的《建炎以来系年要录》；宋代医学名著《苏沈良方》《博济方》《伤寒微旨》等都是亡佚已久的秘籍，全赖《永乐大

---

① 参见关永礼：《〈永乐大典〉足千秋》，《书屋》2015年第3期。

典》才得保存下来。①

郑振铎先生曾经感慨：假如《永乐大典》全部保存至今，我们对于中国古文学史的面貌是可以看得更完全的……仅仅就这百存三四的《永乐大典》说来，我们已经可以从那里边得到不少的珍罕而且重要的资料了。②

2020年7月，中国藏家以6400多万元人民币，在法国拍下两册四卷《永乐大典》，引来世界范围的关注。2021年6月1日起，"珠还合浦 历劫重光——《永乐大典》的回归和再造"展览在国家典籍博物馆正式开展。"珠还合浦"比喻东西失而复得，"历劫重光"比喻历经劫难、重见光明。国家图书馆副馆长、国家古籍保护中心副主任张志清表示："在国图4000万册的总藏书中，200多册的数量不足为道，但这200多册的《永乐大典》正是国家图书馆的文脉所在。"当时展出的9册《永乐大典》嘉靖副本为近年来首次展出，多册为具有代表性的海外回归文献，如1938年王重民自英国为北平图书馆购入的"农"字册，1951年苏联列宁格勒大学东方学系图书馆送还中国的"颂、溶、蓉、庸"字册，1955年德国政府送还中国的"士"字册等。此外，还有1951年商务印书馆捐赠的"水"字册，1958年北京大学捐赠的"水"字册等，充分体现了国家及社会各界人士对中华典籍的重视与爱护，③体现了中华文脉赓续不断的情怀，更体现了中华儿女滴水成渊、聚沙成塔的磅礴凝聚力。

无四方，何以中国？事成于和睦，力生于团结。整体性推进强调

---

① 参见赵午鸿：《古籍〈永乐大典〉：惊世珍品的旷世磨难》，《东方收藏》2013年第7期。
② 参见万建辉：《〈永乐大典〉具有民族自信、文化自信的教育意义》，《长江日报》2021年12月7日。
③ 参见陈雪：《到国图看〈永乐大典〉的前世今生》，《光明日报》2021年6月1日。

大道同行
推进马克思主义基本原理同中华优秀传统文化相结合

从普遍联系的角度出发谋划发展，注重把握整体与其组成要素之间的关系，要求处理好全局和局部、当前和长远、宏观和微观、主要矛盾和次要矛盾、特殊和一般的关系。习近平总书记强调，要坚持整体推进，增强各项措施的关联性和耦合性，防止畸重畸轻、单兵突进、顾此失彼。新征程上，我们要坚持"全国一盘棋"，以问题为导向，统筹兼顾，综合平衡，着力推动区域协调发展、城乡协调发展、物质文明和精神文明协调发展，增强发展的整体性，促进经济社会全面进步和人的全面发展。①

新时代的文化建设有新的使命担当，新时代的文明发展有新的宏伟蓝图。植根于深厚的历史自信和高度的文化自信，习近平总书记在文化传承发展座谈会上特别强调："在新的起点上继续推动文化繁荣、建设文化强国、建设中华民族现代文明，是我们在新时代新的文化使命。""希望大家担当使命、奋发有为，共同努力创造属于我们这个时代的新文化，建设中华民族现代文明！"② 这一重要论述科学把握了新时代文化发展和文明进步的方向，进一步回答了新时代坚持和发展什么样的中国特色社会主义文化、怎样坚持和发展中国特色社会主义文化的问题，明确了以属于我们这个时代的新文化塑造中华民族现代文明这一根本旨归。③

无中国，何以文明？2022年5月27日，北京中南海，一次聚焦中华文明探源工程的中央政治局集体学习在这里进行。"中华文明源远

---

① 参见周爱民：《牢牢掌握系统观念这个基础性思想和工作方法》，《湖南日报》2023年6月1日。
② 习近平：《在文化传承发展座谈会上的讲话》，《求是》2023年第17期。
③ 参见李凤亮：《谱写中华民族现代文明建设的时代华章》，《南方日报》2023年6月12日。

流长、博大精深，是中华民族独特的精神标识，是当代中国文化的根基，是维系全世界华人的精神纽带，也是中国文化创新的宝藏。"①带着对中华文明的深邃体认，习近平总书记在主持学习时强调，要深入了解中华文明五千多年发展史，把中国文明历史研究引向深入。

"以史为鉴，可以知兴替。"中国有坚定的道路自信、理论自信、制度自信，其本质是建立在五千多年文明传承基础上的文化自信。站在文明高度，"走自己的路"便有了强大底气。2022年金秋，重大文化工程《复兴文库》正式出版发行。全五编包含60多卷300多册1.1亿多字，已出版三编共计37卷195册6190万字，时间跨度达百余年……皇皇巨著，字里行间回响着一个古老民族走向复兴的铿锵足音。

党的二十大擘画了全面建设社会主义现代化国家、以中国式现代化全面推进中华民族伟大复兴的宏伟蓝图，明确了2035年建成文化强国、国家文化软实力显著增强的发展目标。回望来时路，中华文明承载着中华民族生生不息的精神血脉，历经千年风雨而依然璀璨夺目，在人类发展的历史长轴上，写就光芒万丈的篇章。阔步新征程，中国共产党人和中国人民应该而且一定能够担负起新的文化使命，在实践创造中进行新的文化创造，在历史进步中建设中华民族现代文明。

"盛世修文"，2023年6月1日，习近平总书记走进中国国家版本馆中央总馆，在馆内的兰台洞库多次说起这个词。习近平总书记强调："建设中国国家版本馆是我非常关注、亲自批准的项目，初心宗旨是在我们这个历史阶段，把自古以来能收集到的典籍资料收集全、保

---

① 《习近平在中共中央政治局第三十九次集体学习时强调 把中国文明历史研究引向深入 推动增强历史自觉坚定文化自信》，《人民日报》2022年5月29日。

护好,把世界上唯一没有中断的文明继续传承下去。"①中华民族是世界上古老而伟大的民族。如果不从历史连续性来认识中国,就不可能理解古代中国,也不可能理解现代中国,更不可能理解未来中国。

看到多远的过去,就能看到多远的未来。在文化传承发展座谈会上,习近平总书记提出中华文明五个突出特性,表现出中国共产党"中华文明观"的进一步深化,对于我们全面深入了解中华文明的历史,更好担负起新的文化使命,共同努力创造属于我们这个时代的新文化,具有重大指导意义。②

六、坚持胸怀天下:大同理想的新生

胸怀天下,本来就是一个连续不断的古老文明内在具有的雄浑气魄,更是站在人类立场而诞生的科学理论的广阔格局。1925 年 12 月 16 日,郭沫若在《洪水》第一卷第七号上发表了《马克思进文庙》一文,文中写道:孔子正和三位得意门生"在上海文庙吃着冷猪头肉",只见有人抬着朱红漆的轿子闯进来,轿子停下,走出大胡子马克思。两人经过一番交谈后,马克思感慨道:"我不想在两千年前,在远远的东方,已经有了你这样一位老同志!"③

郭沫若认为,马克思之所以认下这位"老同志",是因为马克思主义与孔子的思想有很多契合之处,尤其是马克思理想中"各尽所能,各取所需"的共产主义社会与孔子憧憬的"大同世界"不谋而合。中

---

① 《担负新的文化使命 努力建设中华民族现代文明》,《人民日报》2023 年 6 月 3 日。
② 参见周玮、王鹏、徐壮:《疏源浚流 与古为新——中华文明的突出特性系列述评之一》,新华社百家号 2023 年 6 月 12 日。
③ 参见陈卫平:《跨越时空的思想对话——从〈马克思进文庙〉谈起》,《中国社会科学报》2021 年 10 月 26 日。

华优秀传统文化集大成者孔子、西方哲学思想集大成者马克思，虽然身处不同时代、不同国度，却代表着东西方文明殊途同致的发展趋势。

数千年来，人类优秀文明共同描绘出百万年发展史不断追求的幸福彼岸。在这一过程中，有些人走上了岔路，有些人走了回头路，有些人犹疑不知所往，有些人被动跟随他人，而有些人百折不挠、坚毅向前……社会主义发展五百多年来，经历了空想的三百多年，才等来马克思主义的科学社会主义理论，又经历近一个世纪才出现第一个社会主义国家，第二次世界大战之后兴起的诸多社会主义国家在东欧剧变中或改旗易帜，或止步不前，只有中国坚定不移地走出了一条中国特色社会主义道路。

新时代以来，中国不仅对内持续提质增量、改善民生，更注重对外维护和平稳定的共同发展环境，视全世界为一家，尽己所能帮助所有需要帮助的国家和民族，由协和万邦的和合智慧发展出构建人类命运共同体的诸多方案，践行"讲信修睦、亲仁善邻"理念携手世界弘扬全人类共同价值，致力于让世界文明百花园群芳竞艳，发挥每种文明自身优势，激励全世界各国各族人民为人类长久发展一同努力，把理想蓝图变为美好现实。

（一）构建人类命运共同体——"万物与我为一"

"四方上下曰宇，往古来今曰宙。"中国有世界上现存最早的星图、最古老的观象台、最完整的天象记录，从千百年前起，我们对星空和自我的探索从未停止……现藏于故宫博物院的金嵌珍珠天球仪，

大道同行
推进马克思主义基本原理同中华优秀传统文化相结合

是流传至今唯一的以黄金制成的天球仪模型,弥足珍贵。① 通过它,我们回眸看到古人的非凡智慧。据《仪象考成》记载,天球仪表面布列星辰、三垣、二十八宿、三百六十八星座,共一千三百三十颗星,依据星体体积与亮度按照比例选择大小相应的一千三百三十颗珍珠代表。天球仪表面还有黄道、赤道、银河、二十四节气的标识,内部还有精密的机械设计,使它可以模拟星体运动。我们知道,1990年2月14日"旅行者一号"太空船曾在64亿千米外的宇宙中拍摄地球的照片,在这张颗粒状照片里看到的人类家园只是一个模糊微小的"暗淡蓝点"。天球仪的核心正是地球,而令人震惊的是,当从它的核心向外延展时,我们会发现天球仪的表面要比拍摄这张照片的地方远得多得多。这意味着古人早已发现,这颗小小星球在宇宙面前就如尘埃一般,它渺小而脆弱,某个未知的因素就有可能将我们引以为傲的一切瞬间毁灭。所以,在重金打造的外形下,更为珍贵的是其中蕴含的万事万物同为一体的深刻哲思,传递出先祖对后世的谆谆教导,告诉我们所有人、所有民族、所有国家乃至万事万物都是一个共同体,激励着中华民族的子孙与天下万物相互守望、共存共荣、持续发展。

中华民族传统的共同体思想由来已久。《庄子·齐物论》里记录着南郭子綦与其学生颜成子游的一段对话:"天下莫大于秋豪之末,而太山为小;莫寿乎殇子,而彭祖为夭。天地与我并生,而万物与我为一。既已为一矣,且得有言乎?既已谓之一矣,且得无言乎?一与言为二,二与一为三。自此以往,巧历不能得,而况其凡乎!故自无适有,以至于三,而况自有适有乎!无适焉,因是已。"

---

① 参见中央广播电视总台:《国家宝藏》第三季第一期,"学习强国"学习平台2020年12月6日。

第五章 "六个坚持"彰显悠久文明理念

一切事物虽然在形体上千差万别，但归根到底都是一体的。就像眼睛、鼻子、四肢、躯干等构成人体一样，这些器官外形、作用不同，但都是一体而生，都是必要的存在，缺一不可。推广而言，大小、寿夭、是非、美丑、善恶、贵贱只是事物形式上的差别，万事万物来自一个永恒的本体才是事物的实相。比如，鸟兽在秋天里新生的毛很细，但它的实相本体大到包括天下万物；泰山虽然很大，但作为无数形式的一种也只不过是实相中很小的部分。总而言之，天地和我共同生于本体，万事万物和我本来就是一个共同体。

正是在共同体理念的指导下，中华民族不断创造出"协和万邦"的盛世辉煌。《尚书·尧典》记载："曰若稽古帝尧，曰放勋，钦、明、文、思、安安，允恭克让，光被四表，格于上下。克明俊德，以亲九族。九族既睦，平章百姓。百姓昭明，协和万邦。黎民于变时雍。"不到 100 个字，简要地描绘出上古时期的唐虞盛世。那时尧帝遵循古人流传的天地之道、大公之德，凭借钦敬贤人、明察下情、推举适当、道德纯备四种品质教化先民，将诚信、恭谨、克己、礼让的美好的德行传播到四方以外，从亲睦九族、整齐家族开始，进而管理国家任人唯贤，实现国家内部治理有序、人才济济，就可以创造外交方面的互通有无、关系和顺，最终实现了唐虞时代风俗大和的盛世景象。

这样的景象被春秋时代的孔子描述为大同理想："大道之行也，天下为公。选贤与能，讲信修睦，故人不独亲其亲，不独子其子，使老有所终，壮有所用，幼有所长，矜寡孤独废疾者，皆有所养。男有分，女有归。货恶其弃于地也，不必藏于己；力恶其不出于身也，不必为己。是故谋闭而不兴，盗窃乱贼而不作，故外户而不闭，是谓大同。"

这样的社会是孔子毕生追求的政治理想，虽然在礼崩乐坏的春秋

大道同行
推进马克思主义基本原理同中华优秀传统文化相结合

时代没有机会实现,但是大同理想在中华民族后世几千年中,同样成为历朝历代致力实现的目标,造就了中国历史上盛世迭出的突出表现,而国家强大必然会以自信的姿态面向世界、拥抱世界。

唐朝开创了"贞观之治"和"开元盛世",国力强盛,与周边民族、亚洲、欧洲等 70 多个国家建立了友好关系。唐太宗曾说:"自古皆贵中华,贱夷狄,朕独爱之如一。"正是这种远见卓识,开创了唐朝"四海咸服,万国来朝"的昌盛局面。[①] 时至今日,纽约唐人街仍是西方世界最大城市的华人聚居区之一,在世界各地移居海外的华人还被当地人称为"唐人"。

唐,是中国富有魅力的别称,唐朝文明给世界历史、世界文化留下了不可磨灭的印记,这是一个开放的时代。作为当时世界上政治、经济、文化极为发达的国家,唐朝的声威超过了同时期的世界强国——法兰克王国、拜占庭帝国和阿拉伯帝国。"九天阊阖开宫殿,万国衣冠拜冕旒。"盛唐诗人王维的诗句,描绘了各国使节到大明宫朝拜唐朝皇帝的盛况。不同国家,不同民族和不同的文化在这里汇聚,唐朝以博大的胸怀包容着一切。陕西历史博物馆壁画馆里珍藏的一幅《客使图》就描绘了唐朝接待的外来使,他们中有东方人,也有高鼻深目、长头发的西方人。唐朝强盛的国力与灿烂的文化对许多国家都具有吸引力,日本先后派出 15 批遣唐使,阿拉伯帝国也曾派出 37 批遣唐使。在唐都长安聚集着来自各国的使者、留学生、学问僧、商人等,增进了中国人民与各国人民之间的情谊。[②]

---

① 参见谢志东:《唐朝外交活动拾趣》,《国学》2011 年第 9 期。
② 参见卜宪群总撰稿,中国社会科学院历史研究所撰稿:《中国通史——隋唐五代两宋》,华夏出版社、安徽教育出版社 2016 年版,第 219—220 页。

与此同时，唐朝文化也远播海外，对日本、朝鲜半岛、印度、阿拉伯、东罗马帝国，乃至非洲都产生了深远的影响。那时，朝鲜、日本等附属国经常派来许多留学生到长安、洛阳学习，他们所说的是汉语，所写的是文言文。贞观年间，唐太宗曾经命魏徵等大臣编纂了一部治国理政丛书《群书治要》，但因唐末战乱失传。幸运的是，这部经典被那时日本的遣唐使带回了日本，被历代天皇及皇子、大臣奉为圭臬，作为学习中华文化的一部重要经典，并实现了日本的"承和贞观之间，致重雍袭熙之盛"。

唐朝不仅与东亚地区国家进行双向文化交流，还通过海上丝绸之路与东南亚、南亚以及北非地区有着密切的政治、贸易和文化往来。如广州港，在唐朝是最大的对外贸易港口。从开元前后开始，唐王朝在广州设置了市舶使，专门管理海外贸易实务。在这里，有婆罗门、波斯、昆仑等舶，不知其数，并载香料、珍宝、积载如山；还有许多来自斯里兰卡和东南亚等不同族裔的人在这里访问或定居。据记载，大型外国商船每年到达广州的有4000多艘，通过贸易，新鲜的物品源源不断进入中国。当时中国与南洋、波斯湾地区间这条著名航线被称为"广州通海夷道"，途经100多个国家和地区，全长共14000千米。这是当时世界上最长的一条国际航线，它连接了东亚与印度。

除了海上丝绸之路，人们更为熟知的是通过陆上丝绸之路去印度求法的一位著名高僧——玄奘，这是一次伟大的文化交流之旅。贞观三年（629年），玄奘从京都长安出发，历经艰难抵达天竺，游学于天竺各地，16年后回到长安。玄奘所译佛经多用直译，笔法谨严，撰有《大唐西域记》，为研究印度以及中亚等地古代历史、地理之重要资料。唐朝时期是中国大量吸纳印度文明的时期，除了佛教之

大道同行
推进马克思主义基本原理同中华优秀传统文化相结合

外,印度天文学、数学、医学和语言学等学科也纷纷被吸纳到唐朝外来文化的洪流中,与此同时,中国的手工艺品、文化艺术也不断传入印度。①

时光流转到 2004 年 10 月 10 日,美国纽约,一场震撼世界的中国文物展在大都会博物馆正式对外开放。这场名为"走向盛唐"的展览汇聚了中国 14 个省、市、自治区,47 家文博单位的 300 多件珍贵文物,其中一级文物超过 70%,创下了中国文物展览史上的多个之最,展现了汉朝以后中国广泛吸纳中亚、印度、丝路和草原文化终于走向盛唐的历史进程。这也是享誉世界的纽约大都会博物馆建馆以来最富盛誉的一次中国文物展。

历史告诉我们:地球是圆的,人是不断运动的,无论我们生活在哪个角落,总有一天会相遇,因为世界本来就是一家,万事万物互联互通、不可分割。

传承中华文明"协和万邦"的智慧和理念,中国共产党始终胸怀天下、立己达人,为中国人民谋幸福、为中华民族谋复兴,也为世界谋大同。当今时代,世界正处于百年未有之大变局,有风险挑战亦有新的机遇。2013 年 3 月,习近平主席在莫斯科国际关系学院发表演讲,首次提出人类命运共同体理念。从那时起,人类命运共同体秉承了马克思主义的信念追求、植根于中华优秀传统文化、传承自新中国外交宝贵经验。构建人类命运共同体理念陆续被写入联合国、上海合作组织等多边机构的决议或宣言,从"一方领唱"到"众声合唱",

---

① 参见卜宪群总撰稿,中国社会科学院历史研究所撰稿:《中国通史——隋唐五代两宋》,华夏出版社、安徽教育出版社 2016 年版,第 236—238 页。

奏响穿透纷纭变乱引领人类迈向美好未来的高亢旋律。①

在历史的十字路口，人类命运共同体高举和平、发展、合作、共赢的旗帜，呼吁每个民族、每个国家风雨同舟、荣辱与共，努力把我们生于斯、长于斯的这个星球建成一个和睦的大家庭。10 年来，相关思想成果大大丰富和拓展了人类命运共同体理念，形成一个立意高远、思想深邃、内涵广博的理论体系，以"建设持久和平、普遍安全、共同繁荣、开放包容、清洁美丽的世界"为总目标，以构建新型国际关系为根本路径，以全人类共同价值为价值追求，以主权平等、沟通协商、法治正义、开放包容、人道主义等国际公认的原则为基本遵循，以"一带一路"为实践平台，以全球发展倡议、全球安全倡议、全球文明倡议为重要依托，顺应时代变迁，回应世界之问，响应人民所愿，为人类社会实现共同发展、持续繁荣、长治久安绘制了蓝图，指明了前进方向。10 年来，中国为推动构建人类命运共同体进行了全方位探索与实践，并取得重要进展。以建立全球伙伴关系为起点，中国积极在双边层面拓展命运共同体实践，正与 10 多个国家商讨双边命运共同体建设，并已分别同老挝、柬埔寨签署构建命运共同体行动计划。在地区层面，中国致力于打造周边命运共同体、亚太命运共同体、中国—东盟命运共同体、上海合作组织命运共同体、中非命运共同体、中阿命运共同体、中拉命运共同体……构建人类命运共同体理念日益深入人心。

共建"一带一路"倡议、全球发展倡议、全球安全倡议、全球文明倡议，今天的中国站在人类前途命运的高度，将各国前途命运联系

---

① 参见任红岩：《从"一方领唱"到"众声合唱" 中国为构建人类命运共同体贡献力量》，《学习时报》2023 年 5 月 19 日。

起来，坚持谋和平、共发展，以对世界文明兼收并蓄的开放胸怀，致力于推动构建人类命运共同体，始终做世界和平的建设者、全球发展的贡献者、国际秩序的维护者；与各国携手同行，创建更加美好的世界，迎接更加光明的未来。

（二）弘扬全人类共同价值——"万物各得其和以生"

"和平、发展、公平、正义、民主、自由，是全人类的共同价值，也是联合国的崇高目标。"[1]2015年9月，在第70届联合国大会一般性辩论时，习近平主席首次提出全人类共同价值并阐释其基本内涵。此后在许多重要双多边场合，习近平主席围绕全人类共同价值提出一系列新理念、新主张。2023年3月，在中国共产党与世界政党高层对话会上，习近平主席首次提出全球文明倡议，深刻指出"和平、发展、公平、正义、民主、自由是各国人民的共同追求"。倡导弘扬全人类共同价值，体现了"大道之行，天下为公"的博大胸怀，彰显了大党大国领袖的天下情怀和责任担当，得到国际社会广泛认同。[2]

全人类的共同价值、共同追求凝练概括了全人类的基本价值共识，勾画出超越差异分歧的价值同心圆，凸显出各国人民企盼美好生活的最大公约数，为推动构建人类命运共同体提供了价值支撑，为人类文明朝着正确方向发展注入了强大精神动力，为共同建设美好世界提供了正确理念指引。习近平总书记深刻指出："和平与发展是我们的共同事业，公平正义是我们的共同理想，民主自由是我们的共同追求。"[3]

---

[1] 《十八大以来重要文献选编》（中），中央文献出版社2016年版，第695页。
[2] 参见人民日报评论员：《始终弘扬全人类共同价值——共建美好世界的最大公约数②》，《人民日报》2023年3月24日。
[3] 《习近平著作选读》第二卷，人民出版社2023年版，第543页。

第五章
"六个坚持"彰显悠久文明理念

　　和平与发展是我们的共同事业，无论东方西方，发达国家还是发展中国家，无不需要和平环境，持续发展，才能维系民生。2023年5月的千年古城西安，石榴花盛开，中国和中亚五国元首共叙传统友谊，共谋未来发展，共同推动构建更加紧密的中国—中亚命运共同体。这是一次擘画中国—中亚关系新蓝图、开启双方合作新时代的盛会，为双方交流治国理政经验、推动各自发展振兴提供重要平台和机遇。5月19日上午，西安国际会议中心，《秦岭新晖》的巨幅壁画前，习近平主席同中亚五国元首合影，镜头定格下六国首次以实体形式举办峰会的历史瞬间，习近平主席号召："让我们携手并肩，团结奋斗，积极推进共同发展、共同富裕、共同繁荣，共同迎接六国更加美好的明天！"①从构建中国—中亚命运共同体的大格局出发，擘画中国中亚合作新蓝图，展现双方互利共赢、命运与共的广阔前景。

　　公平正义是我们的共同理想，也是和平的保障和发展的标准。习近平主席指出，"世界格局正处在一个加快演变的历史性进程之中。和平、发展、进步的阳光足以穿透战争、贫穷、落后的阴霾。世界多极化进一步发展，新兴市场国家和发展中国家崛起已经成为不可阻挡的历史潮流"②。经济全球化、社会信息化极大解放和发展了生产力，既创造了前所未有的发展机遇，也带来了治理赤字、信任赤字、发展赤字、和平赤字等新威胁和新挑战。两极对抗的世界局势已经不复存在，多边主义局势已经形成。然而，旧有的思维观念仍然固化在一些人的头脑中，力图以大国来左右世界秩序。因此，为

---

① 习近平：《携手建设守望相助、共同发展、普遍安全、世代友好的中国—中亚命运共同体——在中国—中亚峰会上的主旨讲话》，《人民日报》2023年5月20日。
② 习近平：《携手构建合作共赢新伙伴 同心打造人类命运共同体——在第七十届联合国大会一般性辩论时的讲话》，《人民日报》2015年9月29日。

大道同行
推进马克思主义基本原理同中华优秀传统文化相结合

建构公平正义的国际秩序，习近平主席指出："国际规则只能由联合国 193 个会员国共同制定，不能由个别国家和国家集团来决定。"① 要维护以联合国为核心的国际体系，以公平正义为要旨，反对单边主义，坚持多边主义。"公论在人心，无间于南北也。"2022 年 6 月，在瑞士日内瓦举行的联合国人权理事会第 50 届会议上，古巴代表近 70 个国家作共同发言指出，尊重各国主权、独立和领土完整，不干涉主权国家内政是国际关系基本准则。新疆、香港、西藏事务是中国内政。反对将人权问题政治化和双重标准，反对以人权为借口干涉中国内政。与此同时，20 多个国家以单独发言等方式支持中国。近百个国家发出正义声音，反映出国际社会的呼声和愿望，公道自在人心。②

民主自由是我们的共同追求，也是人类共同的利益。民主作为一种权益，有多种实现方式；同时，民主是历史的、具体的、发展的，世界上没有定于一尊的民主形式，不存在适用于一切国家的民主模式。③ 每一颗民主的种子都需要找到合适的历史文化土壤，才能绽放出绚丽的民主之花、结出累累民主硕果。而全过程人民民主是适合中国国情的真实有效的民主，得到人民衷心拥护，实现了过程民主和成果民主、程序民主和实质民主、直接民主和间接民主、人民民主和国家意志相统一，扩大了人民有序政治参与，加强了人权法治保障，保证了人民依法享有广泛权利和自由，真正把发展为了人民、发展依靠

---

① 习近平：《在中华人民共和国恢复联合国合法席位 50 周年纪念会议上的讲话》，《人民日报》2021 年 10 月 26 日。
② 参见郭言：《多国正义之声彰显公道自在人心》，《经济日报》2022 年 6 月 17 日。
③ 参见赵纪萍：《全过程人民民主的显著优势和世界意义》，《光明日报》2023 年 5 月 29 日。

人民、发展成果由人民共享落到了实处，拓宽了人民民主的实现路径，开辟了人民民主的新境界，不仅实现了对西式民主的超越，而且拓展了人类政治文明新视野，为破解当今世界面临的民主赤字、治理赤字和发展赤字贡献了中国智慧，提供了中国方案。人民能够当家作主，成为国家发展的主人，才能担当国家发展的责任，去创造越来越丰富的物质财富、越来越高尚的精神文明，为实现人的全面自由发展创造条件，才能实现真正的自由。

在中国人的文化基因里，"家和万事兴"，和平是一切大小事业的开端，而"兴"不仅是事业发展，还是天地万物绵延的生生不息。人作为万物灵长要以公心平等对待一切存在，从中选择有益于人类持续发展的正确方向，因地制宜地运用适合的方式方法，带动每个人融入整个世界的发展大势，做国家的主人、担起人类事业的重任，努力实现物质富裕、政治清明、精神富足、社会安定、生态宜人的美好生活，促进人类社会可持续发展。和平、发展、公平、正义、民主、自由形成了一个完美的六边形，稳定而美丽，勾勒出人类幸福的主要维度。

《荀子·天论》讲，"天有其时，地有其财，人有其治，夫是之谓能参。……列星随旋，日月递照，四时代御，阴阳大化，风雨博施，万物各得其和以生，各得其养以成"，天地为人提供了无比丰饶的资源，人能够借助万物实现自身幸福，也要通过自身活动保持万物存在与发展。但是单独的一个人或少数人，不可能充分利用资源，也不可能促进万物发展，唯有整个人类发挥每一分子的能力，从各行各业、不同层次都向着共同价值发力，才能形成真正属于人类文明的磅礴伟力。

15—16世纪，开始出现世界性大航海活动。欧洲人从大西洋绕过

大道同行
推进马克思主义基本原理同中华优秀传统文化相结合

好望角进入东方的印度洋和太平洋，或者向西发现美洲，再穿越雷克海峡进入太平洋。参与此次世界大航海的，不仅有欧洲人，还有中国人。[1] 明太祖朱元璋建国之初，便以恢复华夏"正统"为己任，认为和平稳定的内外环境是存在和发展的重要保证，于是制定了睦邻友好的外交政策和"厚往薄来"的外贸政策。明成祖时期派出一支规模浩大的船队七次往返于中国东南沿海与印度洋之间的航路上，为马六甲一带国家、地区带去了大明的陶瓷、丝绸等物，并广受喜爱；在返程中，郑和的官船也带回了一些中国所缺的物品，互通有无，中外交往出现了空前繁荣的局面。众所周知，这一历史事件就是"郑和下西洋"，而之所以航海远游，明成祖曾在敕书中这样写，"天之所覆、地之所载、日月照临、霜露所濡之处，人民老幼皆欲使其遂其生业"[2]，大明的百姓是人民，其他国家地区的人民同样有着美好生活的向往，而明朝秉持"老吾老以及人之老，幼吾幼以及人之幼"的祖德，向世界张开怀抱。

在郑和开拓西洋的同时，明成祖也加大陆上的经营力度，多次派人出使西域，使丝绸之路重现繁华。其中，陈诚先后五次出使中亚各国，巩固了明朝与中亚各地的政治、经济、文化交流。比如永乐十六年（1418年），陈诚出访中亚，第二年七月中亚、西亚20个国家600人组使团回访，明成祖朱棣派遣6000名精锐骑兵护送，沿嘉峪关参观途经的明朝九边军镇，特意派遣明军中的蒙古族、回族军官接待，介绍明朝的民族平等政策，一扫"明朝虐待蒙古族人和回族人"的谣言，

---

[1] 参见卜宪群总撰稿，中国社会科学院历史研究所撰稿：《中国通史——明清》，华夏出版社、安徽教育出版社2016年版，第35页。
[2] 参见卜宪群总撰稿，中国社会科学院历史研究所撰稿：《中国通史——明清》，华夏出版社、安徽教育出版社2016年版，第39页。

第五章 "六个坚持"彰显悠久文明理念

同时各国使臣对明朝强大的军事实力也叹为观止。永乐十八年（1420年），朱棣在北平皇宫接见各国使臣，诸使臣皆行叩拜礼，唯独帖木儿国使臣坚持行鞠躬礼，朱棣并不在意。随后，朱棣安排使团到山东、河南、江苏游览，展示中国内地城市的富庶繁华。两个月后，朱棣在北平周边开始大规模"狩猎"，共调用军队 10 万人，精心挑选精锐部队表演训练科目，整整持续一个月。看到阵容整齐、步调如一的军事演练，各国使节感到惊怖。阅兵后，朱棣在土木堡行营再次接见各国使节时，帖木儿国使臣带头下跪磕头，奉上当年帖木儿国王父亲生前的御用坐骑，表达最崇高的敬意。朱棣不计前嫌，亲手写信托使臣转交帖木儿国王，表示"愿两国臣民永享太平安乐之福"。足见朱棣的宽广胸襟，以及友好外交的诚意。此次观礼的使节来自 27 个国家，在和平的氛围中，明朝军威之盛以及睦邻友好的国策便在各国引起巨大反响，中亚、西亚国家与中国的友好关系自此绵延。[1]

世世代代与不同国家和民族交好，让中国更好地了解自己之外的国家和文化，更加深刻体会到人类对于美好生活有着怎样的共同向往。2015 年 9 月，联合国成立 70 周年之际，习近平主席在联合国讲坛，首次面向世界提出"全人类共同价值"："和平、发展、公平、正义、民主、自由，是全人类的共同价值，也是联合国的崇高目标。目标远未完成，我们仍须努力。"[2] 面对世界百年未有之大变局，带着对"和而不同"的深刻理解，习近平主席将中华民族鲜明的价值追求延展至世界维度，实现中外话语体系在价值观领域的开创性对接。

---

[1] 参见卜宪群总撰稿，中国社会科学院历史研究所撰稿：《中国通史——明清》，华夏出版社、安徽教育出版社 2016 年版，第 38—40 页。
[2] 《十八大以来重要文献选编》（中），中央文献出版社 2016 年版，第 695 页。

大道同行
推进马克思主义基本原理同中华优秀传统文化相结合

当今世界,多重挑战和危机交织叠加,世界经济复苏艰难,发展鸿沟不断拉大,生态环境持续恶化,冷战思维阴魂不散,世界进入新的动荡变革期。同时,各国人民对和平发展的期盼更加殷切,对公平正义的呼声更加强烈,对民主自由的追求更加坚定。必须深刻认识到,全人类共同价值是各国人民的共同追求,顺应人类社会发展进步的时代潮流,既是人类文明的共同财富,也是破解当今时代难题的钥匙。只有以全人类共同价值凝聚各方力量,摒弃意识形态偏见,尊重文明多样性,最大程度增强合作机制、理念、政策的开放性和包容性,促进世界各国人民相知相亲,把全人类意志和力量凝聚起来,共行天下大道,才能和睦相处、合作共赢,共同应对各种全球性挑战,让人类命运共同体建设的阳光普照世界,推动历史车轮向着光明的目标前进。[①]

任何一种有助于推动人类社会发展的价值观念,都兼具价值理想和价值规范的双重功能。价值理想表达了价值主体对理想社会的向往和追求,而价值规范则体现为对价值主体行为的规范和约束。全人类共同价值是不同文明的共享价值,体现着普遍适用性,具有文化规范的功能。也就是说,和平、发展、公平、正义、民主、自由等价值理念不仅可能也有必要成为文明间互动交流、文明关系协调、文明矛盾化解的基本遵循,而且理应成为不同文明自觉遵守的基本规则,在自觉遵循价值规范中实现相知相亲。推动全人类共同价值规则转化的路径,既包括在多边国际舞台上推动全人类共同价值融入重要国际文件或宣言,使之成为凝聚国际共识的重要载体,也包括在双边关系中

[①] 参见人民日报评论员:《始终弘扬全人类共同价值——共建美好世界的最大公约数②》,《人民日报》2023年3月24日。

自觉落实全人类共同价值，使之成为处理双边关系的重要原则；既包括依据全人类共同价值制定和阐明中国的外交政策，也包括在推进周边外交、大国外交、发展中国家外交的实践中更加自觉以全人类共同价值为指导，不断增进我国与世界各国人民间相知相亲。①

"全人类共同价值"是中国共产党立足"两个大局"提出的凝聚了人类不同文明的价值共识，是在国际视野中对"人类社会实现什么样的发展、如何发展"的重大课题作出的历史性回答，是对当今世界国家关系以及国际交往准则的科学概括，其超越国家、超越民族、超越意识形态的意义，对于国际社会在全球化背景下对国际关系的思考、社会与国家结构关系的重构，具有十分重要的作用。②

中国是全人类共同价值的坚定倡导者和积极践行者，矢志不渝促进人类和平与发展事业，在动荡变革的世界为人类文明进步作出重大贡献。中国式现代化既造福中国人民，又促进世界共同发展，是我们强国建设、民族复兴的康庄大道，也是中国谋求人类进步、世界大同的必由之路，走的是和平发展的人间正道。中国愿同各国一道，推动共建"一带一路"高质量发展，加快全球发展倡议落地，培育全球发展新动能，构建全球发展共同体。中国实现现代化是世界和平力量的增长，是国际正义力量的壮大。③

现实启示我们：全人类共同体价值六个方面密切联系、环环相扣，和平、发展、公平、正义、民主、自由之间相辅相成。中国共产党坚

---

① 参见王公龙：《弘扬全人类共同价值 促进各国人民相知相亲》，《光明日报》2022年12月2日。
② 参见洪向华、解超：《全人类共同价值的理论特质》，《中国青年报》2022年11月29日。
③ 参见人民日报评论员：《始终弘扬全人类共同价值——共建美好世界的最大公约数②》，《人民日报》2023年3月24日。

持以马克思主义为指导,不断发展面向现代化、面向世界、面向未来的,民族的科学的大众的社会主义文化,实现了中华传统文化有史以来最为广泛而深刻的改造,为当代中国文化发展注入了新的强大活力,铸就了中华文明新辉煌,[①] 也将为人类文明新形态引领新航道。

(三)创造人类文明新形态——"美美与共"前景无限

文明是一个动态的过程,一个有序社会经过分化或受到外部冲击,将变成一个动荡的社会;在过渡时期,将会出现无序或半无序状态;无序社会经过分化和整合,又将形成一个有序的社会,从而进入一个更高一级的文明社会。[②] 在现代人类形成之前(即距今 35000 年之前),各原始游群像动物界的群体一样,联系较少,各自独立活动,人类还没有创造出一个共同的社会意识,没有共同的行为规范,各群体的生存主要靠动物界遗传下来的本能活动来维持。随着现代人的形成,人口的增多,交往范围的增大,不同群体之间的冲突的增多,人类也面临着巨大的挑战,同时也激发人类智慧的萌发。人类除了创造物质产品以满足生理需求、维护基本的生存条件之外,还要考虑本群体成员的团结,以共同抵御其他群体的攻击,以及如何减少人类群体之间的冲突,建立一个有序的人类社会,保障人类社会的和平与安定。因此,最早的安定有序的社会的形成是文明形成的重要标志。共同社会意识形态的形成在人类有序的社会形成发展中具有重要的历史意义。动物虽然有思维的能力,但没有形成共同的社会意识形态,只有人类才有

---

① 参见霍小光等:《新的文化使命——从"第二个结合"看努力建设中华民族现代文明》,人民网 2023 年 6 月 5 日。
② 参见何星亮:《图腾与人类文明形成》,《中南民族大学学报》(人文社会科学版),2007 年第 6 期。

能力创造共同的社会意识形态。比如，从现有资料来看，人类最早的社会意识形态可以追溯到图腾意识。

而人类文明的实质是进行生产、生活和其他社会活动的组织方式。这些组织方式，往往基于历史发展和方式变化。按照马克思提出的"人的依赖""物的依赖"和"人的自由而全面发展"三个社会形态理论，人类文明可以分为"前文明""内在分裂的文明"和"人的自由而全面发展的文明"三个形态。①

所谓"前文明形态"，即人类的原始部落状态，在这种形态中，人类朴素地把一切当作共同体的财产，尽管为了生存也在食物等方面与共同体外部及内部进行争夺。无论如何，个人在这个阶段，离开群体是无法生存的，对群体的依赖关系是非常明显的。随着定居下来从游牧、采集逐渐转换为耕种以及家畜的蓄养，剩余产品逐渐多了起来，这就为共同体内部的分工创造了条件，文明的曙光开始显现，狩猎和采集的生存方式就转化为耕种和畜牧。"内在分裂的文明"，是说这种文明建立在阶级社会的分裂和对抗基础之上，根据生产组织方式的变化，可以划分为奴隶制文明、农奴制文明、资本主义文明。而"人自由而全面发展的文明"是未来社会的文明形态，这一文明形态摆脱了对抗性。按照马克思的设想，这种文明形态摆脱了以往"物的依赖"和"人的依赖"关系，实际上就是不仅在资本主义社会生产力高度发展的基础上，给人的自由发展创造物质条件，而且在资本主义文明形式给人自由的基础上，摆脱资本对人的控制权，给人以真正的自由。正如在《共产党宣言》"无产者和共产党人"一节中马克思、恩格斯所

---

① 参见韩震：《人类文明形态的演进历程》，《人民论坛》2021年第34期。

大道同行
推进马克思主义基本原理同中华优秀传统文化相结合

指出的,未来社会"将是这样一个联合体,在那里,每个人的自由发展是一切人的自由发展的条件"①。经历了漫长的人类文明发展,我们是否相信这样一种新型文化形态可以实现?

20世纪90年代发生了许多大事件,先是苏联解体,然后是全球化发展的加强,改变了世界的政治格局,《文明的冲突与世界秩序的重建》一书应运而生。这是美国学者亨廷顿出版的一本专著,作者强调了文化在塑造全球政治中的主要作用,唤起了人们对文化因素的关注。他指出:文化"长期以来曾一直为西方的国际关系学者所忽视;同时在全世界,人们正在根据文化来重新界定自己的认同"②。这本书一经出版就在世界范围内引起巨大的反响,并被翻译成22种不同的文字,书中的许多观点被不同国家的人广泛地讨论,引起了美国政府的关注,对美国国家政策的制定起到了很重要的参考作用。书中描绘出对世界未来发展的忧虑,尤其是对西方文明未来发展的忧虑:一个崛起的东亚地带,一个崛起的中华民族,还有充满着矛盾与战争的伊斯兰国家——这是一幅具有西方思维特点的世界图景。③

而几乎与此同时,中国学者费孝通先生提出"各美其美,美人之美,美美与共,天下大同",站在全人类的高度关注到文明的共存问题,贡献出中国的答案。"各美其美",各种族群文明首先能够自立地生存和发展,保留自己的传统和特征;"美人之美",不同文明之间加强交流、对话和理解,相互看到彼此的优点,尊重和欣赏与自己不同的文化传统、社会制度与发展模式;"美美与共",当我们知道不同

---

① 马克思、恩格斯:《共产党宣言》,人民出版社2018年版,第51页。
② [美]亨廷顿:《文明的冲突与世界秩序的重建》,周琪等译,新华出版社1998年版,中文版序言第2页。
③ 参见方李莉:《世界秩序的重建——从亨廷顿到费孝通》,《群言》2012年第12期。

文明的优点如同天上的繁星般数不胜数时，会共同珍惜这笔伟大的人类财富，并且继承和发扬这些优势，相互补充成为更加壮丽的文明现象；"天下大同"，这样的景象似乎又一次回到了上古时代的"大同之治"，然而不同的是，此时我们的起点不再是原始生产力，也不再是中原故地，而是21世纪整个地球的文明力量。

习近平总书记在党的十九届六中全会第二次全体会议上指出："我们党领导人民不仅创造了世所罕见的经济快速发展和社会长期稳定两大奇迹，而且成功走出了中国式现代化道路，创造了人类文明新形态。"[①] 中国式现代化赋予中华文明以现代力量，中华文明赋予中国式现代化以深厚底蕴。这一人类文明新形态，深深植根于中华优秀传统文化，体现科学社会主义的先进本质，借鉴吸收一切人类优秀文明成果，代表人类文明进步的发展方向，展现了不同于西方现代化模式的新图景。

2023年3月15日，中国共产党与世界政党高层对话会，150多个国家的500多个政党和政治组织领导人相聚"云端"，中共中央总书记、国家主席习近平郑重提出全球文明倡议。同年6月2日，习近平总书记在文化传承发展座谈会上发出时代强音："对历史最好的继承就是创造新的历史，对人类文明最大的礼敬就是创造人类文明新形态。"[②]

文明的创造是需要历史推动的，就像人类几万年积累起来的文明财富一样，我们所实现的文明新形态只是刚刚起步。而一旦起步，便气贯长虹，势不可当。

---

① 《习近平著作选读》第二卷，人民出版社2023年版，第553页。
② 习近平：《在文化传承发展座谈会上的讲话》，《求是》2023年第17期。

大道同行
推进马克思主义基本原理同中华优秀传统文化相结合

2023年7月3日,第三届文明交流互鉴对话会暨首届世界汉学家大会在北京开幕,由中国国际交流协会主办,主题为"落实全球文明倡议,携手绘就现代化新图景"。中共中央总书记、国家主席习近平向第三届文明交流互鉴对话会暨首届世界汉学家大会致贺信时指出,在人类历史的漫长进程中,世界各民族创造了具有自身特点和标识的文明。不同文明之间平等交流、互学互鉴,将为人类破解时代难题、实现共同发展提供强大的精神指引。

习近平主席强调,中方愿同各方一道,弘扬和平、发展、公平、正义、民主、自由的全人类共同价值,落实全球文明倡议,以文明交流超越文明隔阂、文明互鉴超越文明冲突、文明包容超越文明优越,携手促进人类文明进步。希望各国汉学家作为融通中外文明的使者,为沟通中外文化、增进理解友谊合作作出更加积极的努力。[1]

这次盛会反响强烈,引发诸多共鸣之音。包括多国政党政要、汉学家等在内的约400位中外嘉宾,围绕习近平主席贺信和文明交流互鉴的中国主张展开热烈交流讨论。[2]

与会人士纷纷表示,习近平主席的贺信指出了加强文明交流互鉴的重要意义,展现了中方促进人类文明进步、推动构建人类命运共同体的真诚愿望,为更好融通中外文明、增进理解友谊合作指明了方向。各方愿共同落实全球文明倡议,携手绘就人类社会现代化新图景。

"习近平主席的贺信强调了不同文明之间交流互鉴的重要性,体现了对这一现代社会关键议题的深刻洞悉。"在开幕式现场聆听贺信的马

---

[1] 参见《习近平向第三届文明交流互鉴对话会暨首届世界汉学家大会致贺信》,《人民日报》2023年7月4日。
[2] 参见杨依军等:《携手促进人类文明进步——习近平主席致第三届文明交流互鉴对话会暨首届世界汉学家大会贺信引发与会人士共鸣》,《光明日报》2023年7月4日。

来西亚民主行动党中央执委、国会下议院副议长刘强燕表示，人类真正的进步不在于同质化，而在于促进不同文明交流互鉴。要克服各类全球性挑战，共同走上现代化道路，必须尊重世界文明多样性及其对应的发展模式的多样性。

从参加文化传承发展座谈会，到参加这次文明交流互鉴对话会暨首届世界汉学家大会，中国美术家协会主席范迪安感触颇深。他表示，习近平主席对文化文明的思考，一方面充分看到了中华文明博大精深、源远流长，对人类文明作出的独特贡献，展现强烈的文化自信；另一方面着眼于促进世界和平与发展的时代课题，不断推动文明交流互鉴。这正是中国人所追求的"美美与共，天下大同"。

"在全球文明倡议提出三个多月后，中方举办第三届文明交流互鉴对话会暨首届世界汉学家大会，习近平主席专门发来贺信，充分展现了中国促进世界文明交流互鉴、推动人类文明进步的决心。"中国国际交流协会副会长徐里表示，当今世界正面临百年未有之大变局，各种全球性挑战层出不穷。只有通过不同文明、不同国家间的坦诚交流和互学互鉴，才能让各个文明的智慧充分迸发出来，为解决当今世界面临的各种困难与挑战贡献力量。

"世界上没有任何一种文明高于其他文明，沉溺于文明优越论势必会造成冲突。"中非共和国团结一心运动全国执行书记、国民议会议长萨兰吉表示，习近平主席在贺信中强调的"以文明交流超越文明隔阂、文明互鉴超越文明冲突、文明包容超越文明优越"，是非常重要且珍贵的观点。他提议现场所有人都为习近平主席贺信所表达的观点鼓掌，全场随即响起热烈的掌声。

联合国文明联盟高级代表莫拉蒂诺斯说，感谢习近平主席一直以

大道同行
推进马克思主义基本原理同中华优秀传统文化相结合

来对世界文明交流互鉴的高度重视与大力支持。"我十分赞同习近平主席提出的全球文明倡议,该倡议与联合国文明联盟的工作有许多相通之处。"他表示,相信这一倡议将有力推动不同文明之间的理解与对话。

西班牙前首相萨帕特罗在视频致辞中表示,无论是过去还是现在,中国在国际事务中都发挥着举足轻重的作用。全球文明倡议具有重要意义。我们应当记住,全人类命运与共。只有各个民族、各个国家团结起来,人类才能共同进步。如果我们尊重所有的文明,就能共同建设以理解与和平为标志的人类文明。

在贺信中,习近平主席殷切希望各国汉学家作为融通中外文明的使者,为沟通中外文化、增进理解友谊合作作出更加积极的努力。

"中国国家领导人对汉学家的工作高度重视,对我们而言意义重大。"过去半个多世纪一直在从事汉学研究的中国政府友谊奖获得者、澳大利亚联邦人文学院院士马克林说,中华文明是伟大的文明,中国的过去与现在都值得深入了解。尤为值得一提的是,中国用几十年时间取得了引人注目的现代化成就,其中所展现的独特智慧值得其他国家借鉴学习。

现场聆听习近平主席对各国汉学家的亲切勉励,俄罗斯圣彼得堡国立大学教授罗季奥诺夫深受感动。近年来,他致力于中国现当代文学译介出版工作,在文化交流与文明互鉴中收获颇丰。他表示,学习汉语、研究中国,对汉学家来说不只是职业使然,更是一种神圣使命。他将继续促进中国人民与俄罗斯人民之间的相互了解,当好"融通中外文明的使者"。

中国国家版本馆馆长刘成勇说:"作为国家版本资源总库和中华文化种子基因库,中国国家版本馆将以习近平主席贺信精神为指引,不断加强与各国汉学家人文交流合作，持续促进文明交流互鉴，推动中华文明为人类文明进步作出更大贡献。"①

"路漫漫其修远兮，吾将上下而求索。"马克思指出，"凡是民族作为民族所做的事情，都是他们为人类社会而做的事情"②。这一人类文明新形态，不断追求文明交流互鉴，为应对世界之变、时代之变、历史之变提供中国方案。

未来召唤我们：不能在中华文明的宝库里坐等奇迹，而要奋力建设中华民族现代文明；不仅要在我国经济社会发展上创造新的更大奇迹，还要为人类文化建设和文明发展创造新的更大辉煌！

---

① 杨依军等：《携手促进人类文明进步——习近平主席致第三届文明交流互鉴对话会暨首届世界汉学家大会贺信引发与会人士共鸣》，《光明日报》2023年7月4日。
② 《马克思恩格斯全集》第四十二卷，人民出版社1979年版，第257页。

第六章 PART SIX

马克思主义基本原理同中华优秀传统文化相结合的理论意义和实践价值

习近平总书记在文化传承发展座谈会上强调："'第二个结合'，是我们党对马克思主义中国化时代化历史经验的深刻总结，是对中华文明发展规律的深刻把握，表明我们党对中国道路、理论、制度的认识达到了新高度，表明我们党的历史自信、文化自信达到了新高度，表明我们党在传承中华优秀传统文化中推进文化创新的自觉性达到了新高度。"[1] 这种新高度通过把马克思主义基本原理同中华优秀传统文化相结合，是又一次的思想解放，凸显了"两个结合"的历史文化根基，巩固了文化主体性，打开了理论创新空间。习近平新时代中国特色社会主义思想，体现了时代性、民族性与世界性的有机统一，实现了马克思主义中国化时代化新的飞跃。

一、"第二个结合"凸显了"两个结合"的历史文化根基，巩固了文化主体性

习近平总书记在庆祝中国共产党成立100周年大会上的重要讲话中，首次提出了"两个结合"的重大论断，即"把马克思主义基本原理同中国具体实际相结合、同中华优秀传统文化相结合"[2]。党的二十大

---

[1] 习近平：《在文化传承发展座谈会上的讲话》，《求是》2023年第17期。
[2] 习近平：《在庆祝中国共产党成立100周年大会上的讲话》，人民出版社2021年版，第13页。

大道同行
推进马克思主义基本原理同中华优秀传统文化相结合

报告明确指出,"中国共产党人深刻认识到,只有把马克思主义基本原理同中国具体实际相结合、同中华优秀传统文化相结合,坚持运用辩证唯物主义和历史唯物主义,才能正确回答时代和实践提出的重大问题,才能始终保持马克思主义的蓬勃生机和旺盛活力"①。"两个结合"的提出,是马克思主义中国化新飞跃的重要思想标识,开辟了马克思主义中国化时代化的新境界。

"两个结合"的共同前提都是坚持马克思主义基本原理。随着实践的发展、时代条件的变化,"两个结合"各有侧重。"第一个结合"侧重强调客观现实社会实际,"第二个结合"侧重强调客观历史文化实际。"第一个结合"所立足的具体实际主要体现于经济、政治领域,恩格斯指出:"马克思的历史理论是任何坚定不移和始终一贯的革命策略的基本条件;为了找到这种策略,需要的只是把这一理论应用于本国的经济条件和政治条件。"②在这个过程中,历史文化一直是"无形胜有形"地扎根于经济、政治、社会领域之中,通过文明价值的渗透以及行为方向的引领,以润物无声的形式在经济社会发展中发挥着更为基本、更为深层、更为持久的影响力量。随着中国特色社会主义进入新时代,中华民族伟大复兴进入不可逆转的历史进程,历史文化的精神指引作用尤为重要,所以,"第二个结合"把这种历史文化实际凸显出来,与"中国具体实际"相并列,形成了"两个结合"的新格局。

"两个结合"充分彰显了中国共产党的文化主体性。毛泽东曾经指出:"自从中国人学会了马克思列宁主义以后,中国人在精神上就

---

① 习近平:《高举中国特色社会主义伟大旗帜 为全面建设社会主义现代化国家而团结奋斗——在中国共产党第二十次全国代表大会上的报告》,人民出版社2022年版,第17页。
② 《马克思恩格斯选集》第四卷,人民出版社2012年版,第574页。

第六章 马克思主义基本原理同中华优秀传统文化相结合的理论意义和实践价值

由被动转入主动。从这时起,近代世界历史上那种看不起中国人,看不起中国文化的时代应当完结了。伟大的胜利的中国人民解放战争和人民大革命,已经复兴了并正在复兴着伟大的中国人民的文化。这种中国人民的文化,就其精神方面来说,已经超过了整个资本主义的世界。"①可见,接受并运用马克思主义,促进了我们中国共产党人文化主体性的生成和发展。正是在这种文化主体性意识下,毛泽东于1938年10月,在党的六届六中全会上首次提出"马克思主义中国化"的概念,并指出要运用"新鲜活泼的、为中国老百姓所喜闻乐见的中国作风和中国气派"②来体现"马克思主义中国化"的形式及特点。在1939年12月13日召开的中央政治局会议上,毛泽东首次提出了"中华民族的新文化"概念,认为这是一种"彻底的民主主义文化",并在《新民主主义论》中明确提出"新民主主义的文化"概念,将其概括为"民族的科学的大众的文化",同时强调"中国文化应有自己的形式,这就是民族形式""和民族的特点相结合,经过一定的民族形式,才有用处"。③在革命斗争中,具有"民族形式"的毛泽东思想通过把马克思列宁主义基本原理同中国具体实际相结合,开辟农村包围城市、武装夺取政权的正确革命道路,为夺取新民主主义革命胜利指明了正确方向,这无疑是"第一个结合"的文化主体性的生动体现。

"第二个结合"是中国共产党的文化主体性向纵深发展的必然产物。中国共产党从成立之日起,始终坚持以传承和弘扬中华优秀传统文化为使命,实现了中华优秀传统文化的时代转换与现代表达,取得

---

① 《毛泽东选集》第四卷,人民出版社1991年版,第1516页。
② 《毛泽东选集》第二卷,人民出版社1991年版,第534页。
③ 《毛泽东选集》第二卷,人民出版社1991年版,第707页。

大道同行
推进马克思主义基本原理同中华优秀传统文化相结合

了一系列重要理论创新。

改革开放以来的理性看待。在批判继承传统文化基本原则基础上，以邓小平同志为主要代表的中国共产党人从改革开放和社会主义现代化建设新时期所面临的时代问题出发，针对"一手硬，一手软"的建设实际，发出了"建设社会主义精神文明"的号召，并明确提出了"两手抓，两手都要硬"的发展理念。以江泽民同志为主要代表的中国共产党人在加快改革开放和现代化建设步伐的新形势下，凸显了中华优秀传统文化在党和国家路线、方针和政策制定中的重要滋养作用。党的十四大指出："我们要继承和发扬中华民族优良的思想文化传统，吸收人类文明发展的一切优秀成果，在生动丰富的社会主义实践中，创造出人类先进的精神文明。"[①] 党的十五大系统阐述了"有中国特色社会主义的文化"概念，并明确指出其"渊源于中华民族五千年文明史"。这些重要论述体现了中华优秀传统文化在构建中国特色社会主义文化中的重要价值及意义，为我们科学理性地对待中华优秀传统文化提供了充分的理论依据。

21世纪以来的高度评价。随着全球化浪潮席卷而来，世界各种思想文化相互激荡，国家之间综合国力的竞争逐渐演变为文化的较量。面对这种时代潮流，中国共产党以更为宏阔的视野从民族主体性和文化软实力的高度来全面认识中华优秀传统文化的价值。党的十六届六中全会进一步提出"建设和谐文化"的概念，并向全党全国人民发出了"建设社会主义核心价值体系"的要求。以"八荣八耻"为标志的"社会主义荣辱观"的提出，体现出以胡锦涛同志为主要代表的中国共产党人对中

---

① 《江泽民文选》第一卷，人民出版社2006年版，第239页。

第六章 马克思主义基本原理同中华优秀传统文化相结合的理论意义和实践价值

华优秀传统文化的深刻认识和科学把握。党的十七大发出了"弘扬中华文化，建设中华民族共有精神家园"的号召，同时强调"中华民族伟大复兴必然伴随着中华文化繁荣兴盛"。党的十七届六中全会明确指出："加强对优秀传统文化思想价值的挖掘和阐发，维护民族文化基本元素，使优秀传统文化成为新时代鼓舞人民前进的精神力量。"[1] 这体现出中国共产党人在高度认可基础上对中华优秀传统文化的发展和创新，标志着中国特色社会主义文化建设进入崭新的历史阶段。

中国特色社会主义新时代的转化创新。党的十八大以来，中国特色社会主义进入新时代，以习近平同志为核心的党中央高度重视对中华优秀传统文化的传承与发展，强调价值体系建设在国家治理现代化进程中的精神涵养意义，从推动中国社会主义现代化建设的高度传承和弘扬中华优秀传统文化中的治国理政智慧，为实现"两个一百年"奋斗目标和中华民族伟大复兴中国梦提供动力源泉和精神支撑。2013年，习近平总书记明确提出"四个讲清楚"的重要论断，这是新时代弘扬中华优秀传统文化的伟大宣言书。2014年，习近平总书记在纪念孔子诞辰2565周年国际学术研讨会暨国际儒学联合会第五届会员大会开幕会上强调要"努力实现传统文化的创造性转化、创新性发展，使之与现实文化相融相通"。"双创"方针明确了新形势下我们党对待传统文化的态度，并指出了引领中华文化走向辉煌的路径。在这次讲话中，习近平总书记还提出了文化创新的"四个原则"，即"维护世界文明多样性；尊重各国各民族文明；正确进行文明学习借鉴；科学对待文化传统"。2016年，"四个自信"重要论述的提出凸显了中国特色社会

---

[1] 本书编写组编著：《〈中共中央关于深化文化体制改革推动社会主义文化大发展大繁荣若干重大问题的决定〉辅导读本》，人民出版社2011年版，第21页。

| 大道同行
| 推进马克思主义基本原理同中华优秀传统文化相结合

主义的文化根基及文化本质。党的十九大将文化自信作为"更基本、更深沉、更持久的力量",对文化自信的坚定激发了党和人民对中华优秀传统文化的民族自信心和文化自豪感,《决议》明确指出:"中华优秀传统文化是中华民族的突出优势,是我们在世界文化激荡中站稳脚跟的根基,必须结合新的时代条件传承和弘扬好。"党的二十大强调"必须坚定历史自信、文化自信",并作出"推进文化自信自强,铸就社会主义文化新辉煌"的重大部署。以习近平同志为核心的党中央的高调表态和高度重视,标志着一个中华文化发展繁荣伟大时代的到来。

可见,中国共产党从成立之日起,既是中国先进文化的积极引领者和践行者,又是中华优秀传统文化的忠实传承者和弘扬者。"第二个结合"巩固了文化主体性,中国共产党从文化自觉到文化自信自强的历史进程,彰显了中国共产党在新时代新的文化使命就是要努力创造属于我们这个时代的新文化,建设中华民族现代文明。

二、"第二个结合"是又一次的思想解放,打开了创新空间

习近平总书记指出:"人类社会每一次重大跃进,人类文明每一次重大发展,都离不开哲学社会科学的知识变革和思想先导。"[①]无论是社会制度的更替,还是社会变革的发生,都有伟大的思想解放作先导,通过思想解放,用新的思想理论取代旧的思想理论,指导伟大的革命实践。

马克思主义实现了人类思想史上的伟大革命。这种伟大革命体现

---

① 习近平:《在哲学社会科学工作座谈会上的讲话》,人民出版社2016年版,第3页。

第六章
马克思主义基本原理同中华优秀传统文化相结合的理论意义和实践价值

在马克思主义作为反映自然界、人类社会和人类思维发展的普遍规律而具有真理性，这种普遍真理为分析研究人与自然、人与社会、人与人的关系提供了正确的世界观和方法论。辩证唯物主义和历史唯物主义的世界观和方法论，彰显了马克思主义的鲜活生命力。正如习近平总书记指出："马克思主义哲学尽管诞生在一个半世纪之前，但由于它深刻揭示了客观世界特别是人类社会发展一般规律，被历史和实践证明是科学的理论，在当今时代依然有着强大生命力，依然是指导我们共产党人前进的强大思想武器。"[①]2018年5月4日，习近平总书记在纪念马克思诞辰200周年大会上强调："今天，我们纪念马克思，是为了向人类历史上最伟大的思想家致敬，也是为了宣示我们对马克思主义科学真理的坚定信念。"[②]

正是由于对马克思主义理论的接受与传播，无产阶级得到了思想解放，并将这种思想解放作为先导，与中国工人运动相结合产生了中国共产党。中国共产党诞生于中华民族危亡之际，更成长于思想解放之中，正如习近平总书记指出："坚持解放思想、实事求是，坚持真理、修正错误，是党和人民事业从胜利走向胜利的重要保证。"[③]回顾党的百年历史，每当我们党、国家和民族处于重大转折关头，都是紧紧依靠解放思想这个强大的思想武器取得一个又一个胜利。

1978年12月13日，邓小平在中央工作会议上发表的题为《解放思想，实事求是，团结一致向前看》的重要讲话中指出，"一个党，一

---

① 习近平：《坚持历史唯物主义不断开辟当代中国马克思主义发展新境界》，《求是》2020年第2期。
② 习近平：《在纪念马克思诞辰200周年大会上的讲话》，人民出版社2018年版，第27页。
③ 习近平：《在纪念刘少奇同志诞辰120周年座谈会上的讲话》，人民出版社2018年版，第11页。

大道同行
推进马克思主义基本原理同中华优秀传统文化相结合

个国家，一个民族，如果一切从本本出发，思想僵化，迷信盛行，那它就不能前进，它的生机就停止了，就要亡党亡国"①。作为指导思想的马克思主义本身也需要在不断解放思想中推动自身学说的发展和完善。关于马克思主义最重要的纲领性文件《共产党宣言》，马克思、恩格斯曾在1872年德文版序言中指出，"不管最近25年来的情况发生了多大的变化，这个《宣言》中所阐述的一般原理整个说来直到现在还是完全正确的"，同时又客观地指明，"这个纲领现在有些地方已经过时了"。②"我们的理论是发展着的理论，而不是必须背得烂熟并机械地加以重复的教条"③。可见，马克思、恩格斯这"一正一反"的生动论述体现了中国共产党解放思想的必然性和重要性。

对于解放思想的重要性，习近平总书记在总结改革开放的成功经验时深刻指明，"没有解放思想，我们党就不可能在实践中不断推进理论创新和实践创新，有效化解前进道路上的各种风险挑战，把改革开放不断推向前进，始终走在时代前列"④。如何解放思想？邓小平说，"我们讲解放思想，是指在马克思主义指导下打破习惯势力和主观偏见的束缚，研究新情况，解决新问题"⑤。习近平总书记强调，"我们要以科学的态度对待科学、以真理的精神追求真理"⑥。可见，作为指导思想的马克思主义就是科学和真理，那么，对待科学的态度以及追求真理的精神又是什么？答案就是实践。

---

① 《邓小平文选》第二卷，人民出版社1994年版，第143页。
② 《马克思恩格斯选集》第一卷，人民出版社2012年版，第376、377页。
③ 《马克思恩格斯选集》第四卷，人民出版社2012年版，第588页。
④ 《习近平著作选读》第一卷，人民出版社2023年版，第180页。
⑤ 《邓小平文选》第二卷，人民出版社1994年版，第279页。
⑥ 习近平：《高举中国特色社会主义伟大旗帜　为全面建设社会主义现代化国家而团结奋斗——在中国共产党第二十次全国代表大会上的报告》，人民出版社2022年版，第20页。

第六章
马克思主义基本原理同中华优秀传统文化相结合的理论意义和实践价值

1978年5月10日，中央党校内部刊物《理论动态》第60期发表了《实践是检验真理的唯一标准》一文。5月11日，《光明日报》以特约评论员名义全文转载了这篇文章，掀起了一场真理标准大讨论。经过全国范围内轰轰烈烈的讨论，"实践是检验真理的唯一标准"成为全党共识。马克思曾指明："社会生活在本质上是实践的。凡是把理论诱入神秘主义的神秘东西，都能在人的实践中以及对这种实践的理解中得到合理的解决。"[①] 马克思、恩格斯正是通过把实践观引入方法论，在辩证唯物主义和历史唯物主义的基础上创立了系统科学的方法论原则。他们根据实践发展的需要，提出了哲学解释世界和改变世界的双重使命。

习近平总书记在此基础上指出，"实践的观点、生活的观点是马克思主义认识论的基本观点，实践性是马克思主义理论区别于其他理论的显著特征"[②]。可见，实践性这一鲜明特征要求理论把握时代脉搏、回答实践课题，通过解决实践中的问题保持自身的生机活力。一代又一代中国共产党人始终坚持以马克思主义为指导，时刻把马克思主义基本原理同中国具体实际相结合，在中国革命、建设和改革的各个历史时期领导全国人民取得了举世瞩目的成就，从而为马克思主义真理力量的焕发提供了最坚实的实践依据，中国共产党"第一个结合"思想解放的必要性和价值性在这里得到了生动体现。

2023年6月2日，习近平总书记在文化传承发展座谈会上明确指出，"'第二个结合'是又一次的思想解放，让我们能够在更广阔的文化空间中，充分运用中华优秀传统文化的宝贵资源，探索面向未来的

---

① 《马克思恩格斯选集》第一卷，人民出版社2012年版，第139—140页。
② 习近平：《在纪念马克思诞辰200周年大会上的讲话》，人民出版社2018年版，第9页。

大道同行
推进马克思主义基本原理同中华优秀传统文化相结合

理论和制度创新"[①]。可见,中华优秀传统文化在坚持和发展马克思主义的历史进程中有着无可比拟的历史文化价值。《决议》明确指出,"中华优秀传统文化是中华民族的突出优势,是我们在世界文化激荡中站稳脚跟的根基,必须结合新的时代条件传承和弘扬好"[②],"抛弃传统、丢掉根本,就等于割断了自己的精神命脉"[③]。

"第二个结合"是又一次的思想解放,使马克思主义中国化的理论创新维度从现实的社会实际拓展到深厚的历史文化之中,有利于我们掌握思想和文化的主动,以坚定的历史自信与文化自信铸就社会主义文化新辉煌,为实现中华民族伟大复兴凝聚精神力量。"一个国家、一个民族的强盛,总是以文化兴盛为支撑的,中华民族伟大复兴需要以中华文化发展繁荣为条件。"[④]对此,早在革命战争时期,毛泽东就曾指出:"我们不但要把一个政治上受压迫、经济上受剥削的中国,变为一个政治上自由和经济上繁荣的中国,而且要把一个被旧文化统治因而愚昧落后的中国,变为一个被新文化统治因而文明先进的中国。"[⑤]

"第二个结合"的前提在于来源不同的马克思主义和中华优秀传统文化彼此存在高度的契合性。马克思主义虽然产生于 19 世纪的欧洲,但中国人民对它似曾相识而不觉陌生,因为它同我国传承了几千年的优秀历史文化和广大人民日用而不觉的价值观念相融通。博大精深的优秀历史文化包括"天下为公、天下大同的社会理想,民为邦本、为政以德的治理思想,九州共贯、多元一体的大一统传统,修齐治平、

[①] 习近平:《在文化传承发展座谈会上的讲话》,《求是》2023 年第 17 期。
[②] 《中共中央关于党的百年奋斗重大成就和历史经验的决议》,人民出版社 2021 年版,第 46 页。
[③] 《习近平谈治国理政》第一卷,外文出版社 2018 年版,第 164 页。
[④] 本书编写组编:《习近平的小康情怀》,人民出版社、新华出版社 2022 年版,第 515 页。
[⑤] 《毛泽东选集》第二卷,人民出版社 1991 年版,第 663 页。

第六章
马克思主义基本原理同中华优秀传统文化相结合的理论意义和实践价值

兴亡有责的家国情怀，厚德载物、明德弘道的精神追求，富民厚生、义利兼顾的经济伦理，天人合一、万物并育的生态理念，实事求是、知行合一的哲学思想，执两用中、守中致和的思维方法，讲信修睦、亲仁善邻的交往之道"[1]。日用而不觉的价值观念体现于"中国人民在长期生产生活中积累的宇宙观、天下观、社会观、道德观"[2]。这些优秀的历史文化和价值观念正是科学社会主义主张的中国表达。通过"第二个结合"，"有效把马克思主义思想精髓同中华优秀传统文化精华贯通起来，聚变为新的理论优势"[3]，我们就能从不忘本来中开辟未来，在善于继承上更好创新，以守正创新的正气和锐气，赓续历史文脉、谱写当代华章。

"第二个结合"的守正在于将马克思主义植根历史文化沃土，促使这棵真理之树根深叶茂。恩格斯曾指出，"同任何新的学说一样，它必须首先从已有的思想材料出发，虽然它的根子深深扎在物质的经济的事实中"[4]。这充分说明了马克思主义之所以能在中国生根发芽、开花结果，成为指导中国共产党在新民主主义革命时期、社会主义革命和建设时期、改革开放和社会主义现代化建设新时期以及中国特色社会主义新时代解决中国具体实际问题的力量，根本就在于中国共产党在实现"第一个结合"的基础上，进一步强调要植根中华民族的历史文化沃土，在中华文明的浸染中不断激活马克思主义的真理力量。

"第二个结合"的创新在于对中华优秀传统文化进行创造性转化和

---

[1] 习近平：《在文化传承发展座谈会上的讲话》，《求是》2023年第17期。
[2] 习近平：《高举中国特色社会主义伟大旗帜 为全面建设社会主义现代化国家而团结奋斗——在中国共产党第二十次全国代表大会上的报告》，人民出版社2022年版，第18页。
[3] 《习近平在中共中央政治局第六次集体学习时强调 不断深化对党的理论创新的规律性认识 在新时代新征程上取得更为丰硕的理论创新成果》，《人民日报》2023年7月2日。
[4] 《马克思恩格斯文集》第三卷，人民出版社2009年版，第523页。

大道同行
推进马克思主义基本原理同中华优秀传统文化相结合

创新性发展。习近平主席指出,"每一种文明都延续着一个国家和民族的精神血脉,既需要薪火相传、代代守护,更需要与时俱进、勇于创新"①。"在漫长的历史进程中,中国人民依靠自己的勤劳、勇敢、智慧,开创了各民族和睦共处的美好家园,培育了历久弥新的优秀文化"②。中华优秀传统文化历久弥新,"历久"体现中华民族生生不息、文化源远流长,"弥新"彰显中华文化与时俱进、中国精神时代升华。我们要结合新的时代特征,对中华优秀传统文化进行创造性转化和创新性发展,把那些跨越时空、跨越国度、具有永恒魅力、具有当代价值的文化精神弘扬起来,在推进中国式现代化的进程中更好建设中华民族现代文明。

"第二个结合"的旨归在于通过坚守好马克思主义魂脉和中华优秀传统文化根脉,开辟马克思主义中国化时代化新境界。2023年6月30日,习近平总书记在主持中共中央政治局第六次集体学习时强调:"马克思主义中国化时代化这个重大命题本身就决定,我们决不能抛弃马克思主义这个魂脉,决不能抛弃中华优秀传统文化这个根脉。坚守好这个魂和根,是理论创新的基础和前提。"③坚守魂脉和根脉,这不仅揭示了党的理论创新的规律性认识,更为"第二个结合"指明了方向。坚守马克思主义这个魂脉就在于坚持马克思主义这个立党之本,坚守共产主义远大理想。这个远大理想源自马克思、恩格斯运用唯物史观分析资本主义发展规律得出的"两个必然"的人类历史发展

---

① 习近平:《出席第三届核安全峰会并访问欧洲四国和联合国教科文组织总部、欧盟总部时的演讲》,人民出版社2014年版,第17页。
② 《人民对美好生活的向往就是我们的奋斗目标》,《人民日报》2012年11月16日。
③ 《习近平在中共中央政治局第六次集体学习时强调 不断深化对党的理论创新的规律性认识 在新时代新征程上取得更为丰硕的理论创新成果》,《人民日报》2023年7月2日。

第六章
马克思主义基本原理同中华优秀传统文化相结合的理论意义和实践价值

趋势。对此，习近平总书记指出："我们坚定，是因为我们追求的是真理。我们坚定，是因为我们遵循的是规律。我们坚定，是因为我们代表的是最广大人民根本利益。"① 坚守中华优秀传统文化这个根脉就在于"推动中华优秀传统文化同社会主义社会相适应，展示中华民族的独特精神标识，更好构筑中国精神、中国价值、中国力量"②。对此，习近平总书记无比坚定，"中华优秀传统文化是中华文明的智慧结晶和精华所在，是中华民族的根和魂，是我们在世界文化激荡中站稳脚跟的根基"③。

在文化传承发展座谈会上，习近平总书记深入阐释"两个结合"的重大意义，深刻指出，"'结合'的结果是互相成就"，"造就了一个有机统一的新的文化生命体"。④ 让马克思主义成为中国的，中华优秀传统文化成为现代的，让经由"结合"而形成的新文化成为中国式现代化的文化形态。⑤ 在发表这次重要讲话的前一天，习近平总书记参观了中国国家版本馆中央总馆。文瀚阁里，"真理之光——马克思主义中国化时代化经典版本展"主题展览，引领人们感悟马克思主义真理伟力；文华堂内，"斯文在兹——中华古代文明版本展"基本陈列，引导人们领略中华民族薪火相传的文脉之盛。真理之光与斯文在兹荟萃一堂，这作为"两个结合"的生动注脚无疑为造就有机统一的新的文化生命体提供了思想解放的向导。

---

① 习近平：《在纪念红军长征胜利80周年大会上的讲话》，人民出版社2016年版，第12页。
② 《习近平在中共中央政治局第三十九次集体学习时强调 把中国文明历史研究引向深入 推动增强历史自觉坚定文化自信》，《人民日报》2022年5月29日。
③ 《习近平在中共中央政治局第三十九次集体学习时强调 把中国文明历史研究引向深入 推动增强历史自觉坚定文化自信》，《人民日报》2022年5月29日。
④ 习近平：《在文化传承发展座谈会上的讲话》，《求是》2023年第17期。
⑤ 参见《习近平在文化传承发展座谈会上强调 担负起新的文化使命 努力建设中华民族现代文明》，《人民日报》2023年6月3日。

大道同行
推进马克思主义基本原理同中华优秀传统文化相结合

三、习近平新时代中国特色社会主义思想是坚持"两个结合"的光辉典范

习近平总书记在庆祝中国共产党成立100周年大会上的重要讲话中指出:"坚持把马克思主义基本原理同中国具体实际相结合、同中华优秀传统文化相结合,用马克思主义观察时代、把握时代、引领时代,继续发展当代中国马克思主义、二十一世纪马克思主义!"[①] 习近平新时代中国特色社会主义思想作为当代中国马克思主义、二十一世纪马克思主义,中华文化和中国精神的时代精华,赋予了马克思主义鲜明民族特色,实现了中华优秀传统文化的现代转化,让马克思主义成为中国的,中华优秀传统文化成为现代的。习近平新时代中国特色社会主义思想是文化主体性的最有力体现,在造就有机统一的新的文化生命体过程中,为推进"两个结合"提供了根本遵循。

"把马克思主义基本原理同中国具体实际相结合、同中华优秀传统文化相结合",是马克思主义中国化的文化自觉历程向纵深发展的必然产物。习近平总书记在纪念马克思诞辰200周年大会上的重要讲话中指出:"马克思主义为中国革命、建设、改革提供了强大思想武器,使中国这个古老的东方大国创造了人类历史上前所未有的发展奇迹。"[②] 习近平总书记还指出:"如果没有中华五千年文明,哪里有什么中国特色?"[③] 他强调"文化自信,是更基础、更广泛、更深厚的自

---

① 《习近平著作选读》第二卷,人民出版社2023年版,第483页。
② 习近平:《在纪念马克思诞辰200周年大会上的讲话》,人民出版社2018年版,第14页。
③ 本书编写组编著:《闽山闽水物华新——习近平福建足迹》(下),人民出版社、福建人民出版社2022年版,第504页。

信"①,要"努力实现传统文化的创造性转化、创新性发展,使之与现实文化相融相通"②。"马克思主义为中国革命、建设、改革提供了强大思想武器"体现了马克思主义的时代性,"中国特色"彰显了中华优秀传统文化的民族性,习近平新时代中国特色社会主义思想作为"两个结合"的理论成果,实现了时代性与民族性的辩证统一,这不仅促进了中华文化的新繁荣,也开辟了马克思主义中国化的新境界,使马克思主义在当代中国放射出更加灿烂夺目的真理光芒。

要实现文化的发展、理论的创新,就要实现时代性和民族性的辩证统一。如果没有时代性发展,一定的文化、理论就会保守僵化、缺乏活力,绝不可能成为一种科学指南;如果没有民族性继承,一定的文化、理论就像无源之水、无本之木,缺乏历史文化传统的深厚底蕴。可以说,在理论创新中,民族性继承必以时代性为指引,时代性发展必以民族性为依托。

正如马克思主义是在吸收和改造德国古典哲学、英国古典政治经济学和法国空想社会主义的基础上产生的。"它并没有抛弃资产阶级时代最宝贵的成就,相反却吸收和改造了两千多年来人类思想和文化发展中一切有价值的东西"③。作为"放之四海而皆准的普遍真理",马克思主义通过观察时代、把握时代,提出解决现实问题的科学理念。同时,马克思主义只有在同各个民族、国家相结合的过程中,打上民族性的烙印,使其具有不同的民族特点和民族风格,才能彰显强大的

---

① 习近平:《在中国文联十大、中国作协九大开幕式上的讲话》,人民出版社2016年版,第6页。
② 习近平:《在纪念孔子诞辰2565周年国际学术研讨会暨国际儒学联合会第五届会员大会开幕会上的讲话》,人民出版社2014年版,第11页。
③ 《列宁选集》第四卷,人民出版社2012年版,第299页。

大道同行

推进马克思主义基本原理同中华优秀传统文化相结合

生命力。

在坚持"两个结合"中创立的习近平新时代中国特色社会主义思想，实现了马克思主义中国化时代化新的飞跃。"一种理论的产生，源泉只能是丰富生动的现实生活，动力只能是解决社会矛盾和问题的现实要求。"[1]作为当代中国马克思主义、二十一世纪马克思主义，习近平新时代中国特色社会主义思想在实现中华民族伟大复兴的战略全局和世界百年未有之大变局的时代背景下，坚持和运用辩证唯物主义和历史唯物主义的世界观和方法论，解决我国改革发展稳定、内政外交国防、治党治国治军等各个领域所面临的一系列课题。"充分运用中华优秀传统文化的宝贵资源，探索面向未来的理论和制度创新"[2]。作为中华文化和中国精神的时代精华，习近平新时代中国特色社会主义思想承续民族历史血脉，阐扬中华文化精粹，彰显中国精神力量，在推动中华民族正确把握时代境遇和历史发展的过程中，形成中国式现代化的文明形态，这种文明形态"深深植根于中华优秀传统文化，体现科学社会主义的先进本质，借鉴吸收一切人类优秀文明成果，代表人类文明进步的发展方向，展现了不同于西方现代化模式的新图景，是一种全新的人类文明形态"[3]。可以说，习近平新时代中国特色社会主义思想体现了时代性、民族性与世界性的有机统一。

习近平新时代中国特色社会主义思想的时代性在于它科学回答了重大时代课题。这一思想聚焦新时代坚持和发展什么样的中国特色社会主义、怎样坚持和发展中国特色社会主义的重大时代课题，创造性

---

[1] 习近平：《坚持用马克思主义及其中国化创新理论武装全党》，《求是》2021年第22期。
[2] 习近平：《在文化传承发展座谈会上的讲话》，《求是》2023年第17期。
[3] 《正确理解和大力推进中国式现代化》，《人民日报》2023年2月8日。

第六章
马克思主义基本原理同中华优秀传统文化相结合的理论意义和实践价值

提出"中国特色社会主义最本质的特征是中国共产党领导，中国特色社会主义制度的最大优势是中国共产党领导"[1]的重大论断，明确新时代我国社会主要矛盾是人民日益增长的美好生活需要和不平衡不充分的发展之间的矛盾；这一思想聚焦建设什么样的社会主义现代化强国、怎样建设社会主义现代化强国的重大时代课题，提出要以中国式现代化推进中华民族伟大复兴，概括形成了中国式现代化的中国特色、本质要求和重大原则，初步构建中国式现代化的理论体系，作出全面建成社会主义现代化强国两步走的战略安排，使中国式现代化的前进道路更加科学、更加可感可行；这一思想聚焦建设什么样的长期执政的马克思主义政党、怎样建设长期执政的马克思主义政党的重大时代课题，提出中国共产党是最高政治领导力量，全党必须增强"四个意识"、坚定"四个自信"、做到"两个维护"，明确全面从严治党的战略方针，提出新时代党的建设总要求，强调要以伟大自我革命引领伟大社会革命，指引中国共产党跳出治乱兴衰的历史周期率。

习近平新时代中国特色社会主义思想的民族性在于将历史与现实结合起来、将文化与价值统一起来，实现中华优秀传统文化的创造性转化和创新性发展，赋予科学理论鲜明的中国特色，"让中国特色社会主义道路有了更加宏阔深远的历史纵深，拓展了中国特色社会主义道路的文化根基"[2]。把马克思主义思想精髓同中华优秀传统文化精华贯通起来、同人民群众日用而不觉的共同价值观念融通起来，不断夯实马克思主义中国化时代化的历史基础和群众基础。充分吸收中国人民在

---

[1] 习近平：《高举中国特色社会主义伟大旗帜　为全面建设社会主义现代化国家而团结奋斗——在中国共产党第二十次全国代表大会上的报告》，人民出版社 2022 年版，第 6 页。
[2] 习近平：《在文化传承发展座谈会上的讲话》，《求是》2023 年第 17 期。

大道同行
推进马克思主义基本原理同中华优秀传统文化相结合

长期生产生活中积累的宇宙观、天下观、社会观、道德观,充分汲取中华优秀传统文化所蕴含的哲学思想、人文精神、价值理念、道德规范,激发起全民族文化创新创造活力,推动中华文化不断铸就新辉煌。

习近平新时代中国特色社会主义思想的世界性在于立足"两个大局",在全面把握中国和世界关系的历史性变化中,对国际新形势作出深邃思考和科学判断,深刻认识到和平、发展、合作、共赢的历史潮流不可阻挡。与此同时,恃强凌弱、巧取豪夺、零和博弈等霸权霸道霸凌行径危害深重,和平赤字、发展赤字、安全赤字、治理赤字加重,人类社会面临前所未有的挑战。

"中国于人类进步,已尝有伟大之贡献。其古代文明,扩延及于高丽,乃至日本,影响于人类者甚大,今犹能卷土重来,以为第二次之大贡献于世界之进步乎?"[1] 这是一百多年前,以李大钊为代表的中国先进知识分子提出的"中华文明之问",在此后百余年间,中国共产党团结带领全国各族人民,致力于为中国人民谋幸福、为中华民族谋复兴、为人类谋进步、为世界谋大同,不断开辟马克思主义中国化时代化新境界,在中国式现代化进程中,超越"现代—资本主义文明",不断创造人类文明新形态,对人类如何走向现代文明的"世界之问"作出了科学回答,从而为"中华文明之问"交上了新时代的答卷。

---

[1] 《李大钊全集》第二卷,人民出版社2013年版,第312页。

后 记

中国在世界百年未有之大变局加速演进的历史进程中建设中国式现代化，遭遇的挑战和问题前所未有，面临的任务和情况艰巨复杂，如何避免西方式现代化过程中的种种陷阱和危机，并为世界带来真正的希望与和平，习近平总书记的重要讲话为我们指明方向：把马克思主义基本原理同中华优秀传统文化相结合，向世界上唯一没有中断的中华文明探寻智慧，把博大精深的中华优秀传统文化继承下去，发扬光大。

本书旨在深入探讨"两个结合"的重大理论和现实意义，从而充分运用中华优秀传统文化的宝贵资源，充分发挥中华优秀传统文化在为人民谋幸福、为民族谋复兴、为世界谋大同中的重要作用，探索面向未来的理论和制度创新，铸就社会主义文化新辉煌。

中共中央党校（国家行政学院）哲学教研部教授、国家社科基金重大项目"中国式现代化的文化底蕴及思想理念研究"首席专家刘余莉主持本书撰写工作，各章撰写人如下：第一章，刘余莉、聂菲璘；第二章，徐佳佳；第三章，刘余莉、葛斯青、谷文国、聂菲璘、李红姗；第四章，徐佳佳；第五章，秦芳；第六章，喻新捷、徐佳佳。刘

大道同行
推进马克思主义基本原理同中华优秀传统文化相结合

余莉对全书进行了统稿。书中每章内容都是诸位学者深入研究的成果，反映了学者们对"两个结合"的认识和思考。

本书在写作过程中参考了众多文献资料和部分学者的观点，在此一并感谢。由于学识所限，加之时间较紧，书中可能存在错漏，敬请读者朋友不吝指正。

在本书出版过程中，得到红旗出版社的大力支持，相关责任编辑为此书的出版亦付出了辛苦努力，在此表示衷心感谢。

作者
2023 年 7 月